KB268222

이야기
경영학

management story

이재규 교수가
들려주는

이야기
경영학

이재규 지음

사과나무

이재규 교수가 들려주는
이야기 경영학

초판 1쇄 인쇄 2012년 8월 5일
초판 1쇄 발행 2012년 8월 8일

지은이 이재규
원고정리 이선희
펴낸곳 도서출판 사과나무
펴낸이 권정자
등록번호 1996년 9월 30일(제11-123)
주소 경기도 고양시 행신동 샘터마을 301-1208

전화 (031) 978-3436
팩스 (031) 978-2835
이메일 bookpd@hanmail.net

ISBN 978-89-6726-001-9 03320
값 13,000원

※ 저작권자와의 협의하에 인지 첨부를 생략합니다.

“우리 모두가 기업가이다”

– 프리드리히 하이에크

CONTENTS

story 1

경영이란 무엇인가? • 15
기업과 경영의 탄생

기업과 경영 | 기업은 어떻게 생겨났나? | 죽지 않는 인간, 법인(法人)의 탄생 | 경영자란 어떤 사람인가? | 경영을 한다는 것 | 기업과 경영은 인류 역사에 어떤 영향을 끼쳤는가? | 기업의 목적과 사명은 무엇인가?

story 2

고대의 경영활동 • 30
근육의 시대

근면과 약탈, 그리고 체념 | 저축과 교환, 그리고 쟁기 | 고대인들에게 가장 절박했던 것 | 사농공상 같은 계층 분리는 어떻게 이루어졌는가? | 사람들은 왜 부자들을 미워하는가? | 고대 그리스는 '상인들의 황금시대' | '계약'은 5천년 전에도 존재했다 | 고객(client), 그리고 프롤레타리아(proletariat) | 로마 시대에는 상인과 군인이 공생했다

story 3

중세시대의 경영활동 • 45
봉건제와 기독교

중세사회를 지탱하는 두 축, 봉건제와 기독교 | 수도원은 중세의 기업이었다 | 십자군전쟁과 상업 | 칭기즈칸 정복 전쟁은 '경제전쟁'이었다 | 중세 말, 유럽 상업도시의 등장 | 중세의 길드(guild)와 시장 | 한자(Hansa)동맹과 도시동맹 이야기

story 4

르네상스 시대의 경영활동 • 63
메디치 가문과 푸거 가문

은행(bank)이라는 단어의 어원 | 이탈리아의 메디치 가문 | 학문과 예술의 후
원자, 메디치 가 | 중세 독일의 푸거 가문 | 가족기업이 4대를 넘기지 못하는
이유 | 신대륙 발견과 상업혁명 | 상업적 책임을 나누다 | 걱정을 파는 회사,
보험회사의 탄생

story 5

신대륙 개척과 투기 광풍 • 80
투기와 버블의 역사

콜럼버스의 신대륙 발견 | 신대륙 탐험가들의 성공 이유 | 남해회사(South
Sea Company)란 어떤 회사인가? | 남해회사가 많은 투자자를 모을 수 있었
던 이유 | 미시시피 회사 사건 | 네덜란드의 튤립 투기 | 인간의 탐욕과 투기
의 역사

story 6

애덤 스미스 • 92
〈국부론〉과 '보이지 않는 손'

인류의 역사에서 중요한 1776년 | 애덤 스미스와 〈국부론〉 | 자유경쟁 원리와
'보이지 않는 손' | 애덤 스미스가 설명한 '분업'의 원리 | 분업을 도입한 포드
자동차 | 자유경쟁과 분업의 원리는 현대에도 유효한가?

CONTENTS

story 7

산업혁명 · 103
농경사회에서 공업사회로

산업혁명을 왜 '혁명'이라고 표현하는가? | 산업혁명은 어떻게 추진되었는가? | 산업혁명의 주요 특징 : 기술적 측면과 비기술적인 측면 | 산업혁명의 상징 '공장' | 아크라이트의 방적기 | 조면기의 발명이 미국의 면화산업을 성장시켰다 | 러다이트 운동은 왜 일어났는가? | 로버트 오언의 공장공동체 운동

story 8

철도와 철강산업, 그리고 증기선 · 118
산업혁명의 견인차

19세기 철도산업이 유럽에서 크게 번성한 이유 | 철도산업이 산업혁명에 끼친 영향 | 처음엔 외면 당했던 증기선 | 18~19세기 철강산업이 발전한 이유 | 코크스 제련법 | 크루프 가문과 철강의 역사 | 크루프 사의 성공 요인

story 9

해가 지지 않는 나라, 영국 · 134
영국, 프랑스, 독일의 산업혁명

산업혁명의 발상지, 영국 | '해가 지지 않는 나라' 영국 | 대영제국의 건설 | 19세기 '세계의 공장' 영국 | '해가 지지 않는 영어' | 산업스파이의 선구자 프랜시스 로웰 | 프랑스와 독일의 산업혁명 | 산업혁명이 사회에 끼친 영향

story 10

앤드류 카네기 · 147
철강산업의 선구자

아이디어가 특출한 아이 | 카네기가 제철업에 뛰어든 이유는? | 우수한 철강재를 생산하다 | 카네기 제철소의 생산관리 | 홈스테드 공장 파업 사건 | 부자로 죽는 것은 부끄러운 일이다

story 11

코넬리어스 밴더빌트 · 159
해운업의 아버지

해상운송 시대를 열다 | 밴더빌트는 어떻게 백만장자가 되었나? | 해상운송을 시작하다 | 철도산업에 뛰어들다 | 자선사업가 밴더빌트

story 12

존 록펠러 · 168
석유산업의 지배자

작게 시작한 사업 | 석유 사업에 뛰어들다 | 스탠더드오일 트러스트를 형성하다 | 반독점법, 록펠러를 겨냥하다 | 반독점법의 결과 스탠더드오일의 운명은? | 경영학적인 관점에서 본 록펠러 | 기업가와 자선가, 두 얼굴의 록펠러

CONTENTS

story 13

월가의 사기꾼들 • 177
제이 굴드와 대니얼 드루, 그리고 짐 피스크

이리철도 회사는 어떤 회사인가? | 제이 굴드와 대니얼 드루, 그리고 짐 피스크 | 밴더빌트와 지배권 싸움을 벌이다 | 굴드의 금 투기 사건 | 제이 굴드 일당에게서 얻는 교훈

story 14

로스차일드 가(家) • 186
금융제국의 명가

로스차일드 가문의 시작 | 19세기 국제금융의 중심지, 영국 | 인구 변화를 혁신의 기회로 삼다 | 로스차일드의 가풍과 성공 이유 | 금융산업의 혁신가들 | 경영학적 관점으로 본 로스차일드 가문의 혁신

story 15

J.P. 모건 • 197
자본주의의 상징

주니어스 모건, 미국 금융가에 등장하다 | J.P. 모건은 처음에 어떻게 돈을 벌었나? | J.P. 모건의 뛰어난 사업 안목 | 20세기 초 미국 경제에서 J.P. 모건의 영향력 | J.P. 모건 2세의 활약 | 일반 은행과 투자은행의 차이점 | 새로운 은행법, 글래스스티걸 법의 제정 | 21세기 JP모건체이스은행으로 거듭나다 | 모건 일가가 자본주의에 미친 영향

story 16

앙리 듀폰 · 209
화학산업의 대명사

200년을 이어져온 기업, 듀폰 | 남북전쟁을 기회로 삼다 | 4대에 걸친 듀폰의 활약 | 듀폰의 획기적인 개발품, 나일론 | 끊임없는 신제품 개발 | 경영의 역사 곳곳에 듀폰의 이름을 올리다 | 리엔지니어링과 부의 사회환원

story 17

프레더릭 테일러 · 219
과학적 관리법의 창시자

테일러가 과학적 관리법을 주장할 당시의 시대상황 | 테일러는 어떤 사람인가? | 과학적 관리법의 핵심 | 생산성을 떨어뜨리는 주범 '태업' | 당시 노동소합이 테일리의 이론을 비판한 이유는? | 히틀러의 오판 | 미국은 2차대전에서 테일러의 이론을 어떻게 적용했나? | 테일러의 이론이 경영학에서 차지하는 위치는?

story 18

앙리 페이욜 · 232
경영관리론

페이욜, 도산 직전의 회사를 구해내다 | 페이욜이 분류한 기업의 6가지 활동영역 | 페이욜의 이론 vs 테일러의 이론 | 페이욜 이론의 3가지 혁신적인 면

CONTENTS

story 19

헨리 포드 · 237
이동식 조립라인과 대량생산체제

말(馬) 없이도 달리는 마차 ㅣ 조립라인의 혁신을 이루다 ㅣ 작업의 세분화, 단순화, 그리고 분업화 ㅣ 사치품의 대중화 ㅣ GM에 1위 자리를 내주다 ㅣ 포드의 몰락이 주는 교훈

story 20

시어도어 베일 · 246
3S: 표준화 · 전문화 · 단순화

시어도어 베일과 3S ㅣ 그레이엄 벨, 전화기를 발명하다 ㅣ 특허전쟁을 벌이다 ㅣ 독특한 이력의 소유자, 베일 ㅣ 베일이 AT&T 사에서 이룬 혁신은? ㅣ 국유화의 폐해를 미리 막다 ㅣ "우리의 사업은 서비스이다"

story 21

토머스 왓슨 · 256
IBM 마케팅의 신화

판매 상인의 변천사 ㅣ 세일즈맨십은 어떻게 길러지는가? ㅣ 토머스 왓슨, 자신을 세일즈하다 ㅣ 컴퓨터의 탄생과 IBM의 성장 ㅣ 대를 이은 부자(父子) 경영

story 22

기업가정신을 발휘한 사람들 · **264**
리바이스 · 맥도널드 · 코닥 · 마쓰시타 · 디즈니 · 스타벅스

개척자정신의 상징, 리바이스 스토리 | 레이크록과 맥도널드: 고객이 원하는 '가치'를 찾아라 | 코닥과 조지 이스트먼: 기업의 비전을 제시한다 | 마쓰시타: 획기적인 판매전략 | 월트 디즈니: 꿈과 행복을 제공합니다 | 스타벅스: 커피가 아니라 문화를 팝니다

story 23

육체노동의 종말 · **282**
산업사회에서 지식사회로

노동조합의 탄생 | 노동자운동의 아버지, 로버트 오언 | 뉴딜정책은 성공한 정책인가? | 국유화와 민영화, 어느 것이 정답인가? | 포드주의를 비판하다 | 엘튼 메이요의 인간관계론 | 국가와 경제의 분리, 그리고 탈냉선 | 육체노동 생산성의 종말

story 24

지식사회와 지식경영 · **295**
'열심히 일하기'에서 '현명하게 일하기'로

자본주의 사회에서 지식사회로 | 무엇으로 지식생산성을 높일 수 있을까? | 지식사회는 어떤 특성을 갖는가? | 지식사회에서 경영자의 역할은? | 목표에 의한 경영 | 복지국가의 종말 | 지식사회에서 필요한 것은 기업가사회

맺는말: 지금은 기업의 사회적 책임이 필요할 때 · 306
책을 펴내며 · 309

경영이란 무엇인가?
기업과 경영의 탄생

기업과 경영

'기업' 또는 '회사'란 무엇인가? 하는 것은 법률적 측면, 경제적 측면, 그리고 정치사회적 측면 등 여러 관점에서 각각 다르게 정의를 내릴 수 있다.

우선 경제적인 관점에서 말하면, 기업이란 3대 경제 수제 중 하나인데, 여기서 말하는 3대 경제 주체란 정부, 가계(家計), 그리고 기업이다. 정부는 대체로 세금을 거두고 또 이를 적절하게 사용하는 분배 주체이다. 가계는 정부나 기업 혹은 어떤 조직으로부터 소득을 획득하여 일부를 저축하고 일부를 사용하는 소비 주체이다. 그에 비해 기업은 재화와 서비스를 제공하는 생산 주체이다.

'현대 경영학의 아버지'로 불리는 피터 드러커(Perter F. Drucker, 1909·2005)는 기업을 연구하는 목적을 대략 다음과 같

피터 드러커

은 요지로 말했다. "인간은 죽어서 하늘나라에서 행복하게 사는 것이 목적이 아니다. 인간은 지상에서도 행복하게 살아야 한다. 인간의 행복을 증진하는 것은 궁극적으로 물질적 소비 수준의 증대를 통해서이다. 그것은 기업의 생산활동을 통해서 가능하다. 기업의 구성원들이 생산성을 향상해서 말이다."

법률적으로 회사 또는 기업이란, 여러 개인들이 함께 많은 자본을 마련하고, 제품을 생산 판매하여 수익을 내고, 배당을 받아가고 또 상업적 책임을 나누는 조직이다. 그리고 기업은 한번 사업을 하고 그만두는 것이 아니라 사업을 오래 지속할 목적으로 세워진 것이므로, 창업자 개인이 죽더라도 함께 죽지 않는 인간, 즉 법인(法人)이다. 최초의 투자자가 사망한다 해도 회사는 다른 투자자에 의해 계속 살아가게 된다. 이것은 기업의 입장에서 본다면 장기적인 투자계획을 세울 수 있게 되고, 일찍이 엄두도 낼 수 없었던 거대 프로젝트에도 손댈 수 있게 된 것이다.

기업은 어떻게 생겨났나?

회사 또는 기업이라는 아이디어, 즉 여러 개인들이 모여 상업

16

적 책임을 나눈다는 것은 결코 이해하기 쉬운 개념이 아니었다.

중세시대까지 사업이란 대체로 개인들 사이에 일어나는 거래로서, 직접 만나 물건을 서로 바꾸거나, 시장에다 물건을 내다팔거나, 공공기관에 노동을 제공하는 정도였다. 거래되는 물품들은 대부분 가족농장에서 경작된 것들이었다. 개인들은 장기간에 걸쳐 전쟁이 일어나면 출진하는 병사들에게 전쟁 물품을 만들어 제공하기도 하고 또 장거리를 항해하는 배에도 물품을 납품했다. 그런 과정에서 이곳에서 싼 물건을 구입해서 저곳에다 팔아 이익을 남기는 상인들이 나타났다.

그러다가 점차 거래의 규모가 커지면서 그런 상공업 활동을 개인 혼자만이 할 수 없을 정도로 커지자, 여러 사람들이 자본을 많이 모아야겠다는 생각을 하게 된다.

해상 무역이나 원거리 무역은 매우 수지가 맞는 사업이지만, 자본도 많이 투입되어야 하고 또 위험이 크기 때문에, 처음에는 왕과 제후가 뒷돈을 댔다. 그러다가 차츰 민간인들도 규모가 큰 사업에 뛰어들면서 한두 명의 개인자본으로는 사업자금을 댈 수 없게 되자, 그래서 투자자를 모으기 시작했다.

예를 들어 14~15세기 르네상스 이탈리아 도시국가의 해운회사들은 많은 주주들이 있었다. 해운회사들은 함께 투자한 사람들을 동반자, 즉 꼼빠니(compagnie)라고 불렀는데, 오늘날 컴퍼니, 즉 회사라는 말의 어원이다. 물론 꼼빠니의 주주들은 이익과 손실을 분담했다.

모든 사물에는 이름이 있고, 그 이름에는 나름의 의미가 있다.

기업 또는 회사(企業, 會社, company, enterprise, corporation, firm)라는 용어 중에서 company는 '함께'라는 전치사 com과 '빵'이라는 뜻의 라틴어 panis의 합성어다. "한솥밥을 먹는다"와 같은 의미다. enterprise는 '일을 수행하다'라는 뜻의 프랑스어 entreprendre에서 나왔다. 특히 "남다른 일을 수행하는 사람"을 기업가로 불렀는데, 그것이 바로 entrepreneur이고 '기업가정신'을 오늘날 전 세계적으로 entrepreneurship이라고 표현한다.

회사가 개인과 같이 인격을 가지게 되자 이를 법인이라고 부르게 되는데, 개인의 '신체'를 의미하는 라틴어 corpus가 발전하여 corporation이 되었다. 이는 구체적으로 주식회사를 의미한다.

회사라는 의미를 가진 다른 영어로 firm이 있는데 '안정적'이라는 뜻을 가진 라틴어 형용사 firmus에서 나온 말이다.

죽지 않는 인간, 법인(法人)의 탄생

자본주의란 생산수단을 사적(私的)으로 소유하고 화폐를 이용하여 시장에서 거래가 이뤄지고 소득이 분배되는 경제체제로, 어떤 형태로든 서양과 동양에서 여러 시대에 걸쳐 출현과 재출현을 거듭했다. 기업이라는 조직도 마찬가지이다.

보통 기업이라고 하면 산업혁명이 시작된 이후 등장한 자본주의 체제에서 생긴 것으로 아는 사람들이 많은데, 산업혁명 이전에도 오늘날 기업과 비슷한 형태의 기업이 등장했다.

16세기 영국에서는 벤처 상인들이 북해 연안의 국가들, 즉 벨기에, 네덜란드, 룩셈부르크 등에 모직물을 판매하였는데, 그런 상행위는 법인체의 엄격한 원칙을 준수하면서 이루어졌다. 그런 관행이 기업을 지속적으로, 또 영구적인 기관으로 정착하게 만들었다.

엘리자베스 1세

오늘날과 같은 형태의 법인체의 시초는 16~17세기경 서북 유럽에서 성장한 무역회사였다. 정부는 그들이 세금을 내는 대가로 독점을 허용했다. 1555년 해양탐험가 세바스찬 캐보트(Sebastian Cabot, 1476~1557)와 런던 상인들에 의해 창설된 무스코비 사(Muscovy Company)는 러시아와의 교역에서 독점권을 인정받았다.

그리고 레반트 사(Levant Company)는 1581년 엘리자베스 1세로부터 허가를 받아 중동의 시리아, 레바논, 이스탄불 지역을 대상으로 무역을 했고 1754년 주식을 공개했으며 1825년 해산했다.

1600년 12월 31일 영국 동인도회사는 역시 엘리자베스 1세의 특허를 받아 인도 및 극동 지역과의 무역에 나섰다. 1612년까지 영국 동인도회사는 투자가들로부터 자금을 모아 개별적으로 무역 업무를 수행하다가, 1657년에 주식회사가 되었다. 그후 영국 동인도회사의 독점권에 대한 빈발이 커지자 영국에는 많은 무역회사들의 설립이 허용되었다.

영국 선박이 러시아나 중동지역까지 가는 원거리 무역은 개인 투자가가 전적으로 자금을 대기에는 너무나 규모가 컸다. 따라서 그들은 합작회사(joint stock company)를 설립했는데, 차츰 합작회사는 자금 조달 후에는 사고팔 수 있는 주식을 발행했고, 그리하여 최초의 주식거래소가 등장하게 되었다.

그러나 모든 위험을 자본주가 떠안는 반면, 선장의 책임이 줄어드는 데 대한 우려의 목소리가 나타났다. 애덤 스미스는 "선장이란 다른 사람들의 돈을 관리하는 사람이지만, 사실은 합자회사에 투자한 사람이 신경을 쓰는 만큼 선장이 철저히 사업에 최선을 다한다고 기대할 수 없다"라는 말로써 경고했다.

경영자란 어떤 사람인가?

"필요는 발명의 어머니다"라는 격언이 있다. 그런데 발명을 실현시켜 제품이나 서비스로 만드는 것은 기업이다. 말하자면 기업은 경제적 발전을 통해 인간생활의 향상과 사회정의를 실현하는 기관이다. 그리고 '경영'이란 기업이 가진 재무적, 물적, 인적 자원을 잘 활용함으로써 기업의 목표를 달성하는 직무를 말한다.

'기업'이라고 하면 연상되는 용어가 '경영'이라는 말이다. 누군가 피터 드러커에게 물었다. "역사상 가장 위대한 경영자는 누구였습니까?"

질문자는 석유왕 록펠러, 철강왕 카네기, 자동차왕 헨리 포드, IBM의 창업자 토머스 왓슨, 금융왕 J.P. 모건, GE의 최고경영자 잭 웰치, 혹은 MS의 빌 게이츠라는 대답을 염두에 두고 질문했는지도 모르겠다.

그러나 드러커의 대답은 의외였다. "그야 4천년 전 피라미드를 건설한 현장 감독자나 2500년 전 고대 로마의 도로공사 책임자들이지요. 그들이 만든 피라미드나 도로가 아직도 무너지지 않고 있잖아요."

물론 이집트의 피라미드나 로마의 도로를 만든 사람은 영리를 목적으로 한 것이기 아니기 때문에 그 주체가 기업이 아니고, 공사에 동원된 사람들은 노동의 대가로 임금을 받지 못했으므로 임금 노동자도 아니며, 그런 공사의 책임자를 엄격히 말해 경영자로 부르기가 적합하지 않다는 것을 드러커는 잘 알고 있다. 경영사의 등장을 한 마디로 단정지을 수 없어 드러커는 이처럼 우회적으로 대답했을 것이다.

경영, 즉 매니지먼트(management)라는 말은 지금은 너무도 익숙한 단어이지만 그 어원이 그다지 오래된 용어가 아니다. 19세기말~20세기초 대기업의 등장과 함께 기업을 운영하는 관리기술이라는 뜻으로 사용되기 시작했다.

당시 경영이란 '이익을 추구하는 활동' 정도로 생각했다. 그리고 기업경영은 전쟁 용어인 '전략'이라든지, '전술'이라든지, '목표'라든지, '인력동원' 등 군대나 정부가 사용하는 용어를 많이 가져왔다.

피라미드

그러나 지금은 어떤 목적을 달성하기 위해 자원을 조달하고 관리하는 것을 모두 경영이라고 한다. 그러니까 기업이 아닌 자선단체, NGO, 교회, 그리고 정부의 활동도 경영이라고 본다.

그런 넓은 의미로, 이익을 창출하려는 것은 아니었지만, 고대에도 피라미드를 만든다거나 도로와 건물을 만든다거나 국가를 운영하는 데에 경영이라는 말은 사용하지 않았어도 경영활동은 있었다.

간단히 말해 경영이란 '기업을 운영하는 직무'를 의미하지만, 언제부터 기업이라는 조직이 존재했고 또한 경영자라는 계급이 등장하게 되었는지를 한마디로 정의내리기란 쉽지 않다. 그리고 경영에 대한 정의, 즉 "경영이란 무엇인가?" 혹은 "경영자란 누구인가?"라는 질문에 대한 대답도 시대적으로 많이 바뀌어왔다.

제2차 세계대전 직후 경영자란 "부하들이 수행하는 일에 책임을 지는 사람"이라고 정의되었다. 즉, 경영자란 보스(boss)였으며, 경영을 한다는 것은 지위와 권력을 행사하는 것이었다. 이것은 지금도 대부분 사람들이 경영자나 경영에 대해 말할 때 마음속으로 생각하는 정의이다.

그러나 1950년대 초, 경영자의 정의는 "경영자란 다른 사람들의 성과에 책임을 지는 사람"이라고 바뀌었다. 이 정의 또한 지금과 같은 글로벌 시대에는 너무나 협소한 정의가 되었다.

올바른 정의는 "경영자란 지식의 적용과 성과에 책임을 지는 사람"(responsible for the application and performance of knowledge)이라는 것이다. 다시 말해 오늘날 경영이란 '지식을 행동으로 구체화하는 과정이다'라고 할 수 있다.

요즘은 '1인 창업'이 유행하고 있지만, 일찍이 프리드리히 하이에크(Friedrich Hayek, 1899~1992)는 "우리 모두가 기업가다"라고 했고, 드러커는 지식사회가 될수록 "최고경영자(CEO) 외에는 모두 아웃소싱 가능하다"고 내다봤다.

이렇게 보면 옛날 창을 들고 동물을 쫓거나, 곡식을 찾아 들판을 헤매던 선사시대 인류의 조상과 산업사회의 육체근로자, 그리고 오늘날 지식근로자 개개인과 대기업의 CEO 사이에 무슨 차이가 있는가?

누기 더 많은 여가시간을 갖는가. 육체근로자인가, 지식근로자인가, 재벌의 후손들인기, 샐러리맨들인가, CEO인가? 그리고 누가 더 위험한가. 기업주인가 사원들인가?

이런 물음에 대해 앞으로는 각자가 자신의 무기(창과 칼 대신 지식을)를 들고 해결해야 한다는 점을 인식해야 한다. 피터 드러커는 경영자란 "자신의 지식과 판단으로, 자신 또는 조직의 목적을 달성하려는 사람"이라고 정의를 내린다.

경영자의 정의에 대한 이런 변화가 의미하는 것은 지금 우리에게 '지식'이 필수적인 자원이라는 것이다. 토지, 노동, 자본은 이제 제약요소에 지나지 않는다. 물론 그것들 없이는 지식은 아무것도 생산하지 못하고, 경영 또한 아무 성과도 낼 수 없다. 하지만 지식을 지식에 적용하는, 즉 효과적인 경영이 있으면 우리는 언제라도 다른 자원들을 얻을 수 있다. 글로벌 시대에는 정보가 국경을 넘어 신속히 전달되고, 조금이라도 이익률이 높은 곳이 있으면 돈은 국경을 넘어 투자되기 때문이다.

자본이 주요 생산요소인 사회를 자본주의 사회(capitalist society)라고 한다면, 같은 논리로 지식이 주요 생산요소인 사회를 지식사회(knowledge society)라고 부르는 것도 같은 맥락이다.

경영자는 모든 조직에 활력을 불어넣는 생명력의 원천이다. 경영자의 리더십이 없이는 모든 '생산요소'는 단지 자원 그 자체로 머무를 뿐이고, 결코 생산물이 될 수가 없다. 따라서 자유경쟁 경제체제(competitive economy)하에서는 무엇보다도 경영자의 자질과 능력이 조직의 성공과 생존을 결정한다. 경영자의 자질과 능력이야말로 자유경쟁 경제체제에서 기업이 보유할 수 있는 유일한 효과우위이기 때문이다.

경영자는, 어떤 의사결정을 하든 그리고 어떤 행동을 하든지 간에, '경제적 성과'를 최우선적으로 염두에 두어야 한다. 경영자의 정당성과 권위는 오직 그가 생산하는 경제적 결과에 의해서만 인정받을 수 있다.

물론 경영자가 수행하는 활동 가운데는 기업의 종업원들의 행복을 증진시키고, 지역사회의 복지를 향상하고, 문화를 창달하는 것 등도 있지만, 경영자가 경제적 성과를 생산하는데 실패한다면 그는 경영자로서 실패한 것이다.

만약 경영자가 고객이 원하는 재화와 용역을 고객이 지불할 용의가 있는 가격으로 공급하지 못하면 그는 실패한 것이다.

만약 경영자가 자신에게 맡겨진 경제적 자원으로 더욱 더 부(富)를 생산하거나, 아니면 최소한 그것을 유지하지 못하면 그는 실패한 경영자이다.

이런 점에서 보면, 경영자의 직무는 독특하다. 경영자는 자신의 결정이 사회에 미칠 영향을 항상 고려하는 한편, 기업 내적, 외적으로 언제나 경제적 결과를 우선적으로 고려해야 한다.

'경영을 한다는 것'은 그저 수동적으로 일만 하는, 즉 적응만 하는 것이 아니다. 그것은 바람직한 결과가 실제로 나타나도록 행동을 취하는 것을 의미한다. 경제적 환경을 의도적이고도 예정한 방향으로 변화시키는 것이 진실로 경영을 하는 것이다. 그러므로 기업을 경영한다는 것은 "목표에 의한 경영을 한다(to manage by objectives)"는 것을 의미한다.

기업과 경영은 인류 역사에 어떤 영향을 끼쳤는가?

인류의 조상은 늘 의식주를 해결하려고 노력해왔다. 인류의 조상들은 잠자는 8시간을 빼고 하루 16시간 일을 했다.

1833년 영국의 공장법(The Factory Act)은 하루 노동시간을 12시간으로 정했다. 1847년 개정된 공장법은 근무시간을 1일 10시간으로 규정했다. 하루 근무시간 두 시간을 단축하는데 14년이나 걸린 것이다.

그로부터 67년이 지난 1914년, 헨리 포드는 종업원의 하루 근무시간을 8시간, 주 5일 근무를 규칙으로 삼았다. 말하자면 인류가 하루 16시간 근무에서 지금처럼 하루 8시간만 일하고도 살 수 있게 되기까지는 무려 5300년이나 걸린 셈이다.

이렇게 보면 인류의 역사는 노동시간 단축의 역사이다. 20세기의 마지막 30년 동안 등장한 팩스, 휴대전화, 복사기, 컴퓨터, 인터넷은 물품과 용역의 거래비용과 기업의 관리비용을 대폭 절감했을 뿐만 아니라 시간단축에도 크게 공헌했다.

세계화의 시작은 1492년 콜럼버스가 범선을 타고 대서양을 건너면서부터 시작되었다. 그러나 당시의 세계화는 모든 사람에게 해당되는 것은 아니었다. 하지만 철도의 등장은 곧 모든 사람들에게 세계화를 안겨주었다. 따라서 철도 회사는 곧 '세계화의 민주화'였다.

고급의류 브랜드들 가운데 애쿼스큐텀(Aquascutum)이나 리즈(Reeds)처럼 과거 왕실에 납품했던 옷이었음을 자랑하는 이름들도 있다. 명품의류를 찾는 밑바탕 심리에는 '의복의 민주화'가 깔려 있는 것이다.

우리는 아파트 단지의 이름을 ○○궁전, ○○캐슬, 빌라, 팔레스, 타워 등 과거 왕이나 귀족이 살던 궁전을 연상하도록 짓는 것을 자주 본다. 귀족이 가진 권력을 시민에게 돌려주는 민주화 과정이 선거권이라면, 아파트는 귀족만이 즐기던 '주택의 민주화'이다.

기업은 의식주에 필요한 재화와 서비스를 좀더 많이, 보다 싸게, 그리고 더 나은 품질로 제공하여 과거 귀족이나 특권층만 소비하던 것을 모든 사람들이 소비할 수 있도록 한다. 말하자면 정치인이 추구하는 것이 권력의 민주화라면, 경영자와 기업이 추구하는 것은 '부(富)의 민주화'이다. 즉, 기업과 경영은 '부의 민주화'를 통해 인간이 지상에서 행복하게 살도록 해줘야 하는 것이다.

기업의 목적과 사명은 무엇인가?

"기업의 목적과 기업의 사명(mission)이 무엇인가?"하는 정의와 관련해서, 단 하나에 초점을 맞추어야 한다. 그것은 바로 '고객'이다. 고객이 사업의 내용을 좌우하기 때문이다. 사업은 회사의 상호, 설립취지서, 또는 회사의 정관만으로는 알 수가 없다. 고객이 그 회사의 제품 또는 서비스를 구입함으로써 충족하고자 하는 욕구에 따라서 사업이 결성되고 정의된다. 고객만족이야말로 모든 기업의 사명이자 목적이다.

그러므로 "우리의 사업은 무엇인가?"라는 질문에 대한 대답은 그 기업을 외부에서 들여다볼 때에만 가능하다. 고객과 시장이라는 시각에서 바라볼 때에만 대답할 수 있다는 뜻이다. 고객이 관심을 갖는 것은 오직 고객 자신의 가치, 자신의 욕구, 그리고 자신이 처한 현실뿐이다. 이런 이유 하나만으로도 "우리의 사업은 무엇인가?"하는 질문에 대한 대답은 바로 고객으로부터 출발해야 한다. 고객의 현실·상황·행동·기대·가치를 중심으로 해서 대답해야 한다.

"고객은 누구인가?"라는 질문은, 기업의 목적과 사명에 대해 정의를 내릴 때 필수적인 질문이다. 그런데 이 질문은 너무 애매모호하다. 대답하기가 쉬운 것도 아니다. 물론 이에 대한 대답에 따라 자동적으로 사업의 정의가 내려진다. "우리의 사업은 무엇인가?"라는 질문을 진지하게 해야 할 가장 좋은 시기는 언제인가. 바로 회사가 성공적으로 운영되고 있을 때이다. 성공을 하면 개인이나 회사나 모두 자만해지기 때문이다.

성공했다는 느낌이 들 때는 언제나 새로운 현실을 창조해야 한다. 그리고 스스로 해결해야 할 새로운 문제점을 찾아내어 해결해야 한다. "성공했기에 그들은 내내 행복하게 살았다"는 건 동화 속에나 나오는 얘기다. 기업의 목적은 끊임없이 고객을 창조하는 것이다.

그런데 이를 위한 전제 질문들이 있다. "우리의 사업은 무엇인가? 앞으로 우리가 할 사업은 무엇인가? 그리고 우리의 사업은 무엇이 되어야만 하는가?" 등이다. 이에 대한 답을 할 때 기존의 모든 제품·서비스·제조공정·시장·최종 소비자·유통과정을 체계적으로 분석하는 것은 너무 당연하다.

"그것들은 여전히 경쟁력을 갖고 있으며, 앞으로도 그럴 것인가? 그것들은 여전히 고객에게 가치를 제공하고 있으며, 앞으로도 그럴 것인가? 그것들은 여전히 인구·시장·기술·경제 현실에 부합하는가? 만일 그렇지 않다면 그것들을 어떻게 부작용 없이 폐기할 것인가? 적어도 더 이상의 자원과 노력을 투입하지 않으려면 어떻게 해야 하는가?"

경영자는 이 같은 질문들을 진지하고도 체계적으로 하지 않으면 안 된다. 또한 "우리의 사업은 무엇이며, 무엇이 될 것이고, 그리고 무엇이 되어야만 하는가?"라는 질문도 빼놓아서는 안 된다.

기업의 목적과 사명을 정의하는 것은 어렵고 고통스러우며 위험이 따르는 작업이다. 그러나 이에 대한 정의가 선결되어야만 사업목표를 수립하고, 전략을 개발하고, 자원을 집중시키고, 경영활동을 할 수 있다.

고대의 경영활동

근육의 시대

근면과 약탈, 그리고 체념

각 개인에게 남과 다른 이름이 있듯이, 어떤 시대와 사회도 다른 시대, 다른 사회와 구분하는 이름이 있다. 예를 들어 고대, 중세, 르네상스 시대, 근대 등으로 말이다. 그리고 사회도 수렵채집 사회, 농업사회, 산업사회, 지식사회로 구분 짓는다.

그런데 "한 시대나 사회를 구분하는 기준이 무엇인가" 라는 질문을 할 수 있다. "만약 한 시대를 사는 사람들이 자신들은 다른 시대를 살았던 사람들과는 다르다고 뚜렷이 인식하고 있다면 그들은 다른 시대에 살고 있는 것이다."

예컨대 고대와 중세는 시대적으로는 다르지만 일하는 방식이나, 먹고사는 방식이나, 세계를 보는 관점이 별로 다르지 않다. 고대와 중세의 사람들은 일하는 방식에서 절대적으로 자신의 몸을 사용했다. 예를 들면 사냥꾼, 목동, 어부, 농부들이었다. 그런 점에서 고대와 중세를 '근육의 시대'라고 볼 수 있다.

수렵채집사회의 인류의 조상들은 힘세고, 빨리 달리고, 나무 위로 더 높이 올라가야만 살아남을 수 있었다. 올림픽의 캐치프레이즈인 "보다 빠르게", "보다 높게", "보다 힘차게"라는 세 문장은 수렵채집시대 우리 조상들의 생활을 정확히 표현한 것이다. 올림픽은 수렵채집 시절에 대한 '추억 되살리기 행사'인 것이다. 수렵채집사회의 승자는 당연히 육체적으로 힘센 자였다. 그러므로 수렵채집사회에서 가장 중요한 생산요소는 '근육'이었다. 근육이 발달한 사람이 수렵채집사회의 주역이었던 것이다.

수렵채집사회 다음의 사회는 농경사회이다. 농경 촌락이 역사상 처음 등장한 것은 대략 기원전 7000년경으로, 티그리스강과 유프라테스강 유역의 메소포타미아 지역에 최초로 관개(灌漑, irrigation) 농경을 하면서부터이다.

인류가 메소포타미아 지역에서 농사를 짓기 시작한 이후부터 18세기 중반 산업혁명이 일어날 때까지 수렵채집사회와 농업사회의 주요 생산요소는 당연히 '토지'와 '노동'이었다.

'생산'이라는 관점에서 보면 식량을 확보하기 위해서는 수렵채집활동과 농경활동 사이에 많은 차이가 있다. 채집수렵을 위해서는 1인당 평균 10평방킬로미터의 토지가 필요했고, 아마도 하루 24시간 중 잠자는 시간 8시간을 빼고는 하루 종일 먹을 것을 찾아다녔을 것이다. 그러니까 인류 최초의 노동시간은 하루 16시간이었다.

반면 농경사회에서는 1인당 평균 500평방미터가 필요했다. 토지의 생산성이 대폭 늘어나고, 관개농업으로 토지의 생산성이 더욱 더 높아졌다. 농경사회의 승자는 당연히 농사지을 토지를 많이 보유하고 있고, 아침부터 저녁까지 농토에서 성실하게 일하는 사람이었다. 토지와 노동에 많은 시간을 투입하는 사람일수록, 즉 '근면'이 승자가 되는 지름길이었다.

고대와 중세에는 왕과 귀족은 대체로 대물림하며 잘살았지만, 사냥꾼, 목동, 어부, 농부들은 대대로 육체노동을 하면서 살아가므로 아무리 열심히 근면하게 산다 해도 배고프고 헐벗은 경우가 더 많았다. 사치와 출세는 남의 일이었다. 그들은 '산다는 것은 태어난 운명대로 산다는 것'으로 받아들였고, 그냥 '체념'하면서 살았다.

기독교에서는 이 세상은 저 세상으로 가기 위한 중간 거점이므로 사치와 출세는 덧없는 것이라고 가르쳤다. 이슬람교 또한 죽어서 알라신에게 가는 것이 최고의 목적이므로 세속의 모든 것은 알라의 뜻으로 받아들이도록 훈련시켰다. 심지어 성전(聖戰)에 참여하라고 가르쳤고, 기꺼이 성전에 참여한 사람들은 편안하게 죽어갔다.

고대에서 중세 말까지 이런 식으로 금욕적인 생활을 강조한 것은 달성할 수 없는 물질적 욕구를 억눌러 불만을 해소시키려는 '체념'을 통한 문제해결 방식이라고 할 수 있다.

그런 가운데 일부 사람들은 '운명을 좀 바꿔보자', '왕후장상의 씨가 따로 있나, 우리도 좀 잘살아보자'라고 생각한다.

수렵채집사회란 음식물을 저장할 만큼 획득하기도 어려웠고 저장할 장소도 없어, 그날 하루 사냥했거나 모은 곡식을 대개 그날 소비하는 사회이다. 땅이 비옥하고 기후가 좋은 곳에 농경민족이 생겨나서 촌락을 형성하자 수렵채집사회의 후예격인 유목민족들은 수렵채집 활동보다는 농경민족이 생산한 곡식과 가축을 빼앗는 것이 더 효과적이라는 것을 알고는 농경민족을 '약탈'하기 시작한다.

말하자면 고대와 중세에는 육체를 사용하는 길밖에 없었으므로 '잘사는 방법'은 대체로 두 가지였다. 하나는 '남보다 더 열심히, 아침 일찍 일어나서 저녁 늦게까지 일하는 것'이고, 다른 하나는 '다른 사람이 생산해 놓은 것을 힘으로 빼앗는 것'이다. 즉 운명대로 체념하지 않고 운명을 바꾸려면 '근면의 길'과 '약탈의 길' 두 가지가 있었다.

저축과 교환, 그리고 쟁기

인류의 조상은 처음에는 자신의 생존에 필요한 것을 얻는 것만으로도 만족했다. 즉, '일용할 양식'이면 충분했다. 그러나 세월이 흐르면서 차츰 여유가 생겨서, 먹고 사용하고 남는 것을 나중을 위해 모아두거나 서로 바꾸어 먹었을 것이다. 오늘날의 표현으로 상거래(commerce), 즉 물물교환(trade 혹은 barter)을 했을 것이다.

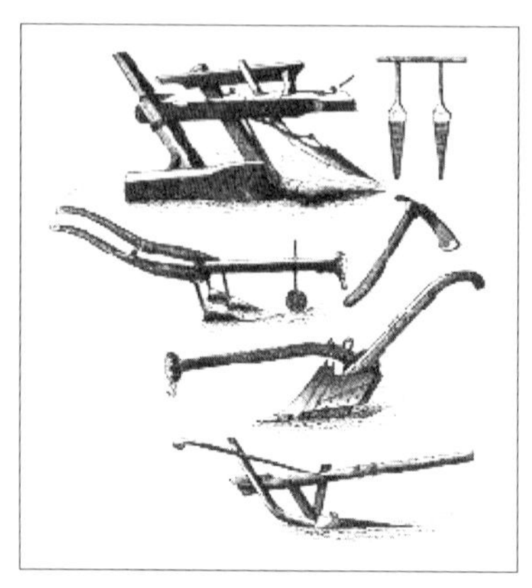

쟁기

그럼 교환행위는 언제부터 있었는가? 어떤 학자는 성경에 나오는 최초의 인류 이브가 애덤에게 사과를 선물로 주는 행위가 곧 교환거래의 시초라고 말한다. 물론 이 말은 물물교환의 역사가 아주 오래되었다는 것을 비유적으로 설명하는 말이다. 처음에는 무기, 생산도구, 장신구, 가축, 옷감, 곡물 등이 교환수단으로 사용되었을 것이다. 그후 화폐가 등장하면서 화폐가 교환의 수단이 되었다.

인류의 조상이 정착민이 되어 토지를 개발하기 시작한 지 오래지 않아 고대 이집트 왕국에서 거의 동시에 두 개의 큰 기술적 업적이 달성되었다. '피라미드의 건설'과 '쟁기의 발명'이 그것이다. 피라미드는 서구인들, 특히 그리스인들의 상상력을 자극시켜서 세계관, 철학, 수학, 과학에 획기적인 영향을 미쳤다. 그러나 동시대 사람들 가운데 쟁기의 발명에 대해 관심을 둔 사람은 거의 없었다. 그러나 쟁기는 1~2세기 뒤에 농작물의 생산량을 20~50배까지 증가시켰고, 최초로 인류가 도시를 건설할 수 있도록 식량을 공급했다.

고대인들에게 가장 절박했던 것

오늘날도 마찬가지지만, 고대의 인간들에게 가장 절박했던 것은 '의식주의 해결'이다.

고대의 사람들은 의식주를 해결하기 위해서 처음에는 짐승을 사냥하고 나무 열매를 따먹고 또 물고기를 잡아먹었다. 그 경우 힘센 자가 유리하다. 그러다가 육체적으로는 허약하지만 조금 지혜가 발달한 사람들은 짐승의 새끼를 잡아 기르고 씨앗을 뿌려 경작을 하게 된다. 그것이 곧 농업이다. 경작을 하려면 기름진 땅이 필요하다.

의식주를 해결하기 위한 또 다른 방법으로 남의 것을 빼앗는 방법이 있다. 전쟁이란 결국 남들이 잡아놓은 짐승이나 거두어들인 곡식을 빼앗거나, 기름진 땅을 차지하려는 것에서 시작된다. 오늘날에는 그런 짓을 지원전쟁이라고 한다. 달리 말하면 전쟁은 곧 악딜 행위이다.

그러자 기름진 땅을 일구며 열심히 일한 사람들은 축적해둔 물건들을 빼앗기지 않으려고 성을 쌓고, 성벽 안에 도시도 만든다. 그렇다고 해서 전쟁이 끝나는 것은 아니지만 방어라는 개념이 생긴 것이다.

그렇게 해서 고대에서는 그 무엇보다 먼저 "먹고 사는 것을 해결해주겠다", "외부의 침략을 막아주겠다"고 주장하는 지도자가 등장하고 그들이 장군이 되고, 귀족이 되고, 왕이 된 것이다.

사농공상 같은 계층 분리는 어떻게 이루어졌는가?

고대 국가에서 지도자는 유토피아를 약속하며 등장했는데, 즉 '의식주의 해결', '외부침략의 방어'를 약속으로 내걸었다. 거기다가 한 가지 덧붙인 것이 '사회 내부적 평등'이다. 똑같이 잘살게 하겠다거나 차별을 없애겠다는 것이다.

따라서 지도자들은 평등을 강조하면서 생산요소인 토지의 개인 소유를 막는 경우가 많았다. 고대 중국의 경우도 그랬는데, 농업이 고대 중국경제의 핵심이었기 때문이다. 맹자(孟子, 기원전 371~289)는 제후들에게 "농부를 얻으면 모든 것을 얻는다"라고 충고했고, 현대 중국의 공산당은 아직도 그렇게 하고 있다. 농업의 기반을 흔드는 모든 경제질서는, 그것이 상업이든, 원거리 무역이든, 심지어 수공업이든 간에, 평등사회의 유지에 치명적인 위협이 될 수 있다.

그래서 나라를 안정되게 다스린다는 차원에서 사회질서를 인위적으로 형성하게 되었는데, 고대 중국사회는 사회계급을 본(本)과 말(末)로 나누었다. 나라를 다스리고 또 식량을 생산하는 활동을 본이라 하여 그런 일을 하는 관리와 농부를 우대했고, 그 밖의 소득활동은 말이라 하여, 그런 일에 종사하는 수공업자와 상인을 경시했다.

좀더 구체적으로 말하면, 나라를 운영하는 관료, 즉 사(士)를 제일 중요하게 여기고 다음에는 농업활동을 하는 농부를 두 번째로 중요한 사회구성원으로 높이 평가하고, 그 다음에는 한 곳에 자리잡고 앉아서 공산품을 생산하는 기술자 혹은 장인 계급들을 세 번째로 인정하고, 마지막으로 이곳저곳 옮겨다니며 정보를 이용하여 시세 차익을 남기고 또 사회를 불안하게 할 소식도 전하는 상인을 제일 낮은 계급으로 취급했던 것이다.

로마의 정치인이자 유명한 웅변가 키케로(Marcus Tullius Cicero, 기원전 106~43)는 아들에게 장래의 직업 선택과 관련하여 다음과 같이 조언했다. "사회적으로 존경받는 계층이 되기 위해서는 군인, 지주, 정치가가 되어야 하고, 그 아래로는 적어도 고위관리, 의사, 철학자, 교사가 되어야 한다. 장사를 하거나 상인이 되는 것은 피해야 한다. 그 이유는 상인이 큰돈을 벌려면, 금방 사서 되팔아 이익을 남기거나 매점매석을 하는 등 부득이 거짓말을 해야 하기 때문이다"라고 했다.

사농공상의 계급은 그렇게 해서 생겨났다. 특히 상인계급은 유럽에서도 유대인이나 집시가 하는 일로써 천대받았다. 그리고 전쟁의 결과로 나라를 잃고 출세 길이 막힌 지식인들은 장사로 성공하는 길을 찾았다.

사람들은 왜 부자들을 미워하는가?

자본주의 사회에서 말하는 반기업정서는 고대의 반부자(反富者)정서에 그 뿌리를 둔다. 고대사회에서 평등을 강조하는 사회적 분위기와 교회의 가르침, 즉, 이자 금지외 돈놀이로 부자가 된

사람에 대한 증오에서 비롯되었다. 이런 현상은 르네상스 시대에
까지 이어졌는데, 르네상스 시대의 부자들은 성당을 짓는 것으로
돈놀이에 대한 죄값을 치렀다.

서양에서 상인을 천하게 보는 심리, 즉 반부자정서는 언제부터
시작되었는가? 가장 오래된 그 첫번째 뿌리는 성경에서 찾을 수
있다. 구약성경 레위기 25장에 "토지는 다 내 것임이라"는 구절
이 있다. 토지는 하느님의 소유이기 때문에 그 어느 누구도 독점
적인 소유나 이용권을 주장할 수 없다는 것이다. 레위기는 "토지
를 영원히 팔지 말라" 그리고 "네 이웃에게 팔든지 네 이웃에게
서 사거든 너희 각 사람은 그 형제를 속이지 말라"고 가르치고 있
다.

마태복음에는 성전 앞에서 장사를 하는 행위, 이자에 대한 증
오, 그리고 돈놀이로 부자가 된 사람에 대한 증오가 표현되어 있
고, 또한 "부자가 천국에 들어가는 것은 낙타가 바늘귀를 통과하
는 것보다 더 어렵다"라는 구절도 있다. 이슬람교의 코란 역시 이
자를 금지하고 있다.

〈고백록〉의 저자이자, 초기 기독교의 위대한 철학자 아우구스
티누스(Saint Augustine of Hippo, 354~430)는 "부를 좇는 자는
유혹에 빠지기 쉽다"고 했다.

셰익스피어(William Shakespeare, 1564~1616)의 대표적인 희
곡 〈베니스의 상인〉에 등장하는 유대인 고리대금업자 샤일록의
이미지 등이 겹쳐서 그후에도 "이익추구와 사기업은 나쁘다. 그
러므로 국유화는 좋은 것이다"라는 논리가 형성되었고, 이익을

추구하는 사기업의 존재를 아예 부정하는 주장도 등장했다.

고대 그리스는 '상인들의 황금시대'

고대 그리스에서는 상인의 역할을 비교적 중시했다. 그 배경에는 발칸반도 지역의 토지가 척박했다는 데에도 어느 정도의 이유가 있겠지만, 정치 지도자가 상인 출신이었고 또 상행위를 독려했다는 데에 있다.

아테네의 집정관 솔론(Solon, 기원전 630~560)은 상인 출신이었고, 그리스의 고대 도시 코린트는 세계적인 무역도시였다. 아테네의 시장에는 포목점, 식육점, 채소 및 과일가게 등 없는 것이 없었다. 장사를 촉진하기 위해 축제가 자주 열렸고, 축제기간 중에 세금을 거두는 관리도 있었다.

영국의 철학자 버트런드 러셀(Bertrand Russell, 1872~1970)이 역사상 가장 행복했던 시기라고 평했던 페리클레스(Pericles, 기원전 495~429)가 다스리던 그리스는 상인들에게 황금기였다. 페리클레스는 대중 집회에서 이렇게 말했다.

"우리는 국고를 지출하여 일자리를 마련할 것이고, 그렇게 되면 다양한 욕구가 생겨서 수공업을 활성화시켜 고용을 촉진할 것이며, 결국 모든 도시가 스스로 축적한 돈으로 도시를 아름답게 하고 또 먹고 살 것이다."

페리클레스의 이 연설은 국고를 지출하여 경제를 발전시키려는 것으로서, 유효수요의 창출로 불경기를 회복하려는 케인스 이론의 원형이라고 할 수 있다.

그리스 신화에는 상인을 보호하는 수호신 헤르메스가 등장한다. 헤르메스는 날개 달린 신발을 신고 여행 모자와 전령의 지팡이를 들고 인간과 신 사이를 연락하는 역할을 맡았고 도로와 행인을 감시했다. 헤르메스는 유능하고 친절한 여행자의 길잡이였고 축복받은 출발과 귀향의 신이었다. 상인에게 있어 그것보다 더 중요한 것은 없다.

물론 고대에도 아리스토텔레스(Aristoteles, 기원전 384~322)처럼 사유재산을 중시한 사람도 있었다.

아리스토텔레스는 "사람들이 공유물을 두고 다른 사람들과 다툴 필요 없이, 자기가 가진 것에 관심을 갖고 자기 자신의 재산을 늘리기 위해 열심히 일하면 국가도 더불어 발전한다"고 주장했다. 모든 것에 각각 임자가 정해져 있다면 더 많이 갖기 위해 다툴 일이 없다는 것이다. 자신이 노력한 만큼 가져갈 수 있다면, 다시 말해 능력껏 일하고 능력껏 가져간다면, 더욱 열심히 일할 것이라는 생각은 나중에 애덤 스미스에게 영향을 미쳤다.

'계약'은 5천년 전에도 존재했다

기원전 3천 년경 메소포타미아에서는 단순한 물물교환 이상의 상거래가 이루어졌다. 유프라테스강과 티그리스강 유역에서 상업활동을 했던 수메르인들은 재산권의 보호를 위해 '계약'이라는 제도를 갖고 있었다. 아시리아(Assyria) 사람들의 사원(寺院)은 은행의 기능을 겸하고 있었는데, 빈민들은 신전에서 씨앗이나 식료품을 빌릴 수 있었고, 이자는 보리가 33퍼센트, 은(銀)이 20퍼센트였다고 한다. 사업상 합작계약서를 작성한 흔적도 남아 있다. 그리고 상업이 발달하면서 거래 당사자 간에 '약속 이행을 담보하기 위해' 법의 필요성이 인식되고 또 제정되었다.

함무라비 법전

기원전 1750년 경 고대 바빌로니아의 제6대 왕 함무라비(Hammurabi, 기원전 ?~1750)는 소위 함무라비 법전(Code of Hammurabi)을 만들었는데, 법전의 목적은 "나라 전체에 정의가 뻗어가게 하기 위해, 악행을 없애기 위해, 강자가 약자를 억압하지 못하게 하기 위해"라고 적고 있다. 282개의 판례법에는 경제법(가격, 관세, 무역, 통상), 가족법(혼인, 이혼), 형사법(폭행, 절도), 민법(노예제, 채무)이 포함되어 있다.

페니키아(Phoenicia)와 아테네 사람들은 해상무역을 할 때 합작계약서를 작성했다. 육상무역에 비해 해상무역은 시간과 경비가 많이 투입되기 때문에 계약이 표준화되기보다는 경우에 따라 제각각 달라질 수밖에 없었다. 게다가 상선을 이끄는 선장들이 배를 몰고 잠적해버리는 경우도 빈번해서 채권자나 투자자들이 해상무역에서 느끼는 위험은 훨씬 컸다. 소위 리스크 관리(risk management)의 필요성이 대두되었다.

고객(client), 그리고 프롤레타리아(proletariat)

로마제국의 초기시대는 황제가 다스리는 왕정이 아니라 원로원이 다스리는 공화제(republic)였다. 따라서 그 당시에는 부유한 세력가와 원로원들이 자유민인 일반 시민들로부터 인기를 얻어야 했다. 그 결과 세력가와 시민들 사이에 서로를 돌보아주는 피보호 관계를 맺고 있었는데, 이를 클리엔텔라(Clientela), 클리엔트십(clientship)이라고 한다. 클리엔텔라 관계는 기원전 5세기 무렵 법으로 승인되었으며 기원전 1세기에 이르러 세습적인 것이 되었다.

오늘날 우리가 말하는 고객(client)은 로마제국 초기의 클리엔텔라(Clientela) 제도에서 나온 것이다.

기원전 146년 로마는 강력한 해상무역 국가 카르타고를 물리치고 지중해 일대를 통일할 때까지 끊임없이 전쟁을 했다. 대부분 중소 자영농민층이었던 평민은 전쟁중에 전사하거나 큰 부상을 입었다. 다행히 무사하게 귀향을 했다 하더라도 농토는 이미 폐허가 되어 헐값으로 대지주에게 넘어갔다. 따라서 많은 평민들은 자신이 가진 두 가지 생산요소, 즉 토지와 노동 가운데 토지를 버리고 도시로 몰려갔다. 특히 로마 시내로 들어가 노동을 제공하면서 국가의 보호를 받게 되었다. 가진 토지가 없이 날품팔이를 하는 무산(無産) 평민을 프롤레타리아(proletariat)라고 불렀는데, 칼 마르크스가 산업사회의 무산계급(無産階級)을 표현할 때 사용한 프롤레타리아는 여기서 유래한 것이다.

로마 시대에는 상인과 군인이 공생했다

로마제국 초기 정치가들은 인기를 얻기 위해 시민들에게 공짜 빵과 서커스를 제공했다. 그 서커스 중 가장 인기있는 것이 바로 콜로세움에서 벌이는, 맹수와 맞서거나 검투사끼리 생사를 건 결투였다. 이런 식으로 개인의 야망을 달성하기 위한 수단으로 대중의 인기에 영합하는 선동 정치가를 포퓰라레스(Populares)라고 불렀는데, 오늘날 인기영합주의 정치를 말하는 포퓰리즘(Populism)의 어원이다.

그러다보니 로마에는 자연히 휴일수도 많아져, 1세기 중반 로마의 휴일수는 연간 159일이나 되었다. 지금 우리나라의 휴일이 대략 140일 정도인 것에 비하면 많았다고 할 수 있다.

로마제국은 빵과 서커스를 무료로 제공하는 데 필요한 재원을 조달하기 위해 식민지나 속주의 주민들을 가혹하게 다루었다.

로마시대 최고 입법기관인 원로원을 장악하지 못한 카이사르(Gaius Julius Caesar, 시저, 기원전 100~44)는 전쟁중에 획득한 재물을 대중에게 나누어주면서 인기를 얻고 정치를 독재체제로 몰아갔는데, 이를 시저리즘(Caesarism)이라고 한다.

사실 로마를 부강하게 만든 지도자는 카이사르였다. 카이사르 시대의 무역활동은 브리타니아 지방(Britania, 지금의 영국)을 정벌하면서 북해까지 확대되었는데, 카이사르는 상인을 통해 전쟁에 필요한 물자를 공급받았고 전쟁 정보도 수집했다.

상인들은 지리에 관한 정보와 특정 지역 강의 범람 같은 자연현상에 대한 정보도 제공했다. 카이사르가 저술한 〈갈리아전기〉에 따르면, 처음에는 승리하는 로마군대를 뒤따라 상인들이 쫓아갔지만, 그 다음에는 돈벌이가 된다는 상인들의 이야기를 듣고 군대가 이동했다. 말하자면 로마 시대에는 상인과 군인이 공생했다고 할 수 있다.

중세시대의 경영활동

봉건제와 기독교

중세사회를 지탱하는 두 축, 봉건제와 기독교

유목민족이 농경민족을 약탈했듯이 5세기경 중앙아시아의 흉노족이 서진(西進)하여 발트해 연안의 게르만족을 약탈하고 위협했다. 5세기 말 게르만족은 흉노족을 피하고 또 비옥한 땅을 찾을 목적으로 서남쪽으로 이동하기 시작했다. 이것이 게르만족의 대이동이다.

게르만족의 이동으로 유럽 역사의 주요 무대는 지중해에서 유럽 대륙으로 확산되었다. 이제 그리스 로마 문명의 헬레니즘, 그리고 기독교 문명의 헤브라이즘에다 게르만 문명이 합쳐지면서 중세는 봉건사회(封建社會, feudalism)를 형성한다.

중세사회를 지탱하는 두 제도는 봉건제도와 기독교였다. 봉건사회는 폐쇄적인 농업경제에서 한층 번성한 문명의 한 형태로,

중세 봉건사회에서는 국왕, 영주, 제후, 기사, 농민 등으로 신분이 나누어졌다. 제후(vassal, 가신)와 기사(knight)는 영주(Lord)에게서 봉토(fief)를 받고, 그 대가로 영주에게 각종 의무와 봉사를 제공한다.

하나의 사회를 다른 사회와 구분하여 명명할 때, 예를 들어 수렵채집사회, 농업사회, 산업사회라고 부를 때는 그 구분하는 기준이 "각 사회의 노동력의 중심이 무엇인가"라는 것이 된다. 그 기준으로 보면 수렵채집사회는 사냥꾼, 농업사회는 농부, 산업사회는 육체노동자가 중심 노동력이었다. 중세사회의 중심 노동력은 여전히 농부였다. 그러나 중세사회에는 다른 사회와는 차별화된 또 하나의 독특한 노동력이 있었는데 바로 전쟁을 목적으로 하는 '기사'였다. 말을 탄 중무장 기사는 국가의 통제를 넘어선 자율적인 권력이었다.

기사는 자신이 다스리는 봉토에 대해서 정치, 경제, 사회적으로 완벽하게 지배권을 행사했다. 교황이나 국왕 같은 중앙의 권력에 대해서 형식적으로만 충성하고 실질적인 권력은 스스로 행사한 것이다.

교회를 존경하고, 영주와 주군에게 충성하며 개인의 명예를 지키는, 이런 이상형에 가까운 기사들이 나타난 것은 11세기 말 유럽 기독교 지역의 기사들이 성지 순례자를 보호한다는 공동목표 아래 모였던 십자군전쟁(A Battle of the Crusades) 때였다.

수도원은 중세의 기업이었다

서양 역사에서 중세란 서로마제국이 몰락한 476년에서부터 르네상스 시기까지 대략 1천년 동안을 말한다. 그래서 중세 천년이라고 부른다. 잘 알려진 바와 같이 중세를 흔히 '암흑의 시대'라고 하는데, 그 이유는 르네상스를 강조하기 위한 것으로서, 르네상스란 고대 그리스와 로마의 전통을 복구하자는 운동이므로 고대 그리스와 로마의 전통을 최고로 치고, 그 이후의 중세는 부패한 암흑시대로 간주했기 때문이다.

중세는 기독교가 지배하는 시대였는데, 기독교는 현세의 물질적 삶에는 체념하고 내세에 하느님과 영생을 누리게 된다고 강조했다. 따라서 중세는 평등사회, 지역사회, 공동체를 중요시했다.

기독교 신학 발전에 큰 영향을 준 성 아우구스티누스는 "부(富)를 좇는 사는 유혹에 빠지기 쉽다"라고 말했다. 고대와 중세시대 사회가 유지되려면 우선 평등해야 한다. 사람들 사이의 차이라는 것은 육체적 노력의 차이 그 이상이어서는 안 된다. 그것은 기독교에서의 성경의 가르침이기도 하고, 상업과 무역의 발달로 정보가 확산되어, 내가 사는 도시보다 더 잘사는 다른 도시가 있다는 사실을 알리는 것은 평등에 좋지 않은 영향을 주고 또 거주민이 이동할 가능성이 있기 때문이었다.

따라서 기독교는 상업이나 금융업을 엄격히 제한했고, 자급자족의 검소한 생활을 가장 이상적인 경제체제로 보았다. 그렇게 하여 상업과 무역이 번창했던 고대 그리스와 로마시대와는 달리 중세시대에는 상업이 억제된다. 즉, 서양의 중세시대에는 지역사회와 농업이 강조되었다.

중세시대는 기독교 시대였기 때문에 도시의 중심에 교회가 있었고, 외곽에는 규모가 큰 토지를 보유한 수도원이 자리잡았다. 그런데 중세시대에는 해적이나 산적, 그리고 강도들이 들끓었다. 그렇게 되자 사람들은 교회 건물이나 수도원 건물로 들어가 숨게 되는데, 웅장하고 튼튼하게 지은 교회와 수도원 건물이야말로 훌륭한 피난처가 되었다.

이탈리아나 유럽의 중세도시를 여행하다보면 중세의 수도원 교회의 견고함에 놀라게 된다. 중세 사람들은 '하느님의 집'에 들어오면 안전하다는 느낌을 받았을 테고, 하느님이 우리를 지켜준다는 신념을 더욱 굳게 했을 것이다. 아마도 사람들은 전쟁중이든 평화시든 간에 교회와 수도원 건물에서 "주님은 나의 피난처"라고 소리 높여 기도했을 것이다.

수도원은 이렇게 중세 사람들의 정신적, 사회적 삶을 지탱했을 뿐만 아니라, 경제적 욕구도 충족시켰다. 수도원 제도는 중세시대 전반을 통해 기독교의 전파, 성직자의 권위 향상, 학문의 보전과 증진 등 사회에서 중요한 역할을 했고, 경제적 문화적 영향력도 컸다. 그중에서도 베네딕투스 수도원은 당시로서는 가장 거대한 기업이었으며, 그 관리시스템은 널리 모방되었다.

중세의 수도원들을, 비록 영리를 추구하지는 않았으나, 일종의 기업이었다. 달리 표현하면 '하느님을 위한 기업'이었다. 수도원은 최초로 노동력을 조직적으로 이용한 기관이었고, 피혁을 가공하여 구두를 만들고, 양모로 모직물을 생산하고, 목재를 가공하고, 맥주와 포도주를 만들었다. 수도원에서는 물을 긷는 데 처음으로 도르래를 사용했고, 그리고 학교도 운영했다.

수도원의 생산활동은 일차적으로 자급자족을 위한 것이었지만 남는 것은 시장에 내다 팔았다. 수도원 규칙에 따라 판매 가격은 시중보다 매우 저렴했다. 그 돈으로 수도원에서 필요한 물품을 구입했다. 그리하여 수도원은 제조업과 상거래를 하게 되었고, 판매에 재능이 있는 수도사들에게 그 일이 맡겨졌다. 낮에는 일을 하고 밤에는 기도하는 수도원의 사업은 날로 번창했다. 하느님의 기업이 풍요로운 결실을 맺게 된 것이다.

성 베네딕투스가 "산을 옮기는 것은 기도가 아니라 곡괭이와 삽이다"라고 한 것은 시사하는 바가 크다. 이익을 올리려면 기업은 우수한 제품과 훌륭한 전략과 확실한 실행이 중요하지, 품질이 미흡한 제품과 좋은 의도만으로는 안 된다는 것이다.

수도원이 인류에게 기여한 다른 한 가지 사상은 노동은 노예와 농노만이 하는 것이 아니라는 노동가치관이었다.

당시 수도사들은 대부분 자유시민이거나 간혹 귀족 출신도 있었는데 그들이 직접 일을 했다는 것은 중세 사람들로 하여금 노동을 신성하게 여기도록 하는데 좋은 모범이 되었다. 비로소 지식 있는 사람이 일을 하게 된 것이다. 그리스도 안에서 사람은 모두 평등하고 똑같은 사람이라는 점을 인식시킨 것은 수도원의 또 다른 기여이다.

십자군전쟁과 상업

흔히 중세 유럽을 암흑시대라고 표현하는데, 그것은 다분히 기독교의 지배를 폄하하려는 의도가 있는 표현이다. 중세시대에도 기술이 발달했고, 원거리 무역과 상업활동이 제한적으로나마 발달했다.

중세의 역사 가운데 오늘날 무역활동, 상거래, 인간의 조직행동과 관련하여 가장 많은 교훈을 주는 사건들 중 하나가 십자군전쟁(crusades)이다. 11세기 초 예루살렘 성지순례를 마치고 돌아온 한 수도사는 이슬람교도들의 손에 넘어간 예루살렘을 되찾아야 한다고 교황에게 호소했다. 교황 우르바누스 2세(Urbanus Ⅱ, 1035~1099)는 이에 공감하고 1095년 11월 27일 프랑스 클레르몽에서 공의회를 소집했다. 교황은 많은 군중 앞에서 "하느님이 십자군전쟁을 원하신다"라는 말을 시작으로 "그리스도의 십자가는 너희들의 구원의 상징이며, 너희들은 거기에 거룩한 서약을 한 증거로 가슴과 어깨에 진홍빛 십자 문장을 달 것이다"라는 감동적인 연설을 했다.

군중들도 "하느님이 그것을 원하신다"라고 호응했다. 그것은 1096~1291년까지 약 200년에 걸쳐 8차례 추진된 십자군원정의 시작을 알리는 신호탄이었다. 당연히 교황은 유럽의 왕과 귀족들에게 참전을 독려했고, 부자들에게는 토지와 재산을 교회에 기부하라고 권유했다. 그렇게 모인 돈은 전쟁물자 생산과 조달을 위해 상인과 제조업자, 그리고 교회와 평민에게 흘러 들어갔다.

십자군전쟁은 세계사에 여러모로 큰 획을 그었고, 상업의 역사에도 당연히 큰 의미를 던졌다.

유럽은 국가와 지역도 다르고, 인종, 언어, 역사도 다르지만, 예루살렘이 이슬람 세력에 점령되었다는 것만으로도 십자군전쟁을 일으킬 정도로 기독교가 유럽의 중심 문화라는 것을 다시 한번 증명했다.

십자군전쟁으로 인해 교황과 교회의 권위는 떨어졌고, 십자군전쟁에 적극적으로 참여한 제후와 기사들은 자신들의 영지를 돌보지 못해 몰락한 경우가 많았다. 십자군전쟁은 봉건제도의 꽃인 기사계급을 몰락시키고 또 정신적 지주였던 기독교를 약화시키면서 중세의 몰락을 재촉하는 계기가 되었다.

반면 도시의 상인계급과 국왕의 힘은 더욱 강력해졌다. 특히 십자군전쟁의 길목에 있던 여러 상업도시들, 예를 들어 베네치아, 세노아, 피렌체 등은 군수물자의 조달과 군대의 이동을 이용해 부를 축적하게 되었고, 결과적으로 이탈리아 반도 전체가 부강해지게 되었다.

유럽의 상인들은 동방의 물건들, 즉 향수, 후추, 양탄자, 비단, 유리병 등을 싸게 구입하여 유럽에다 비싸게 팔았다. 게다가 국왕도 지방 제후들의 세력을 약화시키기 위해 상인계급과 손을 잡음으로써 상인들은 세력을 더욱 더 넓혀갔다.

"물건이 국경을 넘지 못하면 총칼이 국경을 넘는다"라는 격언이 있듯이, 싼 가격의 물건은 비싼 곳으로 팔려 나가거나, 아니면 그것을 사려는 사람들이 찾아온다. 대체로 전쟁은, 지도자의 이기

적인 정복욕을 충족시키기 위해 발발하기도 하지만, 그런 물질적
인 이익을 추구하는 과정에서 발발하기도 한다. 십자군전쟁은 성
지를 순례하는 사람들의 이동이 막혔기 때문에 발생했지만 결국
은 이익추구 목적으로 변질되어갔던 것이다.

칭기즈칸 정복 전쟁은 '경제전쟁'이었다

십자군전쟁이 한창일 무렵 몽골과 중국대륙에서는 칭기즈칸
(成吉思汗, Chinggis Khan, 1161~1227)이라는 영웅이 자신의 제
국을 넓혀가고 있었다. 칭기즈칸은 여러 유목민 부족들을 통일
하고 1206년 칸(황제)에 올라, 몽골의 영토를 중국에서 아드리아
해까지 확장시켰다.

칭기즈칸의 전쟁사는 크게 두 단계로 나뉘는데, 첫째는 1206
년까지 계속된 몽골초원의 통일전쟁이고, 둘째는 통일 이후 벌인
세계 정복전쟁이다. 칭기즈칸이 처음부터 세계 전체를 정복하겠
다는 의도를 가진 것은 아니었다. 사실 13세기 초, 유독 몽골제국
만 이웃 국가들을 공격하고 침략한 것은 아니었다. 유럽 봉건영
주들 사이의 크고 작은 전투와 십자군전쟁이 그랬고, 중국 대륙
에서는 금나라와 송나라 사이의 전쟁 등, 지구상에서 전쟁이 멈
춘 때는 결코 없었고 전쟁의 이유도 저마다 달랐다.

칭기즈칸의 전쟁 동기 중 빠뜨릴 수 없는 것 중 하나가 경제적
측면이다. 칭기즈칸의 정복전쟁은 곧 '경제전쟁'이었다.

유목 경제는 "가축을 방목해 젖과 고기와 가죽을 얻는다"는 단순한 생산과정의 반복이다. 다른 물자의 획득은 교역 아니면 약탈과 전쟁을 통해서만 가능하다. 당시 몽골사회는 철기의 보급과 제련기술의 발전에 힘입어 전쟁을 벌일 기술적 준비가 갖춰진 상태였다. 이런 여건을 바탕으로 몽골의 경제부흥이 시급했던 칭기

칭기즈칸

즈칸은 단순한 약탈이 아니라 계획적인 경제전쟁을 결단한 것이라고 분석할 수 있다.

몽골 유목민들이 스스로 만들 수 있었던 것은 무기류와 간단한 일상용품 정도였다. 생필품을 구하려면 비록 규모는 작지만 국제무역 체제로 편입되지 않을 수 없었다. 따라서 국제 무역로의 안선한 확보기 전쟁의 한 동기였다. 당시 실크로드를 비롯한 여러 교역로 길복에 사리집고 있던 소국가들은 상인들에게 심각한 위협이 되었다. 칭기즈칸이 호라즘 왕국(지금의 우즈베키스탄)과 중국 사이에 있던 여러 소국가들을 정복한 것도 그 때문이었다. 칭기즈칸은 그후 상인이 오가는 교역로를 따로 지정했으며 "상인은 누구도 공격할 수 없다"는 칙령을 내렸다.

칭기즈칸은 항상 정복 대상 지역에 먼저 화평 사절단을 보냈다. 요구사항은 언제나 국제교역이었다. 상대 국가가 사절단의 교역 요구를 수락하면 칼을 뽑지 않았다. 싸워서 정복한 경우보다 싸우지 않고 정복한 경우가 더 많았다 이는 근대적 의미에서 통

캐러밴

상(通商) 외교의 시작이라고 볼 수 있다.

중국에서 중앙아시아를 통해 유럽으로 이어지는 동서 무역로, 즉 실크로드를 따라 낙타나 말을 타고 행렬을 지어 원거리 상업 활동을 했던 사람들을 캐러밴(隊商, caravan)이라고 한다. 실크로드는 여러 갈래가 있지만 그중 가장 많이 이용된 것은 일반적으로 알려진 오아시스길(일명 사막길)이다. 이 길은 베이징(北京)에서 출발해 중국 서북부 신강 지역인 동투르키스탄을 통과한 후, 구소련의 중앙아시아 지역인 서투르키스탄을 거쳐 중동지역으로 연결되고, 터키를 지나 드디어 유럽에 이르는데 몽골 기마군단은 바로 이 길을 이용했다.

1206년 칭기즈칸 즉위 당시 실크로드는 이미 단순한 교역로만은 아니었다. 실크로드 자체가 하나의 거대한 경제문화권인 동시에 세계 진출을 위한 관문이었다. 또한 중앙에서 모든 변방을 연결해주는 동맥이었다.

칭기즈칸과 그의 후계자들은 몽골제국 건설 과정에 실크로드의 중요성을 십분 활용했다. 몽골 기마군단은 주로 오아시스 길을 이용하여 전쟁을 수행했고 긴급한 정보나 명령 등은 동서를 최단거리로 잇는 북쪽 초원길을 이용해 전달했다.

중세 말, 유럽 상업도시의 등장

중세 초기까지 대부분의 유럽 도시들은 교회를 중심으로 형성되었거나, 전쟁에 대비한 성곽도시로서 주로 교통의 중심지에 건설되었다. 중세 말기에 이르면 십자군 전쟁의 후유증도 사라지고 사회가 상당히 안정되고 상업활동이 활발해진다.

이탈리아는 지중해를 중심으로 무역활동을 벌였고, 지금의 네덜란드 지역인 플랑드르는 유럽 내륙을 상대로 상거래를 했다. 그리고 독일에서는 한자동맹(Hanseatic League) 도시들이 청어를 비롯한 수산물과 일상용품 교역활동의 중심이 되었다. 그렇게 되자 상인들은 교회도시나 성곽도시 주변에 독자적으로 자치권을 가진 상업도시를 건설하게 된다.

특히 독일권에서는 성벽이라는 뜻의 burg라는 어미가 붙은 함부르크(Hamburg), 아우구스부르크(Augusburg), 마르부르크(Marburg)와 같은 상업중심의 도시들이 등장하게 된다.

상업도시의 상주 인구는 대체로 5천 명 정도인데, 그 당시 대도시인 파리, 콘스탄티노플, 베니스 등은 대략 10만 명이었고, 런던은 4만 명이었다고 추정된다. 전성기의 로마와 알렉산드리아가 100만 명이었음을 볼 때 중세의 도시들은 규모가 그리 크지 않았다는 것을 알 수 있다. 12세기에는 볼로냐를 비롯해 파리 등지에서는 대학도 등장하게 된다.

상업도시의 중심 노동력은 상인들과 수공업자들이었다. 그들은 자유로운 상업활동을 위해 국왕, 귀족, 주교에게 돈을 주거나 때로는 위협으로 자치권을 얻어냈다. 12세기 중엽이 되면 대부분의 상업도시가 자유를 갖게 되고 도시의 시민은 곧 자유민을 의미하게 되었다. 사람들은 농촌을 떠나 "도시의 공기는 사람을 자유롭게 한다"라고 외치면서 도시로 몰려들었다. 소위 도시화(urbanization)가 시작된 것이다.

중세의 길드(guild)와 시장

길드는 상업도시, 상인, 그리고 수공업자 이야기와 일맥상통하는 주제이다. 상인과 수공업자들은 거래 활동의 규모가 커지자, 공동이익과 상호부조를 위해 스스로 조합(guild)을 만든다. 수공업길드(craft guild)는 영어로 mystery라고도 불리었는데 이는 라틴어로 '직업'이라는 뜻의 ministerium에서 유래했다.

중세 수공업길드의 전반적 특징은 유럽 전역에서 비슷한 양상을 보였다. 전형적인 수공업길드는 초기 단계부터 도제(徒弟, apprentice), 직인(職人, journeyman), 장인(匠人, master) 등 수직적으로 엄격하게 구분된 계급조직으로 발전했다. 집안 형편이 어려운 10대 초반의 소년들 중 손재주가 있는 아이들은 도제가 되어 장인의 집에서 숙식을 함께 하면서 7년 가량 심부름꾼 겸 견습생 노릇을 했다. 그 다음 직인이 되어 제대로 된 기술을 수년간 더 연마하고는 드디어 장인이 된다. 장인이 되기까지는 대략 10년쯤 걸렸다. 장인이 되면 그 사회에서 제몫을 하게 되는 것이다.

수공업길드는 규칙도 엄했다. 경쟁을 제한하기 위해 작업시간의 연장을 금했고, 규모가 크고 번창하는 산업에서는 장인들이 따로 폐쇄적인 집단을 이루었다. 도제나 직인이 장인이 되려면 기술을 증명하거나 작품을 제시해야 할 뿐만 아니라 재산과 사회적 지위까지 걸맞아야 했다.

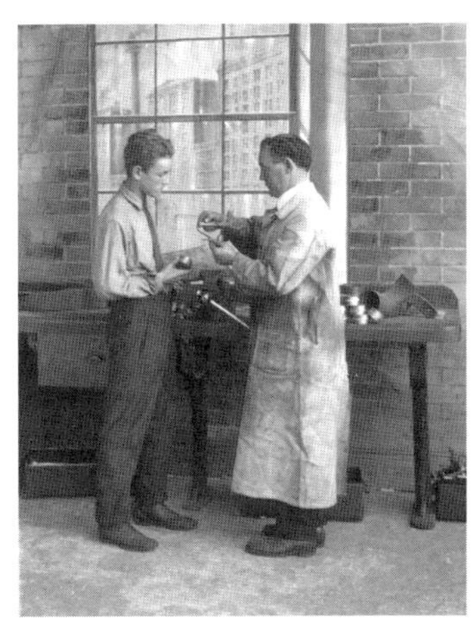
도제 제도

르네상스 시대에는 모직물 길드가 번창했는데 그들은 번 돈으로 화가들에게 그림을 의뢰해 결과적으로 문화를 발전시키게 된다. 그리고 르네상스 시대의 화가들, 예를 들면 레오나르도 다 빈치, 미켈란젤로 등도 화가들로 구성된 길드에 속해 있었다. 다 빈치, 미켈란젤로 등을 우리가 마스터로 부르는데, 그것은 거장이라는 일반적인 의미이기도 하지만 길드의 마스터, 즉 장인이라는 의미이기도 하다.

중세 수공업길드 역시 부침을 거듭하면서 점차 쇠퇴해갔다. 그런데 당시 대도시의 중앙도로를 제외하면 대부분 도로가 비포장인데다 가축들까지 끌고 다녔기 때문에 비가 오면 도로는 흙탕물로 질척거렸다. 그래서 중세때 가장 호황을 누리는 업종은 세탁업 길드였다고 한다.

우리 속담에 "가는 날이 장날이다"라는 말이 있는데, 우연히 좋은 일이나 궂은 일이 딱 맞아떨어질 때 하는 말이다. 이 속담에는 장은 매일 서지 않는다는 의미가 포함되어 있다.

우리나라의 '장터'에 해당하는 말을 그리스에서는 아고라(Agora), 로마에서는 포룸(Forum), 그리고 독일에서는 메세(Messe), 영어에서는 마켓(Market), 아랍권에서는 바자르(Bazar)라고 했다.

지금은 누구나 자유로이 시장을 열고 물건을 팔 수가 있지만 중세에는 시장을 여는 것이 대단한 특권이었다. 독일의 경우 메세 특권이 있는 도시만이 시장을 열 수 있었다. 유명한 프랑크푸르트 메세는 12세기에, 쾰른은 13세기에, 그리고 라이프치히는 15세기에 시장 개장권을 획득했다.

마인츠(Mainz)는 1235년 신성로마제국 황제 프리드리히 2세가 거주하게 되면서 중세도시의 세 가지 특권, 즉 시장을 열 수 있는 개시권, 동전을 제조할 수 있는 주조권, 그리고 도시를 지나가는 상인들에게 통행료를 징수할 수 있는 권리를 획득했다.

한자(Hansa)동맹과 도시동맹 이야기

12세기경 남유럽에서 십자군전쟁이 한창일 무렵, 북유럽 독일의 상인들은 여러 도시에서 교역상의 필요와 서로간의 이익, 치안유지, 해적에게 대항하기 위해 한자(Hansa 또는 Hanse)라고 불리는 상인단체를 결성했다. Hansa는 중세 독일어로서 '무리' '집단' 혹은 '친구'라는 뜻이지만, 실제로는 '길드'나 '조합'을 의미했다.

독일의 도시 뤼베크는 1201~1226년 동안 덴마크에 귀속되었다가 1226년 다시 자유도시가 되어 독자적인 법과 정치체제를 가진 자치정부 형태로 발전했다. 자유도시 뤼베크를 출발점으로 발트해 연안에 많은 상업도시들이 건설되어 북유럽 상권을 형성했으며, 그와 함께 러시아의 노브고로트, 노르웨이의 베르겐, 벨기에의 브뤼지 등에도 한자 상인의 중요 거점이 설치되어 한자 상관(商館, kontore)이 등장했다.

한자 상인이 취급한 상품은 지중해 상인과는 뚜렷하게 대조적이었다. 한자 상인들은 주로 청어, 모피, 벌꿀, 곡물, 타르, 목재, 호박(琥珀), 모직물, 양모 등을 취급했고, 지중해 상인은 주로 사치품을 거래했다.

14세기 들어 북해와 발트해에서 교역활동이 더욱 활발해지고 이권이 커지자 북해 연안 플랑드르 지방의 상인들과 독일 상인들 사이에 교역의 주도권을 놓고 충돌이 잦았다. 급기야 독일 상인들은 독일 본국 도시에 지원을 요청하게 되었고, 1358년 플랑드르에 대한 교역봉쇄를 선언하면서 라인강의 도시들과 북해와 발트해에 면한 독일의 많은 도시들이 독일한자(Deutsche Hansa) 또는 한자동맹(Hanseatic League)이라는 도시동맹을 맺었다.

한자동맹은 뤼베크를 한자 행정의 중심지로 채택했고, 1366년부터 한자동맹에 가입한 도시의 시민에게만 무역을 허용함에 따라 한자동맹의 결속력은 더욱 견고해졌다.

그러나 한자동맹은 본래 유연한 경제적, 정치적 연합이었기 때문에, 한자도시로서의 특권을 갖는 도시의 수는 그때그때 사정에 따라 증감했다. 뤼베크를 맹주로 하여 함부르크, 브레멘, 쾰른 등이 4대 주요 도시이며, 뤼베크에 '한자회의'를 두고 다수결로 정책을 결정했다.

흔히 '77개의 한자 도시'라고 불리곤 했지만, 전성기에 한자 도시의 수는 100개가 넘었고, 도시 이외에 독일기사단도 한자동맹에 가맹하고 있었다. 한자동맹의 주요 결정은 가맹 도시 대표들로 구성되는 한자회의에서 결정되었지만, 한자동맹 내에서의 결합은 비교적 느슨했다. 가맹도시 사이에 분담금 제도가 만들어졌으나 성문화된 동맹규약도, 상설 집행기관도 존재하지 않았으며, 가맹도시의 공식 리스트마저 한 번도 작성되지 않았으므로 가맹도시의 범위조차 분명하지 않았다.

역사에 등장하는 모든 제도는 그 탄생의 필요와 함께 소멸의 이유도 생기는 법이다. 한자동맹의 세력이 커지자 독일 국내로부터는 브란덴부르크 공국과 프러시아 공국과 같은 군주국들로부터 압박을 받고, 다른 한편으로는 영국과 네덜란드 등 신흥 상업국에 밀려서 한자동맹은 점차 쇠퇴하여 1597년 런던 상관이 폐쇄되었다. 그러는 동안에도 뤼베크, 함부르크, 브레멘 등 세 도시는 1630년 이후 긴밀한 상호원조 동맹을 결성하고 있었다.

도시는 지리적 여건과 천연자원을 토대로 성장한다. 주요한 농수산물이 생산된다거나, 석유와 석탄과 같은 광물질이 풍부하다거나, 지리적으로 무역에 유리하다거나 해서 발달한다.

청어의 수확과 교역을 바탕으로 번성하기 시작했던 한자동맹도시들도 흥망성쇠를 겪어야 했다. 한자동맹 도시들이 활동하던 당시 발트해에는 워낙 청어가 많아서, 그야말로 물 반 고기 반으로, 그냥 손으로 청어를 퍼올릴 수 있을 정도였다.

청어는 육식을 금하는 기독교의 사순절 때 독일에서 가장 잘 팔리는 음식이었다. 청어를 독일시장에 운반하는 것도 문제가 없었다. 갓 잡아올린 청어를 소금통에 가득 싣고 독일의 항구도시에 들어가 도매상에 넘기면 도매상은 다시 소매상에 팔았고, 원거리 무역상인들은 내륙 깊숙이 생선을 팔아 재미를 보았다.

그러나 16세기 청어의 서식지가 무슨 이유에선지 발트해에서 갑자기 북해로 이동하면서, 거기다가 여러 정치적 이유들이 겹쳐서 한자동맹 도시들도 쇠퇴했다. 1669년 마지막으로 한자회의를 열고 한자동맹은 해체되었다.

한자동맹과 비슷하게, 14세기에 벨기에의 브뤼지를 중심으로 도시동맹이 등장했다. 도시동맹은 처음에는 도시의 부흥에 크게 기여했지만 차츰 자신들의 이익집단으로 변질되었다. 비회원이나 신규 회원에게 적대적 태도를 취하고, 새로운 생산방식을 거부하고, 다른 도시동맹과 갈등을 빚게 되면서 15세기말 경에는 브뤼지의 상거래는 거의 중단되고 말았다. 주요 상인과 은행가들이 상인조합 규정이 별로 까다롭지 않은, 당시 합스부르크 제국 산하의 안트베르펜으로 이동했기 때문이었다.

한자동맹과 상인 도시동맹은, 젊은 상인들이 기업가정신을 발휘하여 그들이 가는 곳마다 동맹을 맺고 평화를 일구어낸 결과였다. 전쟁을 통해서는 얻는 것보다 잃는 것이 더 많다는 것, 친구보다는 적을 더 많이 만든다는 것, 기쁨보다는 걱정거리를 더 많이 만든다는 사실을 깨달은 것이다.

그러나 애국심이라는 미명 하에 국가가 우선시되고, 도시 단위를 넘어 국가 단위로 패권정치가 시작되고, 그리고 심한 규제로 인해 상인 도시동맹도 결국 종말을 고하게 된다.

르네상스 시대의 경영활동
메디치 가문과 푸거 가문

은행(bank)이라는 단어의 어원

우리가 흔히 bank라고 말하는 은행은 의자, 즉 bench라는 의미의 이탈리아어 banco에서 유래했다. 유럽에서 십자군전쟁이 끝나고 또 부유해진 이탈리아의 몇몇 도시들, 특히 피렌체는 서유럽과 아프리카에서 생산되는 보석과, 동방에서 생산되는 후추와 비단 등을 교환하는 무역의 중심지였다. 피렌체의 화폐인 플로린(Florin)은 실질적으로 세계 공용화폐로서 무역상들이나 성지 순례자들 사이에 통용되었다.

그러나 당시 '피렌체의 은행'이라 해도 집기라고는 의지와 책상, 그리고 금과 은을 측정하기 위한 저울이 전부였다. 따라서 당시 은행들은 파산이 잦았고, 원리금을 돌려받지 못한 고객들이 그런 은행에 몰려가서 의자, 즉 banco를 부숴버렸기 때문에 파산(bankruptcy)이라는 말도 생겨났다.

그런 연유로 이탈리아 말로 의자인 banco가 은행이라는 뜻으로 통하게 되고, 영어에서는 bank가 되었다.

이탈리아의 메디치 가문

십자군전쟁으로 점차 상업이 번창해가자 이탈리아 피렌체 북쪽 지방에서 농사를 짓던 메디치 가문의 선조는 상업의 중요성을 깨닫고 자유도시 피렌체로 이주해왔다. 처음에는 동방무역, 귀족을 대상으로 한 비단제조업, 서민을 대상으로 한 의류제조업으로 자리를 잡았지만, 그러나 귀족이 아닌 메디치 가문이 유럽 최고의 부호가 된 것은 무엇보다도 은행업을 장악했기 때문이었다. 그 당시 이탈리아는 국제무역의 부흥과 함께 여러 도시에서 은행업이 발달하기 시작할 무렵이었다.

메디치 가문이 최초로 은행업을 시작한 것은 아니었다. 15세기 후반 피렌체에는 무려 72개의 은행이 각축을 벌이고 있었고 그중 메디치은행이 가장 두각을 나타낸 것은 사실이다.

1397년 지오반니 디 비치(Giovanni di Bicci de Medici, 1360~1429)라는 사람이 피렌체에 메디치은행(Medici Bank)을 설립했다. 피렌체에서 모직 공장 두 개와 은행을 동시에 경영하고 있던 지오반니는 친절하고 인정이 많아 평판이 좋았으나 되도록 남의 시선을 끌지 않았다고 한다.

지오반니가 은행가로서 크게 성공한 것은 그 당시 피렌체에서 번성한 모직업 때문이기도 했지만, 교황청과의 인맥도 한몫을 했다. "시대가 혼란스러울 때 영웅이 태어나고, 불황에 재벌이 태어난다"는 말이 있듯이, 당시는 아비뇽의 교황과 로마의 교황이 서로 정통성을 주장하면서 가톨릭 역사상 가장 혼란스런 시대였다.

지오반니

지오반니는 코시모(Cosimo Il Vecchio, 1389~1464)라는 아들을 두었는데, 코시모는 피렌체의 유력 은행가 가문인 바르디 가(家)의 딸과 결혼했다. 말하자면 결혼으로 자본력을 더욱 더 견고히 했다고나 할까.

메디치은행은 확고한 공신력과 각국에 퍼져 있는 지점망을 바탕으로 상인들에게 금과 은 같은 금속화폐가 아닌 환어음을 유통시켰다. 무역상들이 금이나 은 같은 화폐를 들고 다니면서 무역을 할 경우 무겁기도 하거니와 해적이나 도적에게 약탈당할 위험이 많았는데, 은행이 발행한 교환증서인 환어음을 사용하면 이런 위험을 줄일 수 있었다. 피렌체의 은행들은 환어음을 통해 엄청난 수수료 수입을 올렸다.

메디치은행의 또 하나 중요 업무는 오늘날 은행시스템의 핵심 역할인 대출업무였다. 급전이 필요한 일반인들에게 보석 등을 담보로 돈을 빌려주는 단순한 전당포 업무로 시작해 모은 자본력을 바탕으로 원기리 무역상, 프랑스와 영국의 국왕, 그리고 교황에게까지 신용대출을 제공하는 다국적 금융자본의 역할을 했다. 당시에는 잦은 전쟁으로 왕이나 귀족 등 권력자들에게 빌려준 돈을 떼이는 경우가 많아, 높은 리스크가 따랐기 때문에 이자 역시 엄청나게 높았다. 이자가 연 40~60%였다고 한다. 이른바 고위험 고수익(high risk, high return)이었다.

흔히 르네상스 시대를 열었다고 하는 코시모는 '철저한 자기관리'와 '피렌체의 안전'을 자신의 인생철학으로 삼을 정도로 처신의 중요성을 누구보다도 잘 아는 사람이었다. 당시 이탈리아는 여러 군소 도시들로 나뉘어 끊임없이 싸우던 때여서 피렌체의 존립은 외교적 성과에 크게 좌우된다고 생각해, 외교를 통해 전쟁을 줄이는 것이 피렌체 시민들이 잘사는 길이라고 생각했다. 유럽 전역에 메디치은행 지점을 두고, 무역과 사업을 하는 자신이 그런 역량이 있다고 생각했고 또 그것이 자신의 의무라고 생각했다. 말하자면 '노블레스 오블리주'(nobless oblige), 즉 "고귀한 신분에 따르는 도덕적 의무"를 잘 지켰기 때문에 정치적으로 피렌체의 실질적 지배자가 될 수 있었다.

학문과 예술의 후원자, 메디치 가

1419년부터 지오반니는 부의 사회 환원을 실천하기 시작했다. 자비를 들여 빈민구제소를 짓고 운영기금을 내놓고 예술 후원에도 적극적이었다. 지오반니에 이어 코시모 역시 부의 사회환원과

학문의 진흥에 힘을 쏟았다. 수많은 교회, 수도원, 병원, 복지시설을 짓거나 막대한 금액을 기부했다. 피에솔레의 바디아 성당, 피렌체의 산마르코 성당, 산로렌초 성당, 그리고 예루살렘의 병원 등이다.

코시모는 학자들을 후원했고 또 스스로도 학문을 사랑했다. 동방으로부터 희귀한 고문서를 수집하는 전담 조직을 두었고, 동방으로 여행하는 학자들의 여행경비를 제공하기도 했다.《로마 제국 쇠망사》의 저자 에드워드 기번(Edward Gibbon, 1737~1794)이 "코시모의 이름은 르네상스와 동의어와 다름없다"라고 할 정도였다.

메디치 가문과 르네상스는 불가분의 관계이다. 메디치 가문이 메디치은행의 장기적인 독점이윤을 보장받기 위한 여건을 만들어가는 과정에서 르네상스가 일어났기 때문이다. 당시 가톨릭교회에서는 대출의 대가인 이자를 받는 행위를 일종의 죄악으로 취급했다. 당대 최고의 예술가이자 메디치 가문의 후원을 받았던 미켈란젤로조차 "모든 은행가는 도둑이다"라는 말을 공공연히 할 정도로 고리대금업은 대중과 교회의 비난의 대상이었다. 따라서 실질적인 고리대금업인 은행업을 주력으로 하는 피렌체의 은행 가문들은 은행업을 안정적이고 무리 없이 경영하기 위해서 일반 대중과 권력층을 무마시켜야 했다.

메디치은행이 고안한 환어음의 속성상 환전 수수료가 붙는데, 이 수수료가 실질적인 대출이자였다. 그러나 은행업에서 가장 큰 걸림돌은 교황청이었다. 이를 해결한 것이 코시모와 당시 교황

로렌초

에우제니오 4세(Eugene Ⅳ)와의 타협이다. 교황은 코시모가 산마르코 수도원 건축기금을 기부하면 그 대가로 모든 죄를 사한다는 교황령을 발표할 것을 제안한다.

이러한 대타협 이후 메디치 가문을 비롯한 이탈리아와 유럽의 명문가들은 지속적으로 수많은 교회 건축물을 짓게 된다. 이에 따라 건축물을 장식하는 다양한 예술품들의 수요가 급증하게 되었고, 이는 곧 르네상스로 연결되었다. 이를 계기로 시작된 메디치 가문의 예술에 대한 투자는 코시모의 손자인 로렌초 데 메디치(Lorenzo de Medici, 1449~1492)에 와서 절정에 이른다. '위대한 로렌초'(Lorenzo il Magnifico)로 불리는 그는 르네상스 역사상 가장 유명한 지도자이자 시인으로서 메디치 가문을 르네상스 시대의 가장 중심적인 위치에 올려놓았다.

로렌초는 르네상스 시대에서 빠질 수 없는 예술가들, 즉 보티첼리, 레오나르도 다 빈치, 미켈란젤로 등을 후원했다. 그러나 로렌초가 피렌체를 통치하던 시절부터 메디치은행은 쇠퇴하기 시작한다. 메디치은행의 런던 지점이 장미전쟁(1455~1485)때 결정적으로 잘못된 편에 투자했기 때문이었다. 하지만 이 모두가 로렌초의 잘못은 아니었다. 도시 경제력의 변화에 따라 피렌체가 국제금융에서 차지하고 있던 최고의 자리를 상실하고 있었기 때문이었다.

메디치 가문과 메디치은행도 쇠락해가는 이탈리아와 운명을 같이하게 되었다. 메디치 가문의 창시자 지오반니로부터 4대째 만의 일이었다.

중세 독일의 푸거 가문

독일의 푸거 가문(Fugger family)은 여러모로 메디치 가문과 비교된다. 르네상스 시대를 대표하는 두 가문은 모두 가톨릭교회의 권력과 군주의 힘을 등에 업고, 메디치는 금융업으로, 푸거는 직물업으로 성공했고 사회사업을 했으며, 비슷한 흥망성쇠의 길을 걸었다.

1367년 한스 푸거라는 사람이 직물업을 시작하면서 독일 아우구스부르크에 정착한 뒤 그 도시에서 고액 납세자가 될 정도로 재산을 축적했다. 3대째인 야코프 푸거 주니어(Jakob Fugger, 1459~1525)는 탁월한 사업수완을 발휘해 독일의 왕이자 신성로마제국 황제인 막시밀리안 1세(Maximilian Ⅰ, 1459~1519)에게 자금을 제공하는 대신 담보로 티롤지방의 은광과 동광에 대한 채굴권을 획득했다. 이 벤처투자에서 막대한 수익을 올린데 이어 헝가리의 광산개발에도 참여했다. 현대의 다국적기업이라고나 할까.

1494년 푸거 가문은 5만 4,385길더의 자금으로 처음으로 주식공모를 통해 회사를 설립했다. "가능한 한 확장한다"는 원칙대로 야코프 주니어는 수익성이 좋은 향료무역 등 각종 사업에 뛰어들었다. 당시에는 상상도 할 수 없었던 은행송금 제도와 우편제도를 도입하여 착실히 부를 쌓아갔다.

야코프 주니어는 막시밀리안의 후임 황제로 카를 5세(Karl V, 1500~1558, 막시밀리안 황제의 손자)가 선출되도록 재정을 지원함으로써 프랑스 왕 프랑수아 1세(Fransois Ⅰ, 1494~1547)가 신성로마제국의 황제로 선출되는 것을 막았다. 야코프 주니어는 영국 국교회를 세운 영국왕 헨리 8세(Henry Ⅷ, 1491~1547)에게도 1516년 다양한 형태의 차관을 제공함으로써 밀접한 교분을 가졌다. 이렇게 되자 "왕은 군림하고 은행은 지배한다"는 말이 생길 정도였다.

전성기를 맞이한 야코프 주니어는 종교개혁가 마르틴 루터(Martin Luther, 1483~1546)로부터 금융정책, 이자 징수제도, 면죄부와 성직 판매에 대해 신랄한 비난을 받았다. 설상가상으로 그 무렵 푸거 가문의 회사에 내분이 일어나 티롤 광산을 비롯해, 여러 광산에서 광부들이 데모를 벌였고, 아우구스부르크 본사에서는 숙련공들이 시위를 벌여 푸거 가문은 어려움에 처하게 되었다.

1522년 신성로마제국 뉘른베르크 의회는 야코프 주니어에 대한 조사를 실시했는데, 의회의 한 위원은 다음과 같이 비난했다. "대기업이 국민경제에 끼치는 해악은 노상강도와 도둑을 합친 것보다 더 크다. 따라서 독점사업에 규제를 가해야 한다." 이 말은

19세기 말 미국에서 반독점법을 추진할 때 록펠러의 스탠더드오일 트러스트에 대한 비난과 매우 유사하다.

야코프 푸거

그러나 야코프 푸거 주니어는 이 같은 위기를 침착하게 극복해나갔다. 말년에 그는, 지금도 아우구스부르크 중심가에 남아 있는 푸거 가문의 웅장한 건물, 아우구스부르크 교회, 세계 최초의 빈민구제 시설인 푸거라이(Fuggerei)를 건설했다. 푸거 가문의 정경유착과 문어발식 경영은 비난받을 일이지만 지역사회에 대한 봉사는 칭찬받을 만한 일이었다.

어쨌든 푸거 가문은 초기 자본주의시대 다국적 무역회사의 전형이라고 할 수 있는데, 중세의 경제 개념을 극복하는 과정에서 그들이 사용한 사업방식은 당시나 지금이나 격렬한 비판과 찬사를 동시에 받고 있다. 푸거 가문은 5대째에 종말을 맞았다.

가족기업이 4대를 넘기지 못하는 이유

우리나라에 "부자 3대 못 간다"라는 말이 있듯이, 일본에는 "매가(賣家)라고 한자로 근사하게 적어놓은 3대째"라는 말이 있다. 선대기 모은 재산을 다 탕진하고 3대째에 가서는 글씨만 잘 쓰는 손자가 '매물로 내놓은 집[賣家]'이라고 써 붙인다는 의미이다. 큰 부자도 3대째에 가서는 장사는 소홀히하고 자신이 좋아하는 일로만 시간을 보내다가 결국 위험에 빠지는 것을 경고하는 말이다.

무슨 자연법칙은 아니지만 역사적으로 메디치 가문이나 푸거 가문의 흥망성쇠를 보면, 가족기업(family business)은 결국 4대를 채 넘기지 못했다.

사실 엄밀히 말하면 이 세상 대부분의 기업들은 '가족기업'이라고 할 수 있는데, 가족기업의 전형적인 문제는 높은 자리는 대개 가족 구성원들이 차지한다는 점이다. "사촌이 먹고 살아야 하니 마땅한 일자리를 하나 마련해 줘"라는 것은 가족기업에서는 흔한 일이다.

그러나 인척이 맡은 자리는 대개 잘못되게 마련이다. 더 나쁜 것은, 일 잘하고 의욕적이고 유능한 비가족 구성원들이 상대적으로 박탈감을 느끼게 된다는 점이다. 유능한 비가족 구성원들은 회사를 떠나거나, 일을 열심히 하지 않거나, 자신의 전문 능력을 발휘하지 않거나, 월급만큼만 일하면 된다고 생각하게 된다.

게다가 3대쯤 되면 할아버지가 세우고 아버지가 키운 회사를 경영 능력 부족으로 감당하지 못하거나, 자식들이 사업 의욕이 없는 경우가 대부분이다. 그때쯤이면 부족할 것이 없고, 무엇 하나 아쉬울 것이 없기 때문이다. 이런 현상은 메디치 가문과 푸거 가문에서도 실제로 일어났다.

가족기업의 몰락은 찰스 디킨스나 토마스 만(Thomas Mann,

1875~1955)의 〈부덴부르크 일가〉와 같은 기업소설에서 즐겨 다루는 소재가 되기도 했다.

그래서 피터 드러커는 "가족기업이 영구적으로 번영하려면 '가족'에 초점을 맞출 것이 아니라 '기업'에 초점을 맞추어야 한다"고 권고했다.

메디치와 푸거 가문에서 본 것처럼, 세상에는 4~5대를 넘어 열정적인 기업가정신을 가진 후손들이 태어나 가업을 지속적으로 번영시키는 경우는 매우 드물다. 결국 경영권은 전문경영자의 손으로 넘어가든지, 다른 회사에 합병당하든지 해체되든지 하고 만다. 종족번식이 동물의 가장 큰 욕구이듯이, 가업을 일으켜 가족에게 넘겨주려는 심리는 인간의 자유 영역이다.

사회가 가족기업의 경영권에 대해 간섭하는 것은 평등의 영역이 아니라, 혁명의 영역이다. 혁명은 예측할 수 없는 방향으로 흘러가고 아무런 연고도 없는 소수에게 혜택을 안겨주고 만다. 그것은 역사적 교훈이다.

신대륙 발견과 상업혁명

1501년 바스코 다 가마(Vasco da Gama, 1460~1514)가 이끄는 포르투갈 선단이 아프리카 희망봉을 돌아 인도 항로를 개척함에 따라 유럽인들의 요리에 필수적인 향신료가 인도에서 직접 유럽으로 반입되었다. 콜럼버스의 신대륙 발견과 함께 유럽사회에 큰 변화를 불러온 사건이었다. 이로 인해 베네치아에서 거래되는 후추 가격이 폭락했고, 중개상들은 자신의 사업은 물론이고 도시 자체가 곧 붕괴될 것이라고 우려했다.

그러나 그후에 일어난 현실은 걱정과는 달랐다. 물론 향신료 시장은 큰 변화를 겪었다. 향신료가 인도에서 대량으로 들어오고 운송료마저 감소하게 되자 향신료의 가격이 떨어진 반면, 전체 시장의 규모는 훨씬 더 커졌기 때문이다. 게다가 차(茶)와 도자기와 같은 기호품과 생활용품들도 동방에서 싼 값으로 대량으로 들어오게 되었다.

그동안 원거리 무역을 좌지우지했던 베네치아나 제노아의 중개상인들은 투자 자본가와 금융업자로 변신했다. 그들이 세운 은행은 포르투갈, 스페인, 네덜란드 탐험대의 극동아시아 원정을 적극적으로 후원했다. 국제무역 규모는 점차 증가했고, 영국과 네덜란드의 동인도회사 같은 대형 다국적 무역회사들이 등장했다.

신대륙으로부터 감자, 담배, 설탕, 커피 등이 들어옴으로써 유럽인들의 생활수준이 높아졌다. 포르투갈과 스페인은 신대륙에서 들어온 금과 은으로 유럽의 패권을 차지했다. 신대륙에서 들여온 생필품과 금은이 유럽 경제에 큰 영향을 미치게 되었는데, 물가가 오르고 화폐의 가치가 떨어지는 인플레이션 현상이 나타난 것이다. 16세기 초를 기준으로 약 100년 동안 물가가 2~3배씩 뛰었다. 인도에서 은 1킬로그램을 주고 구입한 후추가 유럽 항구에 도착하면 그 값은 금 1킬로그램에 해당했다.

귀족이나 몇몇 규모가 큰 상공인들을 제외하면 유럽인 대부분이 후추를 구경도 못했다는 사실을 보면 그 가격이 매우 비쌌다는 것을 알 수 있다. 물가가 오르면 제조업자와 상인들은 유리하지만 고정된 수입으로 살아가는 지주와 임금노동자는 불리하게 된다. 따라서 신흥도시의 상공업자들은 자본을 축적하게 되는데, 이런 현상을 가격혁명(price revolution)이라고 한다.

신항로의 개척과 신대륙의 발견으로 유럽에는 시장이 발달하게 되고, 상인과 제조업자들의 경제활동을 지원하기 위한 금융조직과 주식회사가 등장하는데, 이를 역사적으로 상업혁명(commercial revolution)이라고 한다. 16세기의 상업혁명은 18세기의 산업혁명(industrial revolution)의 준비과정이라 할 수 있다.

상업적 책임을 나누다

지금은 법인이란 흔한 조직이지만, 회사 또는 기업이라는 영리조직, 즉 '죽지 않는 인간'을 의미하는 법인은 여러 개인들이 모여 상업적 책임을 나눈다는 것인데 17세기에는 결코 이해하기 쉬운 개념이 아니었다.

중세시대의 사업이란 대개 개인들 사이에 일어나는 거래로서 거래되는 물품들은 가족농장에서 경작된 것들을 시장에 내다팔거나, 공공기관에 노동을 제공하는 정도였고 당사자가 사망하고 나면 사업도 종말을 맞았기 때문이다.

중세법의 기본 골격은 대학, 도시, 동업자조합과 같은 조직의 수명은 그 구성원들의 수명보다 훨씬 더 길다는 데서 출발했다. 그러나 17세기 당시의 관점에서 봤을 때 획기적인 조치일 수밖에 없었던 세 가지 변화가 근대 기업 탄생의 모태가 되었다. 첫 번째가 자연인과 동일한 입장에서 사업을 영위할 수 있는 법인(法人, legal person)의 탄생이었고, 두 번째가 기업에 투자한 사람들에게 임의적으로 매매가 가능한 주권(stock certificate)을 발행했던 일이며, 마지막으로 투자자들의 책임 한계를 투자금액 이내로 제한하는 유한책임제도(limited liability)의 도입이었다.

법률가들 또한 '인조인간'으로서 법인의 법률적 성격에 대해 우려했다. 17세기의 유명한 법률가 에드워드 콕(Edward Cock, 1552~1634)은 다음과 같이 말했다. "법인이란 배반할 수 없으며, 불법을 저지를 수도 없다. 따라서 파문을 당할 수도 없다. 왜냐하면 그들은 영혼이 없기 때문이다."

콕의 공언은 18세기에 이르러 대법관 에드워드 서로 경(Edward Thurlow, 1731~1806)에 의해서도 지지를 받았는데, 서로 경은 "법인이란 처벌받을 몸뚱이도 없으며, 저주받을 영혼도 없다. 그러므로 그들은 자기 하고 싶은 대로 한다"라고 했다.

수필가 윌리엄 해즐리트(William Hazlitt, 1778~1830)는 1824년에 쓴 수필에서 콕의 말을 생생하게 인용했다. "법인체는 개인들보다 훨씬 더 추악하고 방종하다. 왜냐하면 그들은 잘못을 저지를 수 있는 더 큰 힘을 갖고 있지만, 불명예와 처벌을 받을 필요는 훨씬 적기 때문이다. 법인은 수치를 느끼지 않으며, 후회하지도 않고, 자비를 베풀 줄도 모르며, 선행도 하지 않는다"라며 법인의 진화가 가져올 위험에 대해 명쾌한 정의를 내렸다.

걱정을 파는 회사, 보험회사의 탄생

보험회사란 한마디로 "걱정과 재난을 팔아먹는 회사"이다. 사람들은 걱정과 근심이 없는 삶을 살고 싶어하지만, 인간은 걱정과 근심에서 자유로울 수가 없다. 구약성서 잠언에 다음과 같은 구절이 있다. 잠언 15:13에는 "걱정과 근심은 마음을 상하게 한다" 그리고 잠언 17:22에는 "근심은 우리의 육체를 한없이 약하게 만든다."

〈주역〉에는 이런 구절이 나온다. "없을 때는 얻을 것을 걱정하고, 얻고 난 후에는 잃을 것을 걱정하는 것이 사람이다."

그리스의 철학자 에픽테투스(Epictetus, 55~135)는 "행복의 길은 단 하나다. 그것은 우리 능력 밖의 일을 걱정하는 것을 그만두는 길이다. 자신이 원하는 대로 일이 되어가기를 기대하지 말라. 일들이 일어나는 대로 받아들여라. 나쁜 것은 나쁜 것대로 오게 하고, 좋은 것은 좋은 것대로 가게 하라. 그때그때의 삶은 순조롭고 마음은 평화로울 것이다."

철강왕 앤드류 카네기도 "세월이 지나고나서 보니 내가 근심했던 것의 90퍼센트는 일어나지 않았다"고 말한 적이 있다.

사실 사람들은 쓸데없는 걱정을 하지 말아야 한다는 것을 알고 있고 또 근심하지 않으려 하지만 그렇게 말처럼 쉽지 않다.

걱정과 근심을 떨쳐버리는 유용한 도구로써 사람들은 '보험'이라는 것을 만들었다. 영국의 로이드보험회사는 거의 발생하지 않을 일을 걱정하는 사람들 덕분에 돈을 벌고 있다.

세계 최대 보험회사인 로이드(Lloyd's, 정식 이름은 Corporation of Lloyd's)는 2만5천 개에 달하는 개별 보험업자들로 구성된 국제보험업자협회로서, 위험도가 높은 피보험물, 예를 들면 선박, 자동차, 항공기 및 여러 분야에 보험서비스를 제공한다.

로이드보험은 1688년 에드워드 로이드(Edward Lloyd)라는 사람이 런던의 타워가(街)에서 조그맣게 로이드 커피하우스를 열면서 출발했다. 처음에 로이드는 찻집으로서 상인, 은행가, 항해자들의 비공식적인 사무실 겸 사랑방 역할을 했으며, 또한 선박보험 불입금을 받으려는 보험업자들의 미팅 장소였다.

1692년 로이드는 롬바드 가로 옮겨가 계속 찻집을 운영했고, 1696년에는 잠시 동안 〈로이드 뉴스(Lloyd's News)〉를 발간하기도 했다. 이 잡지는 선박의 항해 동향과 기후, 그 밖의 다른 여러 관심사에 관한 소식을 전해주었는데, 로이드 커피하우스에 모인 선원들로부터 7대양(大洋)의 정보를 모아 런던의 증권거래소를 움직인 것이다.

그후 런던 로이드보험사를 출범시키고부터는 마르코니 사의 무선기술을 최초로 도입하여 회사 안의 정보부서에서 활용해 왔다. 보험회사는 고도의 정보수집 능력이 요구된다. 재난사건이 생기면, 경찰의 경우 그것을 해결하지 못하면 미제(未濟) 사건으로 처리하면 되지만, 보험회사는 돈을 지불해야 하고 그렇게 되면 경영에 직접 타격을 받기 때문이다.

로이드보험은 1912년 타이타닉 호의 침몰로 140만 파운드의 보험금을 지불했는데, 지금의 원화로 약 1,430억원에 해당한다.

신대륙 개척과 투기 광풍

투기와 버블의 역사

콜럼버스의 신대륙 발견

기업가들이 사업을 시작하려고 할 때는 "어떤 분야에 진출하는 것이 가장 큰 이익을 내겠는가?"를 가장 먼저 생각한다.

르네상스 시대에는 신의 뜻에 의해 살 것이 아니라 우리 인간의 자립과 창의를 강조하고 또 지상에서도 좀더 나은 생활을 하자,라는 의식이 싹텄기 때문에, 의·식·주를 자국에서 해결하려고 노력했다. 예를 들면 농산물 생산, 의복 제조, 그리고 주택건설 등은 어느 정도 자력으로 해결되었다.

하지만 자국에서 도저히 해결할 수 없는 것들, 즉 향료, 후추, 도자기, 카펫 등은 육로나 해상 무역을 통해 해결했다. 그러나 원거리 무역은 많은 위험을 떠안기 때문에 이윤을 많이 붙여 팔게 된다.

그런데 이윤이 많은 곳에는 경쟁도 점점 더 치열해지게 마련이다.

르네상스 시대의 바다는 지중해였고, 지중해 도시들 – 베네치아, 나폴리, 제노아, 마르세유, 콘스탄티노플, 알렉산드리아, 발렌시아, 리스본 같은 여러 항구 도시들이 해상 주도권을 놓고 치열하게 다투었다.

그 결과 이익률이 점차 낮아지게 되어, 다른 쪽으로 눈을 돌리게 된다.

콜럼버스

게다가 십자군전쟁 이후 유럽에서 동쪽으로 가는 육로가 끊겼기 때문에 인도나 중국에서 물건을 사오기 위해서는 대서양 쪽으로 계속 나가면 인도나 중국을 만날 수 있다고 생각하는 사람이 나타났다. 그 사람이 바로 크리스토퍼 콜럼버스(Christopher Columbus, 1451~1506)였다.

1483년 말 콜럼버스는 동방으로 가는 항해 계획안을 포르투갈 국왕 후안 2세(Juan Ⅱ, 1455~1495)에게 제출했다. 그러나 후안 2세는 아프리카 서해안을 따라 남쪽으로 가는 항해에서 착실한 성공을 거두고 있었으므로, 막대한 비용이 드는 새 항로에 대한 탐사에 별로 관심이 없었다. 1486년 1월 콜럼버스는 스페인의 페르난도 2세(Fernando Ⅱ, 1452~1516)와 이사벨 1세(Isabel Ⅰ, 1451~1504)를 만나 항해 계획을 제출했지만 그들 역시 이슬람 세력의 최후 보루인 그라니디 공략에 총력을 기울이고 있을 때여서 콜럼버스의 계획에 대한 최종 결정은 몇 년 뒤로 미루어질 수밖에 없었다. 콜럼버스는 포기하지 않고 포르투갈 왕과 재교섭을 시도하기도 했고 이탈리아의 여러 도시국가 군주들, 예를 들어 피렌체의 메디치 가문과 밀라노의 스포르차 가문에 의사를 타진하기도 했으며 프랑스 왕과 접촉하기도 했다.

마침내 1492년 4월, 콜럼버스는 항해를 허용한다는 산타페 협약을 이사벨 여왕과 체결하게 되었다. 이 협약에 따라 콜럼버스는 종신직으로 총독의 지위와 새로이 발견된 지역에서 얻는 총이익의 10퍼센트를 약속받았다. 그러나 이후로 순조로웠던 것만은 아니었다.

1492년 8월 3일, 콜럼버스는 산타마리아 호, 핀타 호, 니냐 호 등 3척의 배에 억지로 모은 120명의 선원을 태우고 스페인 파로스 항구를 출발해 서쪽 바다로 떠났다. 먼 바다로 나가는 것은 위험하다는 인식 때문에 선원들을 모을 수가 없어서 심지어 죄수들까지 지원받아 태워갔다. 그로부터 2개월 9일 만인 10월 12일, 콜럼버스는 (평생 인도로 믿은) 신대륙에 도착했다. 물론 그가 발견한 것은 인도가 아니라 그보다 훨씬 큰 아메리카 대륙이었다. 콜럼버스는 대서양이라는 새로운 시장을 개척했던 것이다.

콜럼버스는 약 40여 명의 인원을 신대륙에 남겨두고 1493년 3월 15일 스페인으로 돌아왔다. 이 첫 번째 항해가 성공하자 1493년 9월 두 번째 항해 때는 17척의 배에 1500명의 승무원이 경쟁적으로 승선했다. 그러나 콜럼버스는 황금과 향료 대신 원주민들을 노예로 데려와 이사벨 여왕의 분노만 사고 말았다.

1498년 콜럼버스는 세 번째 항해에 나섰다. 향료가 나는 섬을 찾기 위해 각고의 노력을 기울였으나 역시 헛수고에 그치고 말았다. 게다가 신대륙에서는 원주민과 선원들의 반란이 일어났고, 1500년 8월 콜럼버스는 스페인으로 송환되었다.

이렇게 해서 콜럼버스의 시대는 사실상 종말을 고하게 되었다. 1502년 마지막인 네 번째 항해에서도 아무런 수확도 없이 귀국해야 했다. 그로 인해 급속히 건강이 나빠진 콜럼버스는 1506년 5월 21일, 55세의 나이로 눈을 감았다.

그는 대서양에서 태평양으로 넘어가는 사이에 신대륙이 있다는 것을 몰랐다. 정말이지 콜럼버스는 평생토록 아메리카 대륙을 인도로 생각했다. 그래서 미국의 원주민을 인디언이라고 불렀던 것이다.

신대륙 탐험가들의 성공 이유

미지의 나라로 가는 길을 찾는 것은, 즉 신대륙 개척에는 엄청난 돈이 들기 때문에 아무리 돈이 많다 해도 개인들이 부담할 수 없어 정부가 나설 수밖에 없었다. 콜럼버스가 신대륙을 발견하자 그동안 망설이던 많은 왕과 제후들이 대서양 항해를 지원하기 시작했다. 그래서 마젤란(Ferdinand Magellan, 1480~1521)과 바스코 다 가마(Vasco da Gama, 1460~1524), 아메리고 베스푸치(Amerigo Vespucci, 1454~1512) 등이 대서양과 태평양 개척에

나서게 된다.

탐험에 돈을 댄 스페인과 포르투갈 정부, 그리고 상인들이 공동으로 신대륙의 상권을 장악했는데 스페인과 포르투갈 정부는 요즘 말로 벤처회사인 셈이다. 스페인과 포르투갈 다음에는 영국, 프랑스, 네덜란드가 뒤따라 신대륙을 개척한다.

신대륙 개척에 나선 사람들이 하나같이 돈벌이와 출세욕 때문만은 아니었다. 포르투갈과 스페인 사람들의 신앙심도 무시할 수 없었다. 새로운 인도 항로를 발견한 바스코 다 가마의 다음과 같은 말에 종교적 열정과 경제적 동기가 잘 나타나 있다. "우리는 기독교인과 향신료를 찾으러 왔다."

그리고 신대륙 개척에 나선 영국과 프랑스 사람들 역시 경제적 동기뿐만 아니라 정치적, 종교적 자유를 찾아나선 것이다.

한마디로 말해서 신대륙 개척이 성공한 것은 이익추구 동기와 자유를 향한 열망 때문이었다고 할 수 있다.

15~16세기의 신항로 신대륙 개척은 우리에게 개인이나 기업인이나 어떤 일을 추진할 때 '좀더 높은 차원의 목적'을 달성하기 위해 추진해야 한다는 교훈을 준다.

남해회사(South Sea Company)란 어떤 회사인가?

처음에는 해상로 개척과 신대륙 개척으로 시작된 탐험이 차츰 사업화되면서 그 규모도 커지기 시작했다. 유럽의 초기 주식회사들은 제국주의의 확산 수단이자 투기의 대상이 되었다. 영국 정부는 프랑스와의 전쟁(1689~1714) 때문에 발생한 국가채무의 상환계획을 조정하기 위해, 국채나 회사채를 위탁 발행하는 회사들을 세웠는데, 그 중 하나가 남해회사(South Sea Company)이다.

말하자면 남해회사의 목적은 확정이자를 지급하던 국가채무를 수익률이 낮은 주식으로 전환하여 채무변제에 따른 부담을 줄이는 데 있었다. 그런데 영국 식민지의 독점 개발권을 갖고 있던 남해회사는 주식을 공개하자마자 주식 가격이 폭등했다. 남해회사의 주가는 1년 만에 100배나 오르더니 급기야 폭락하고 말았다.

남해회사가 많은 투자자를 모을 수 있었던 이유

영국에서 주식에 투자한 사람들은 모두 바보들만 있었던 것은 아니었다. 남해회사의 이사들을 보면 〈로마제국 쇠망사〉의 저자인 유명한 역사학자 에드워드 기번의 조부를 포함해서 대부분이 부유층이거나 저명인사들이었다. 인류가 낳은 천재 물리학자 아이작 뉴턴도 투자자 중의 하나였다. 어쨌든 그들은 논리적이고 현명하게 판단하는 사람들이었다.

이 전대미문의 투기사건은 남해회사의 사업의 향방을 둘러싸고 벌어졌다. 그 무렵 스페인 왕 카를로스 2세(Carlos Ⅱ, 1661~1700)가 아들이 없이 죽자 스페인 왕위계승 문제를 둘러싸고 계승권을 주장하는 프랑스와 이에 대항하는 영국, 네덜란드, 포르투갈, 신성로마제국 사이에 왕위계승권과 상속 영토를 두고 이른바 스페인왕위계승전쟁(1701~1714)이 일어났다.

그런데 당시 수지맞는 또 다른 사업 하나가 노예무역이었는데, 아프리카에서 흑인들을 붙잡아서 일손이 부족한 유럽이나 신대륙에 팔았던 것이다.

영국에서는 스페인왕위계승전쟁이 끝나면 스페인령 아메리카와의 노예무역을 허용해주는 조약이 체결될 것이라는 추측하에, 1711년 영국에서 노예무역을 목적으로 남해회사를 설립하게 된다. 6퍼센트의 이자가 보장된 이 회사의 주식은 처음부터 잘 팔렸다.

그러나 문제는 1713년 스페인과 맺은 위트레흐트 조약(treaties of Utrecht)이 처음 기대했던 것보다 남해회사에 불리하게 체결된 것이다. 이 조약에 따르면 수입 노예에 대해 매년 세금을 납부해야 하고, 남해회사는 일반무역을 위해 1년에 단 한 차례만 선박을 보내는 것이 허용되었다. 그럼에도 불구하고 1717년 남해회사의 첫 번째 무역항해는 보통 수준의 이익을 남겼고 게다가 1718년 영국 왕 조지 1세(George Ⅰ, 1660~1727)가 이 회사의 경영자가 되면서 사업에 대한 신뢰감을 심어주게 되자 남해회사의 주식은 곧 100퍼센트의 이자를 배당하게 되었다.

1720년 1월 128.5포인트이던 주가지수가 그해 1000포인트 이상으로 폭등했다. 주식을 살 만한 여유가 없는 사람들까지도 사기꾼들의 부추김으로 무턱대고 분별없는 투자를 했다. 그런데 남해회사가 실상은 빈껍데기에 가깝다는 것이 밝혀지자 같은 해 9월 시장이 붕괴되었고, 12월에 남해회사의 주가는 124포인트로 폭락했다. 많은 투자가들이 파산했으며 영국 하원은 이 사건에 대한 조사 착수를 명령했고, 그 결과 최소한 3명의 장관들이 뇌물을 받고 투기를 조장했다는 사실이 드러났다.

영국 정부는 우후죽순 격이었던 주식회사들의 설립을 방지하고 한정된 자금이 새로운 법인의 주식청약 대금으로 흩어지는 것을 막기 위한 조치로써 거품법(Bubble Act)이라는 우스꽝스런 이름의 법률을 통과시켰다. 그것이 소위 남해회사 버블, 즉 '사우스 시 버블(South Sea Bubble)'이다.

미시시피 회사 사건

영국에 남해회사가 있었다면 프랑스에는 미시시피 회사(Mississippi Company)라는 국채 발행 대행 회사가 있었다.

미시시피 회사의 탄생은 좀 복잡한데, 스코틀랜드 출신의 경제학자로서 약간 사기성이 있는 사람인 존 로(John Law, 1671~1729)는 프랑스의 귀족 오를레앙 필리프(Louis‒Philippe, 1674~1723) 공의 친구였는데, 일이 되려니까 1715년 오를레앙 필리프가 어린 루이 15세(Louis XV, 1710~1774)를 대리한 섭정인이 되었다. 존 로는 이런 배경을 이용해 한탕 벌이려고 꾀한다.

1716년 5월 존 로는 지폐 발행을 대행할 수 있는 제너럴은

행을 설립하고, 사업이 번창하자 이름을 로열은행으로 바꾸고
는 무역 이권을 가지고 있던 콤파니 드옥시덴트(Compgnie d’
Occident)를 인수한 뒤, 회사 이름을 다시 미시시피 회사로 바꾸
었다. 미시시피 회사는 프랑스 정부의 채무를 떠안고는 그 채무
를 미시시피 회사의 주식으로 전환했다. 또한 조폐창, 세금징수
권, 무역독점권을 따내게 된다.

그러자 이 회사의 주가는 천정부지로 올라갔다. 프랑스의 각
지방은 물론 영국, 독일, 제노바, 베네치아 등지에서도 20만 명에
이르는 투자자들이 밤낮을 가리지 않고 파리로 모여들었다.

존 로는 귀족들에게 미시시피 회사가 루이지애나에 엄청난 금
광을 개발한다고 선전하고 다녔고, 사람들은 사기꾼 존 로가 실
제로 무슨 영업을 하는지에 대해서는 전혀 관심이 없었다.

1720년 런던 주식시장에서 남해회사가 거품을 불러일으키고,
또 미시시피 회사도 차츰 실체가 드러나자 투자자들은 앞다투어
미시시피 회사의 주식을 팔기 시작했다. 급기야 로열은행은 지폐
발행을 중단하고 은행 문을 걸어 잠갔다. 존 로는 야반도주하여
베네치아에서 가난하게 살다가 1729년 죽었다.

네덜란드의 튤립 투기

투기의 역사에 관한 한 빠짐없이 등장하는 것이 튤립 투기이
다. 17세기 영국에서는 주식회사의 설립 붐이 일어났고, 황당한

사업계획을 가진 회사들도 많았다. 홍해
바다의 물을 빼내고 모세를 쫓던 파라오의
군대가 갖고 있던 보물과 유물을 발굴하겠
다는 아이디어, 비가 잦은 런던 시내에 우
산 대여점을 운영하겠다는 황당한 아이디
어를 내건 회사에도 투자가들이 돈을 싸들
고 달려왔다.

셈페르 아우구스투스

18세기에 영국과 프랑스의 수탁회사 투
기사건이 터지기 이전 17세기 네덜란드에
서는 튤립 투기 광풍이 있었다.

1550년경 튤립이 터키에서 유럽으로 처음 소개되자, 사람들은
처음 보는 꽃에 대해서 관심이 많았다. 곧 색깔이 다른 갖가지 변
종 튤립이 등장하고, 튤립의 구근에 대한 수요가 공급을 초과하
면서 희귀종의 가격이 치솟기 시작했다.

1610년경에는 튤립 구근 한 개가 신부의 지참금으로 인정되었
고, 프랑스에서는 포도주 양조장 한 곳 값과 맞먹게 되었다. 1623
년 튤립 구근 한 개의 가격은 네덜란드 돈으로 1천 플로린이었는
데, 당시 네덜란드 사람의 연평균 수입은 150플로린 정도였으니
까 튤립 구근 한 개를 사려면 집 한 채를 팔아야 했다.

1635년 셈페르 아우구스투스(Semper Augustus)라는 희귀 튤
립 품종이 개당 6천 플로린에 거래되면서 최고가를 기록했다.
1636년이 되자 네덜란드 각지의 증권거래소에서 튤립이 거래됐
고, 너도나도 튤립 투기에 뛰어들었다. 튤립을 심을 예정이라는

계약서만 가지고도 거래가 이루어졌다.

1633~1937년 동안 네덜란드의 튤립 투기열풍은 절정을 이루었다. 1633년 이전에는 튤립 매매가 재배 농가와 전문가들에게 국한되었으나 가격이 계속 오르자 평범한 중산층에 이어 가난한 사람들마저 튤립 시장에 뛰어들게 되었고, 튤립 구근을 사기 위해 집과 토지, 그리고 공장들을 저당 잡혔다. 구근이 수확되기도 전에 판매되었고 여러 차례 전매가 이루어졌다.

하지만 올랐으면 언젠가 내려가는 것이 가격이다. 드디어 1637년 초, 사람들 사이에 구근의 가격이 계속 오를 것인가 하는 의구심이 제기되는 순간 파국이 왔다. 하룻밤 사이에 튤립의 가격이 폭락하고 네덜란드의 많은 평범한 가정이 파산했다.

인간의 탐욕과 투기의 역사

17세기 네덜란드의 튤립 투기 이후, 17세기 후반~18세기 초 유럽에서는 주식회사의 설립 붐이 일어났고, 남해회사와 미시시피회사 투기 및 사기사건이 있었다. 천재 아이작 뉴턴도 남해회사에 투자하여 초기에 100퍼센트의 수익을 올리고 주식을 팔았으나 참지 못하고 다시 사서 보유했고, 결국 버블이 터지는 바람에 엄청난 손해를 입었다. 나중에 그는 "천체의 움직임은 센티미터 단위까지 측정할 수가 있는데 주식시장에서 인간들의 광기는 도저히 예상할 수가 없다"는 유명한 말을 남겼다.

19세기에는 미국의 철도 투기, 그리고 19세기 초 미국의 부동산 투기붐에 이은 대공황 역시 되풀이되는 투기와 거품 역사의 한 장면이었다.

1924년부터 미국의 주식시장이 달아오르더니 1927년 절정에 이르렀다. 결국 1929년 10월 24일, 암흑의 목요일 파열음이 일어났다. 그렇게 시작된 대공황은 1939년 제2차 세계대전이 발발하면서 막을 내렸다. 1929년 미국의 인구는 약 1억 2천 만 명이었다. 성인 인구는 6천 만 명이었고, 그중 주식을 보유하고 있는 사람은 3천 만 명이었다. 미국의 대부분의 가구가 주식을 보유하고 있었던 셈이다.

역사학자 조지 산타야나(George Santayana, 1863~1952)는 "과거에서 배우지 못하는 사람은 그것을 되풀이할 수밖에 없다"고 경고했다.

그러나 역사에서 교훈을 배우지 못하고 투기와 거품은 오늘날까지 계속되고 있다. 20세기 후반 일본의 부동산 붐, 1990년대 전 세계적인 IT 열풍 등으로 이어졌고, 2008년 미국발 금융위기에 이어 전 세계는 또 다시 경기침체라는 깊은 후유증에 시달리고 있다. 금융의 재앙에 휘말린 사람들은 대부분 자신들이 운이 나빴을 뿐이라고 생각하지만, 금융의 역사는 과거의 경험으로는 예측할 수 없는 이례적이고 극단적인 변수로 가득하다.

애덤 스미스
〈국부론〉과 '보이지 않는 손'

인류의 역사에서 중요한 1776년

1776년은 인류 역사에서도 경영의 역사에서도 매우 중요한 의미를 갖는 해이다. 경영학적으로 의미있는 여러 사건이 동시에 일어난 해이기 때문이다.

영국에서는 애덤 스미스가 〈국부론〉을 출판했는데, 이 책에서 스미스는 국가의 부(富)를 증가시키기 위해서는 생산방식에 분업이론을 적용해야 한다고 주장했다.

제임스 와트(James Watt, 1736~1819)와 매튜 볼턴(Matthew Boulton, 1728~1809)이 개량형 증기기관을 완성하고 실제로 공장에 설치한 것도 1776년이었다. 사람이나 동물의 힘 대신 처음으로 증기기관이 동력으로 사용된 것이다.

그리고 미국에서는 1776년에 독립전쟁이 일어났는데, 그것은

13년 후인 1789년에 일어날 프랑스혁명을 예고하는 사건이었다. 이 세 가지 사건은 각각 다른 원인으로 일어났지만 서로 연관성이 있다.

〈국부론〉의 출판과 증기기관의 발명은 산업혁명을 예고하는 것이고, 미국독립전쟁은 정치혁명의 출발점이었다. 그래서 어떤 역사학자는 1776년을 '이중혁명의 신호탄'이라고 했다.

애덤 스미스와 〈국부론〉

경제학의 아버지이자 분업이론을 제안한 애덤 스미스는 영국 스코틀랜드의 동해안 커콜디에서 태어났다. 옥스퍼드 대학을 졸업한 스미스는 1751년 글래스고 대학에서 논리학 정교수로 임명되었고, 1759년 최초의 저서 《도덕감정론(The Theory of Moral Sentiments)》을 출간했다. 1764년 프랑스를 방문하던 때부터 집필하기 시작한 《국부론(An Inquiry into the Nature and Causes of Wealth of Nations)》은 미국 독립 해인 1776년에 출간되었다. 스미스는 1787년에는 글래스고대학 총장이 되었으며, 2년 뒤에 사망했다.

스미스가 경제학에 남긴 족적은 매우 크다. 그의 생애는 비교적 평탄하고 소극적이었으나 집필에 있어서는 적극적이었다. 스미스는 경제학을 체계화한 현대 경제학의 아버지이지만, 단순한 경제학자는 아니었다. 그의 생애와 저서에서도 알 수 있듯이 스

애덤 스미스

미스는 애당초 도덕 철학자였다.

스미스의 경제학은 시민사회의 생활원리였다. 그때까지의 봉건경제와는 다른 자본주의 경제학이었으며, 절대 군주주의 세력에 대항하는 성격을 띠고 있었다. 《국부론》은 그 제목처럼 모든 국민의 부(富)를 연구한 것이었으며 "부의 성질과 원인이 무엇인가?"라는 질문을 연구의 대상으로 삼았다.

스미스가 말하는 부의 개념은 생활필수품, 편의품, 사치품 등 직접 소비할 수 있는 생활수단이었다. 따라서 연간 생산물에 대한 소비 인구의 규모가 국민의 빈부를 결정한다고 생각했다. 스미스는 부를 물질적으로만 이해한 것은 아니었다. 부의 생산을 노동의 생산력에서 구했고, 부를 증진시키는 방법을 노동의 분업에서 찾았고, 그 기초 이론을 확립했다.

애덤 스미스는 《국부론》에서 "인간의 행복은 유한한 자원과 인간의 무한한 욕망을 어떻게 조화시키는가에 달려 있다"고 주장하면서, 결국 소비재 생산 수준의 증가가 국가의 부를 증가시키고 또 개인의 행복한 생활의 기초가 된다고 보았다. 즉, 인간은 물질적 소비 수준이 증가해야 행복하다고 본 것이다. 물질적 소비란 결국 재산, 즉 부(富)가 많아야 가능하다. 부란 개인이 임의로 소비할 수 있는 물질적 자산을 일컫는 말이며, 구체적으로 생활필

94

수품, 편의품, 사치품 등 직접 소비할 수 있는 생활수단을 말한다. '부'를 증진시키는 일, 그것이 결국 경제학이 해결하려는 과제이기도 했다.

애덤 스미스는 개개인이 죽어서 하느님과 함께 행복해진다는 교회의 가르침을 전면적으로 부정한 것은 아니지만, 어쨌든 인간도 지상에서 행복해질 수 있다고 생각한 최초의 학자 중의 한 사람이다.

자유경쟁 원리와 '보이지 않는 손'

애덤 스미스의 공헌은 이론이나 개념만 제시한 것이 아니라 실천적 방법을 제시한 데에 있다. 그는 부의 생산증가 방법을 두 가지로 설명했다. 첫째는 일하는 방법을 바꾸어 한 사람이 모든 과정의 일을 순서대로 다 맡아서 할 것이 아니라, 분업하는 것이 효율적이라는 사실을 핀(pin) 공장의 예를 들어 설명했다.

다른 한 가지는 부의 증가를 노동 생산력이 증가한 결과로 보았는데, 산업의 자유, 통상의 자유가 보장될 때 노동자의 고용이 극대화되고, 연간 생산물이 증가되고 따라서 국부는 증대된다고 보았다. 말하자면 생산활동을 민간의 자유경쟁에 맡거두면 더 많은 재화와 용역을 생산하고 그 결과 고용도 늘어난다는 것이다.

만일 자유가 인정되지 않았을 때는 상품의 교환은 불평등하게 되고, 물건을 사는 사람과 파는 사람의 이해는 상충되며, 정의(正

義)와 도리에 어긋나게 된다는 것이다.

따라서 스미스는 모든 규제를 철폐하고 자연적 자유 제도를 수립하여야 한다고 주장했는데 이를 자유방임(laissez-faire)이라고 한다. 그러기 위해서 정부의 기능을 국방, 경찰, 공공사업과 기초교육에 국한시키는, 즉 '작은 정부(cheap government)'를 주장했다. 스미스의 핵심은 "자유방임에 의한 생산의 증가가 곧 사회정의"라고 주장했다.

애덤 스미스가 말한 '보이지 않는 손(Invisible hand)'은 경제학에서 중요한 개념인데, "눈에는 보이지 않지만 경제활동이 제대로 돌아가도록 하는 장치"를 말한다.

예를 들어 빵 가게를 운영하는 사람, 비린내 나는 생선장수 등은 이웃의 복지를 위해, 다시 말해 이타적인 생각 때문에 빵을 만들고 비린내 나는 생선을 가져와서 파는 것이 아니다. 반대로 무덤을 파고 또 죽은 사람을 위해 관을 짜는 사람은 사람이 죽기를 바라고 그런 일을 하는 것이 아니다. 다만 그 일을 잘하기 때문에 그것으로 생계를 유지하기 위한 목적으로 그런 일을 한다. 다시 말해 "각자 자기자신이 가장 잘하는 일을 하면 결과적으로 사회를 구성하는 모든 사람들에게 유익한 결과가 나타난다"는 것이 보이지 않는 손의 개념이다.

요약하면 스미스가 《국부론》에서 주장한 '보이지 않는 손'은 "모든 사람이 자기 이익을 최대로 추구하면, 자유시장이 '보이지 않는 손'을 통해 자연스럽게 사회 전체에 최선이 되는 결과를 가져다준다"는 논리이다. 여기서 한 가지 덧붙일 것은, 애덤 스미스가 '모든 사람이 자기 이익을 최대로 추구하면'이라고 전제했을 때 많은 사람들은 그것을 이기심(selfishness)으로 생각하는 경우가 있는데, 스미스가 시장경제의 원동력으로 강조한 것은 '자기사랑'(self-love)이지 이기심이 아니었다. 이기심은 법을 지키지 않는 무분별한 탐욕인 반면, 자기사랑은 법을 지키면서 자기이익을 추구하는 것이다. 스미스는 이기심이란 말 대신에 항상 '자기사랑'이란 말을 사용했다. 그래서 '자기이익 추구'를 이기심이라고 번역하는 것은 잘못이다.

애덤 스미스가 설명한 '분업'의 원리

분업에 대한 생각은 애덤 스미스가 처음은 아니었다. 그리스의 역사가 크세노폰(Xenophon, 기원전 431~355)은《오이코노미코스(Oeconomicous)》라는 책에서 "한 사람이 모든 것을 다 잘하는 것은 불가능하다. 차츰 각 분야에서 최고의 능력을 가진 사람들이 나타났다"고 썼다. 이것은 분업에 관한 최초의 기록들 중 하나이다.

인류의 조상은 처음에는 사냥꾼, 목동, 농부 등 일하는 계층에서 분업이 생겨났고, 나중에는 점성가, 성직자, 관리, 군인, 귀족, 왕, 예술가 등 일을 하지 않는 계층, 즉 지식 있는 사람들 사이에서 분업이 생겨났다.

분업이론의 선구자인 애덤 스미스의 유명한 사례연구인 핀

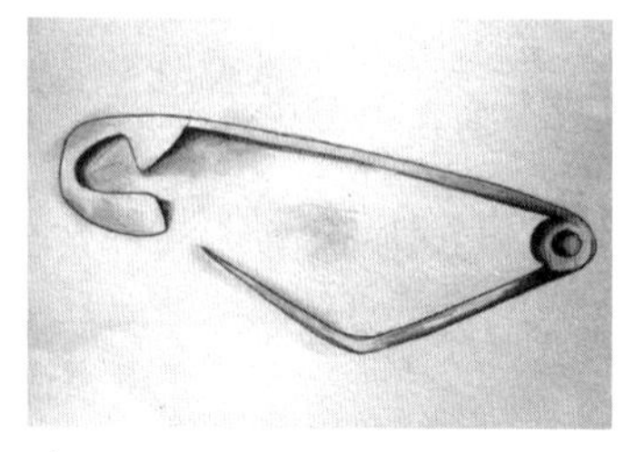

핀

(pin) 제조공정을 살펴보자. 지금 핀 제조방법을 보면, 여러 개로 분할된 각각의 공정(process)을 하나의 특수한 직업으로 취급한다.

첫 번째 사람은 철사를 잡아 늘리고,

두 번째 사람은 철사를 곧게 하며,

세 번째 사람은 철사를 끊고,

네 번째 사람은 끝을 뾰족하게 하며,

다섯째 사람은 핀의 머리를 붙이기 위해 끝을 문지르고,

제일 마지막에는 포장을 하고…

이런 식으로 핀 제조는 약 18개의 독립된 공정들로 나뉘어 있다. 그렇게 하면 노동자들은 하루 약 12파운드(5.4킬로그램)의 핀을 만들 수 있다. 1파운드는 중간 크기의 핀 4천 개에 해당되므로 10명이 일을 하면 하루에 4만8천 개의 핀을 만든다는 계산이 나온다.

그러나 핀 제조업에 관한 교육을 받지 않은 미숙련 노동자가 혼자서 전 공정을 작업하는 경우, 1인당 하루에 20개도 만들 수 없었을 것이다. 최대한으로 계산해서 한 사람이 각자 20개를 생산하면 열 사람이 하루에 겨우 200개를 생산하는 것이다.

따라서 분업은 도입 가능한 모든 업종에서 노동생산성을 증대시킨다는 결론을 내릴 수 있다. 사회가 발전할수록 업무는 점점 더 세분화되고, 세분화된 업무는 전문가가 맡게 된다는 것이다.

분업을 도입한 포드자동차

애덤 스미스의 분업이론은 찰스 배비지(Charles Babbage, 1792~1871)를 비롯한 경영관리의 여러 선구자들에게 영향을 주었고, 프레더릭 테일러와 헨리 포드에게 계승되어 작업연구, 시간 연구, 작업단순화 연구로 이어져 대량생산방식으로 확대되었다.

1908년 포드가 모델T를 생산할 무렵, 한 대의 차를 완성하려면 무려 7882개의 공정을 거쳐야 했다. 뒷날 포드는 자서전《나의 인생과 일(My Life and Work, 1926)》에서, 이 7882개의 공정에 대해서 다음과 같은 주석을 달았다.

"공정 중에서 949개는 육체적으로 강한 숙련공이 필요하다. 3338개의 공정은 보통 체력의 남자면 되고, 나머지 공정은 여성이나 어린 아이라도 작업할 수 있다."

포드의 치밀한 분석은 계속된다.

"670개의 공정은 두 다리가 없는 노동자도 충분하며, 2637개의 공정은 한쪽 다리가 없는 노동자도 할 수 있다. 두 팔이 없는 직공도 할 수 있는 공정은 두 개 있으며, 715개의 공정은 외팔이 직공이라도 된다. 눈먼 직공도 할 수 있는 공정은 10개나 있다."

디트로이트 하일랜드파크 공장에 컨베이어벨트가 완전히 설치되어 지

찰스 배비지

정 생산속도를 내기 시작한 1915년경 조립작업자의 수는 7천 명이 넘었다. 이들은 대부분 시골 농장 출신이거나 남부의 여러 주에서 올라온 흑인들, 그리고 미국으로 갓 이민온 사람들이었다.

그 당시 하일랜드파크 공장의 작업자들이 사용하는 언어는 50가지가 넘었다고 한다. 어떻게 해서 이렇게 지식 수준이 낮은 근로자들이 그렇게 많은 자동차를 생산할 수 있었을까? 이에 대한 해답은 작업의 분업화, 단순화, 그리고 전문화였다.

자유경쟁과 분업의 원리는 현대에도 유효한가?

"자유경쟁과 분업의 원리는 현대에도 유효한 원리인가?"

이 문제를 두고 자유진영과 공산진영, 보수주의 경제학자와 좌파 경제학자 사이에 끊임없는 논란이 이어지고 있다.

우선 분업의 원리는 공산주의 국가에까지 보급되었으므로 현대에도 유효한 원리라고 할 수 있다. 소련에서 볼셰비키 혁명을 일으킨 레닌이 가장 좋아하는 미국사람이 바로 헨리 포드였다. 생산을 증가하기 위해서는 분업화, 표준화가 불가피했기 때문이다. 물론 분업이 인간을 소외시킨다는 문제를 제기하는 사람도 있고, 요즘은 거꾸로 통합적으로 일을 하는 경우도 있지만 적어도 대량생산에서는 분업은 여전히 유효한 생산 원리이다.

자유경쟁에 대해서는 마르크스를 비롯해 좌파 학자들이 적극 반대하는 개념이다. 경쟁에는 불가피하게 패배자가 생기고, 승자가 결과물을 독식하고…, 그래서 가난한 자는 더욱 가난해지는 빈익빈 현상과, 부유한 자는 더욱더 부유해지는 부익부 현상이 일어난다는 것이다.

경쟁이 치열해질수록 결국 소수의 사람만이 최후의 승자가 될 터이므로, 소수의 부자들이 소유한 것을 빼앗으면 모두가 평등해진다고 마르크스는 생각했다.

잘사는 사람의 것을 빼앗아 못사는 사람에게 분배해서 평등하게 살자는 공산주의적 생각은 1950년대까지만 해도 선진 자본주의 지식인들에게 매력적으로 보였다.

하지만 생산 없이 분배와 평등만 강조하면 아무도 일을 하지 않는다는 것을 마르크스는 몰랐다. 결국 공산주의 국가에서는 국민에게 노동을 강요하게 되는 일이 생겨났다. 그 대신 개개인들이 스스로 알아서 부를 축적하도록 내버려두면 사람들은 꼭 경쟁이 아니더라도 자신이 잘하는 일을 찾아서 열심히 일을 해서 자신의 부를 점점 더 늘린다는 것이 증명되었다.

국가가 강제로 일을 시키고 똑같이 나누어주면 사람들은 일을 하지 않지만 자신에게 이익이 되는 일이라면 밀무역도 하고 암시장에서 장사도 한다.

2009년 11월 30일 북한은 기습적으로 화폐개혁을 발표했다. 북한 주민들이 중국과의 밀무역이나 암시장에서 장사를 하여 돈을 번 사람들의 지하자금을 끌어내기 위한 것으로, 시장과 시장 세력을 통제하기 위한 것이었다. 그러나 특권층들은 진작부터 금, 달러, 위안화 등으로 재산을 축적해두어 큰 피해가 없었지만, 일반인에 비해 상대적으로 현금을 많이 보유한 시장 상인들은 큰 타격을 받았다. 그 결과 쌀값 폭등과 환율 급등 등으로 북한 경제는 더 악화되었고 결국 화폐개혁은 엄청난 부작용만 남긴 채 실패로 돌아갔다. 북한 당국은 화폐개혁의 책임자였던 박남기 계획재정부장을 공개 총살시켰다.

그러니까 사회적 약자와 패배자에 대한 국가의 복지대책, 그리고 사회적으로 승자의 도덕적 의무도 도외시해서는 안 되지만, 자유경쟁은 오늘날에도 당연히 유효하다고 할 수 있다.

산업혁명
농경사회에서 공업사회로

산업혁명을 왜 '혁명'이라고 표현하는가?

잘 알려져 있는 것처럼 산업혁명은 경제의 중심이 농업과 수공업에서, 공업과 기계를 사용하는 제조업 중심으로 변화하는 과정이다. 다시 말해 산업혁명은 사람이 손으로 움직이는 간단한 도구 대신 기계를 사용하고, 노동자들이 가내수공업 대신 공장에서 함께 일을 하고, 사람과 동물의 힘 대신 증기기관(나중에 내연기관과 전기)을 동력으로 사용하여 재화의 생산을 획기적으로 증대시키는 것을 말한다.

그런데 산업혁명에 대해 "혁명으로 부를 만큼 커다란 전환인가?" 아니면 "역사의 연속적인 한 과정인가?"하는 것을 두고 학자들 사이에서도 많은 논란이 있었다. 사실 일찍이 중세 수도원과 아랍사회에서는 생산하는 데 있어서 기계를 사용하거나, 동력

산업혁명

을 사람이나 동물이 아닌 수력을 이용
했었다.

그렇다면 사회가 농업 중심 사회
에서 공업사회로 전환하는 것을 굳이
'혁명'이라고까지 표현하는 이유는,
산업혁명 시대를 연 사람들의 사고방
식이 혁명적으로 변했기 때문이다. 정
치적으로 보면 프랑스혁명은 왕정을
공화정으로 바꾼 혁명이다. 물론 세습
왕이나 선출된 독재자나 매한가지인
경우가 많지만 통치체제의 혁명인 것만은 사실이다.

그런 식으로 산업혁명은 인간이 지상에서 물질적으로 행복하
게 살 수 있다는 생각을 바탕으로 출발했으므로, 그런 사고방식
자체가 혁명적인 사고이다. 조금 철학적으로 말하면 18세기 중반
산업혁명이 일어난 유럽, 특히 영국의 경우 산업혁명 이전에는
"인간은 지상에서 물질적으로 잘살거나 행복하게 살 수는 없고,
천국에 가서 하느님과 더불어 행복하게 산다는 생각, 즉 부를 하
늘에 쌓는다"는 생각이 지배적이었다. 마태복음 19장 24절 "부
자가 천국에 들어가는 것은 낙타가 바늘구멍을 지나가는 것보다
더 어렵다"는 성경 구절에서도 알 수 있듯이 지상에서는 물질적
행복을 추구하지 말라고 했다.

인간이 지상에서 물질적으로 행복하게 살 수 있다는 생각을 하
게 되자, 지금까지 인격수양, 수기치인(修己治人, 자신의 몸과 마음

을 닦은 후에 남을 다스림), 그리고 인간의 내면 탐구에 집중되었던 지식이 '인간의 외부'에 초점을 맞추게 되었다. 그 지식은 기계를 만들고 제품을 만들고 생산 프로세스를 만드는 데에 집중적으로 사용되어, 그것이 증기기관을 등장시켰고, 백과사전을 만들게 했고, 직업학교를 만들게 했다.

산업혁명(Industrial Revolution)이라는 용어는 프랑스의 학자들이 가장 먼저 사용했지만, 학술적으로 일반화한 것은 영국의 경제 역사가인 아놀드 토인비(Arnold Toynbee, 1852~1883, 《역사의 연구》를 집필한 유명한 토인비는 그의 조카이다)가 1884년 《산업혁명(The Industrial Revolution)》이라는 제목으로 1760~1840년 동안 영국의 경제발전을 설명하는 과정에서 사용하면서부터였다. 이후 산업혁명이란 용어는 보다 널리 사용되었다.

산업혁명은 어떻게 추진되었는가?

산업혁명은 18세기 중엽부터 약 100년 동안 영국을 중심으로 사회 · 경제 · 조직의 변혁을 총칭하는 개념으로서, 현대 과학기술 문명을 촉발하는 계기가 되었다.

산업혁명으로 인해 기술적인 면으로는 단순한 도구들이 크고 작은 기계들로 대체되었고, 조직적인 면에서 기존의 가내 수공업이 공장 규모로 바뀌었다. 경제적인 면에서는 국내 시장 및 해외 식민지를 바탕으로 광범위한 지본이 추적되었으며 사회적인 면에서는 산업 자본가 및 임금 노동자를 중심으로 한 계급사회가 형성되었다. 한마디로 말해 인류는 산업혁명을 통해 농경사회에서 공업사회로 급속히 재편되기 시작했다.

산업화로 인해 인구가 급격하게 도시로 유입되었고 저소득 공장 노동자의 인구가 급증하면서 계급 분쟁이 심화되었다. 가장 중요한 변화는 가정이 생산의 중심에서 물러나고 새로이 외부 생산 시설, 즉 '공장'이 생겼다는 점이다.

산업혁명이 추진력을 얻게 된 데에 새로운 기술 세 가지가 동시에 맞아떨어졌기 때문이다.

첫째, 대형기계를 작동시킬 수 있는 동력의 공급이다. 둘째, 효율적이고 장시간 작동이 가능한 대형 기계를 만들 수 있는 질 좋은 철강재료의 생산이다. 셋째, 생산된 제품을 신속하게 유통시킬 수 있는 교통망의 발달 등이다.

학자들은 이러한 세 가지 혁신이 동시에 일어남으로써 현대 과학기술의 탄생에 결정적인 계기가 되었다고 보았다. 그렇다면 "도대체 왜 이런 일이 동시에 갑자기 일어났는가?"

이 문제에 대한 대답은 단순하다. 그런 일이 일어날 수 있는 필요충분조건이 동시에 갖춰졌기 때문이라는 것이다. 새로운 혁신에 동참하는 사람들에게 커다란 동기부여가 주어졌기 때문이다. 대량생산을 위한 기술의 혁신 과정은 엄청난 부와 명예를 얻는 지름길이었고, 이것이야말로 산업혁명의 원동력이 되었다는 뜻이다.

<u>산업혁명의 주요 특징 : 기술적 측면과 비기술적인 측면</u>

산업혁명의 주요 특징을 기술적 측면과 비기술적 측면 두 가지로 나누어 볼 수 있다.

기술적 측면

첫째, 철과 강철과 같은 새로운 기초 소재를 사용했다.

둘째, 석탄, 증기기관, 전기, 석유 및 내연기관과 같은 새로운 연료와 동력을 에너지원으로 이용했다.

셋째, 방적기, 직조기와 같이 인력을 더 적게 들이면서 생산을 증가시킬 수 있는 기계가 발명되었다.

넷째, 공장이 발달했고, 분업과 직능의 전문화가 확대되었다.

다섯째, 증기기관차, 증기선, 자동차, 비행기, 전신, 라디오 등 교통과 동신이 발전했다.

여섯째, 산업에 있어서 과학의 응용이 대폭 확대되었다.

그 결과 산업혁명은 기계를 이용하여 상품을 대량생산했으며, 천연자원의 사용을 크게 증가시켰다.

비기술적 측면

산업혁명은 비기술적 측면, 즉 사회 · 경제 · 문화적 측면에서도 큰 변화를 가져왔다.

첫째, 점점 늘어나는 비농업 인구에게 식량공급을 할 수 있을 정도로 농업생산이 증가했다.

둘째, 공업생산 및 국제무역 증대의 결과로 부(富)의 분배가 확대되었다.

셋째, 부의 원천으로서 토지가 갖는 중요성이 줄어들었다.

넷째, 산업사회의 요구에 부응하는 새로운 국가정책과 정치적 변화가 있었다.

다섯째, 도시의 성장과 노동운동의 발전 등 사회적 문화적 변화를 가져와, 노동자는 손으로 다루는 연장을 가지고 일하던 방식 대신 기계를 조작하게 되었다.

여섯째, 심리적인 변화가 일어났다. 자원을 이용하고 자연을 정복할 수 있는 인간으로서의 능력에 대한 확신이 커졌다. 예를 들면 철도는 심리적 거리를 단축시켰고, 인간은 의식주 문제를 근본적으로 해결할 수 있다고 생각하게 되었다.

산업혁명의 상징 '공장'

'지식의 의미와 기술의 변혁'으로 지식이 기계와 제품과 프로세스에 결합하게 되었다. 지식을 이용하여 만든 새로운 기술은 생산의 집중화, 즉 공장의 등장을 의미했다.

대량생산을 위한 지식은 수천 또는 수만 개의 소규모 개인 작업장이나 시골 마을의 가내수공업 공장에서는 적용될 수 없었다. 지식을 생산활동에 적용하기 위해서는, 하나의 큰 지붕 아래 생산시설을 집중하는 대규모 공장을 필요로 했다. 또한 새로운 기술은 수력이든 증기기관이든 대규모의 동력을 필요로 했는데 동력은 한 군데에 집중될 수밖에 없었다. 즉 한 지붕 아래 기계와 사람을 끌어다 모은 '공장'이 필요했던 것이다.

산업혁명 시대 초기 기술의 변화는 농부나 수공업 장인들이 도저히 감당할 수 없을 정도의 많은 자본을 필요로 했다. 이와 같이 수공업 장인 중심에서 기계 중심으로 생산방식이 변하게 되자 기계의 구입과 공장의 건설에 필요한 '자본을 가진 자본가들'이 순식간에 경제와 사회의 '주역'으로 등장하게 되었다. 그전까지 자본가들, 즉 상업으로 부를 축적한 상인들은 사회의 '조역'에 머물렀고, 주역은 관료와 농부였다. 그런 것을 한마디로 표현하는 말이 사농공상(士農工商)이다. 그런데 산업혁명의 결과, 증가한 이윤은 당연히 자본가들의 몫으로 돌아갔다.

아크라이트의 방적기

최초로 산업혁명이 일어난 분야는 섬유산업이었다. 즉 우리가 입는 옷을 대량생산하기 위한 기술혁신이 면직물공업 분야에서 맨 먼저 시작되었다.

17세기 영국동인도회사가 수입한 인도산 면직물은 모직물보다 값싸고 실용적이어서 수요가 점점 늘었다. 면사는 양모보다 품질이 일정해 기계화가 쉬웠을 뿐만 아니라 영국의 식민지인 인도와 북아메리카에서 면화를 쉽게 확보할 수 있었다.

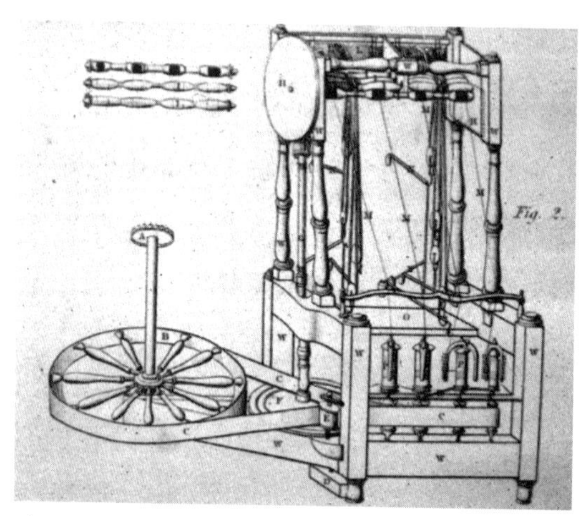

아크라이트 수력 방적기

직물 생산은 원료에서 실을 뽑는 방적(紡績)공정과 실로 천을 짜는 방직(紡織)공정으로 나뉘는데, 한쪽의 기계화가 다른 쪽의 기계화를 촉진해 직물생산 전체 공정에 기계화가 추진되었다.

1733년 존 케이(John Kay, 1704~1764)가 발명한 플라잉 셔틀(flying shuttle, 재봉틀의 밑실이 들어 있는 북의 일종)이 1760년대의 면직물 공업에 응용되면서 직물생산이 크게 증가하자 면사의 수요도 점차 늘었다.

면사의 수요가 늘자 잇달아 새로운 방적기가 발명되었는데, 제임스 하그리브스(James Hargreaves), 리처드 아크라이트(Richard Arkwright), 새뮤얼 크럼프턴(Samuel Crompton), 에드먼드 카트라이트(Edmund Cartwright) 등이 섬유기계를 발명하고 또 개량했다.

그들 중에서도 아크라이트가 중요한 역할을 했다. 1732년 잉글랜드 랭커셔 지방에서 태어난 리처드 아크라이트는 가발 직공으로 출발해 영국을 두루 여행하면서 일생에 걸쳐 독학으로 공부를 했다.

아크라이트는 1764년 방적기 제작을 시작으로 1769년 드디어 수력 방적기에 대한 특허를 획득했는데, 아크라이트가 특허를 획득한 기계는 이미 개발되어 사용되고 있던 롤러 드래프트 장치와 플라이어가 붙은 기계들을 교묘하게 결합한 것이었다. 이 방적기는 수차로 작동했기 때문에 수력 방적기라 불렸다. 그의 방적기는 날실 생산을 가능하게 했고, 공정을 연속적으로 배치해 숙련공이 필요 없게 만들었다. 또한 인력이 아닌 동력을 사용함으로써 방적산업에서 대량생산을 가능하게 만들었다.

아크라이트는 몇 명의 동업자들과 함께 노팅엄과 크롬퍼드에 방적공장을 세웠고, 그후 몇 년 사이에 소면(梳綿)에서 방적까지 직조에 대한 모든 공정을 처리하는 기계를 갖춘 공장을 여러 개 운영했으며, 1773년 순면 사라사(나염한 천)를 생산했다.

한편 독점에 반대하는 면직물 기업주들이 아크라이트의 특허에 소송을 벌여, 1775년 아크라이트의 특허가 취소되었다. 그러나 아크라이트의 방적기는 수력 동력을 이용한다는 장점이 있었으므로 직물업계에서 주도적인 위치를 계속 유지해갔다. 1782년에는 20만 파운드의 자본과 5천 명의 직공을 거느렸는데, 이런 점에서 아크라이트는 산업혁명기의 대표적 기업가로 손꼽힌다. 1786년 기사작위를 받았고, 1787년에는 더비셔의 주지사로 임명되었다.

아크라이트의 업적은 방적기의 발명도 중요하지만 동력기계의 이용과 생산방식에 공장체계의 도입이 더 큰 업적으로 평가된다. 그후 면제품 의류 제조는 잉글랜드 북부에서 주요 산업으로 정착되었다.

조면기의 발명이 미국의 면화산업을 성장시켰다

아크라이트 등이 영국에서 활동하던 시절, 미국의 엘리 휘트니(Eli Whitney, 1765~1825)는 1793년 면화에서 씨를 빼내는 조면기(繰綿機)를 발명해 미국 남부의 면화 재배가 급속도로 확산되는 데 크게 기여했다.

그 전에는 면화씨를 일일이 손으로 빼야 하기 때문에 면화의 생산 속도가 매우 느렸다. 따라서 미국 남부의 면화농업은 생산성이 낮고 채산이 맞지 않아, 면화시장이 서서히 쇠퇴하면서 덩달아 미국의 노예제도도 소멸하는 중이었다. 그러던 중 회전 원통에 설치된 망사톱니를 이용해 목화의 씨를 빼는 조면기가 발명되었고 결과는 대성공이었다. 조면기 한 대로 400명분의 일을 해낼 수 있었다.

휘트니의 조면기는 특허를 받았음에도 그 구조가 단순하여 복제품이 마구 쏟아져나왔다. 성능이 나아진 개량 조면기 한 대는 1000~1500명이 인력과 맞먹었다고 한다.

1793년 6만 킬로그램이던 목화 생산량이 1800년에는 1600만 킬로그램으로, 남북전쟁 발발 직전인 1860년에는 8260만 킬로그램으로 늘었다. 다시 목화밭이 확대되고 흑인 노예의 수요가 증가하여 노예의 수는 65만 명에서 400만 명으로 늘어났다.

흑인 노예들의 일을 덜어주려고 발명된 조면기가 오히려 노예의 수요를 확대시키고 노예제도의 정착에 기여한 셈이 되었는데, 이런 아이러니는 역사에서 종종 되풀이된다. 이러한 기계화 과정에서 제임스 와트의 개량 증기기관이 방적기와 기계의 동력으로 이용되면서 생산효율은 비약적으로 증대되었다.

러다이트 운동은 왜 일어났는가?

대량생산이 가능한 기계가 등장하자마자 처음부터 사회적으로 환영받은 것은 아니었다. 산업혁명 이후 줄곧 인간과 기계 사이의 괴리에 대한 우려의 목소리가 있었다. 가정과 기업 사이에도 그랬고, 기업의 기능과 기업의 구조 사이에도 그랬다.

1838년 토머스 칼라일(Thomas Carlyle, 1795~1881)은 "우리 시대는 어느 면으로 보나 기계의 시대(Age of Machinery)이다"라고 비통해 했다. 미국의 제6대 대통령 존 퀸시 애덤스의 손자인 미국의 역사가 헨리 애덤스(Henry Adams, 1838~1918)는 19세기말 "모든 분야에서 생산이 공장으로 통합하는 추세는 꾸준히 증대해왔고, 또한 증대해가는 중이다. 그러나 상상 이상으로 증대할 가능성이 크다"고 경고했다.

학자들은 그런 식으로 성

러다이트 운동

고하는 데에 그쳤지만, 기계의 도입으로 일자리를 잃은 노동자들은 행동에 나섰다.

1811년 영국에서 한 무리의 노동자들이 정체불명의 지도자 러드(Ned Ludd)의 주도 아래, 집단을 조직하여 스스로를 러다이트(Luddites)라고 부르면서 각지에서 기계장치를 파괴하고 돌아다녔다. 소위 러다이트 운동(Luddite Movement, 1811~1817)이 일어난 것이다.

당시 나폴레옹 전쟁(1797~1815)의 영향으로 실업자가 증가하였는데, 나폴레옹은 영국으로 들어가는 전쟁 물자를 막기 위해 1806년 대륙 봉쇄령을 내렸다. 그 결과 물가는 급등했고, 임금은 체불되었다. 게다가 기계에 의한 대량생산과 저가 생산이 수공업 숙련 노동자의 임금을 깎아내렸다.

수공업 노동자들은 실업과 생활고의 원인을 기계의 탓으로 돌리고 '기계파괴운동', 즉 러다이트 운동을 일으켰다. 러다이트 운동은 처음에는 노팅엄의 직물공장에서 시작해 랭커셔, 체셔, 요크셔 등 영국 북부의 여러 도시로 번져갔다. 이 운동은 산업 자본가와 정부에게 공포감을 안겨주었고, 최초의 러다이트 운동은 가혹한 무력 탄압으로 일단 진압되었으나, 1816년의 불황기에 다시 일어났다.

그러나 두 번째는 정부의 탄압도 있었지만 경제 상황이 나아져 처음처럼 크게 확대되지 않고 바로 사그라들었다. 1817년 이후 기계파괴운동은 의회를 통한 개혁운동으로 방향을 전환했다. 다시 말해 러다이트 운동을 사라지게 한 것은 기계를 활용하여 일자리를 더 늘리고, 또 경제가 호전되자 저절로 없어진 것이다. 말하자면 수공업자들이 기계를 만드는 공장의 노동자가 되어 새로운 일자리를 찾은 것이다. 요즘도 자동화 공장의 일자리는 줄어들지만 자동화기계 생산 공장의 일자리는 늘어나고 있는 것과 같은 맥락이다.

그런 것을 추세라고 한다. 일자리를 방어하기 위해 그 일자리를 없애는 기계를 부수면 된다는 식의 해결방식은 성과를 거두지 못한다는 교훈을 남겼다. 그 교훈은 세계화, 자동화, 정보화 시대에도 그대로 적용된다.

로버트 오언의 공장공동체 운동

산업혁명 시대 애덤 스미스가 경제 이론가였다면, 로버트 오언(Robert Owen, 1771~1858)은 경영의 실천가였다. 오언은 1771년 웨일스 지방 몽거메리셔의 뉴턴이라는 작은 지방의 우체국장의 아들로 태어나 정규학교 교육은 9세에 끝이 났다. 그러나 오언은 그때 이미 동네 초등학교 교사의 조수로서 2년간 근무했던 천재였다. 오언은 그후로도 독학을 계속했다.

열 살이 된 오언은 '전도유망한 청년에게 웨일스는 희망이 없는 곳'이라고 생각하고 고향을 떠나 런던과 맨체스터 등지에서 사무원으로 전전했다. 스무살 무렵 시작한 첫사업에 실패한 오언은 운 좋게도 종업원이 500명인 어느 공장의 책임지기 되었다.

로버트 오언

소위 월급쟁이 경영자가 된 것이다. 그러나 얼마 안 되어 다시 자기 사업을 열망하게 되었고, 스코틀랜드의 뉴라나크(New Lanark)라는 작은 마을에서 설비가 좋은 섬유공장을 발견하고 거기서 동업자 겸 경영자가 되었다.

뉴라나크의 공장은 그 시대의 모든 공장의 전형을 보여주는 축소판이었다. 오언은 그 공장에서, 당시에는 당연시되던 아동노동, 장시간 근무, 열악한 작업환경, 부도덕과 각종 범죄 등을 목격했다. 사실 아크라이트 등이 발명한 방적기계가 어린이들도 조작할 정도로 간단해서 아동 노동까지 생긴 것이다. 대부분 5~6세인 아이들은 에딘버러나 글래스고의 고아원에서 데려온 아이들로, 뉴라나크 마을의 2천 명 노동자들 중 500명이 아이들이었다.

오언은 이것은 옳지 않다고 판단했다. 그는 아이들에게 교육을 시켰다. 한걸음 더 나아가 모든 노동자에게 보다 나은 주택, 음식, 의복을 제공하고 의료기금을 마련했다. 그는 노동자를 다루는 솜씨가 좋아 술주정, 절도, 문란한 성생활을 중단시켰다. 오언은 이러한 조치를 16년간 꾸준히 계속하여 뉴라나크 마을을 완전히 바꾸어 놓았다.

오언은 인간의 성격형성이론에 공헌했고, 협동조합이나 사회주의이론을 확립하는데 중요한 역할을 했다. 그는 공장을 하나의 공동체로 인식하는 일종의 협동조합주의를 주창하고 또한 실천했다. 오언은 기계의 도입과 공장제 생산, 그리고 자본생산성의 향상에만 골몰한 산업사회에 대해 최초로 반성한 사람이라고 할 수 있다.

사회주의 운동의 전신으로는 두 가지 형태가 있다. 하나는 오늘날 논의되고 있는 것처럼 마르크스(Karl Marx, 1818~1883)의 후예들이고, 다른 하나는 오언의 공동체주의에서 출발한 것이다.

사람이 잘사는 데는 두 가지 방법이 있다. 하나는 스스로 근면하게 사는 것이고, 다른 하나는 다른 사람이 이뤄놓은 것을 빼앗는 것이다. 오언은 근면의 길을 가르쳤고, 칼 마르크스는 약탈의 길을 가르쳤다.

1834년 이후 오언은 공장 경영을 끝내고 자신의 사상을 전도하는 사회개혁가로 변신했는데, 자신의 과거의 성공 경험에 비추어, 사회와 인간이 설득에 의해 변화될 수 있다고 확신했다. 88세까지 장수를 누렸던 오언은 1858년 평생 남을 돕는 데 바친 일생을 마감했다.

철도와 철강산업, 그리고 증기선
산업혁명의 견인차

19세기 철도산업이 유럽에서 크게 번성한 이유

인류 역사상 진정한 기술 발명품이라고 할 수 있는 것들을 몇 개 손꼽으라면 아마도 인쇄기술, 전기, 증기기관, 섬유기계, 그리고 철도, 전화, 자동차, 복사기, 컴퓨터 등을 열거할 수 있을 것이다.

전대미문의 발명품인 철도가 등장한 것은 1829년이었다. 스티븐슨(George Stephenson, 1781~1848)이 만든 증기기관차 '로켓호'는 경제, 사회, 정치를 완전히 바꾸어놓았다. 영국의 5파운드 지폐 앞면에는 엘리자베스 2세 여왕이, 그리고 뒷면에는 스티븐슨의 얼굴과 로켓호의 그림이 있을 정도로 영국에서 스티븐슨에 대한 자부심은 대단하다.

철도산업이 19세기에 유럽에서 크게 흥한 데에는 여러 가지 이유가 있다. 첫째, 기업을 보는 관점이 변했기 때문이다. 즉 철도로 인해 기업활동이란 사람들로부터 존경받을 만하다는 인식을 심어준 것이다. 동양에서는 아예 사농공상이라고 하여 공업과 상업을 천시했는데, 유럽에서도 그때까지는 귀족들은 사업을 한다는 것에 그다지 큰 흥미를 갖지 않았다. 빅토리아 시대에는 "신사는 손톱 밑에 기름때를 묻혀서는 안 된다"는 말이 있을 정도였다.

조지 스티븐슨

하지만 당시 많은 사회적 명사들이 철도사업에 관심을 기울였고, 나중에 수상이 된 로버트 솔즈베리 경(Lord Robert Salisbury, 1830~1903)은 1868~1872년까지 그레이트이스턴 철도의 회장직을 맡았다. 그는 고액의 봉급도 거절하고 성실히 그 직책을 수행했다. 외무상을 지낸 에드워드 그레이 경(Sir Edward Grey, 1862~1933) 역시 1898년 노스이스턴 철도의 임원이었고 회장직을 지냈다. 이처럼 명망 높은 인사들이 철도 경영에 손을 대자 수천 명의 소액 투자자들이 철도산업에 투자할 수 있게 되었다.

철도 사업이 발전하게 된 두 번째 요인은 고용창출과 관련이 있는데 특히 제대 군인들에게는 더없이 좋은 일자리였다. 독일의 사회학자 베르너 좀바르트(Werner Sombart, 1863~1941)는 "철도산업은 군대와 비슷해서, 상사가 말하는 동안 꼼짝도 않고 서

있어야 하는 남자 75만 명을 먹여 살린다"고 했다. 실제로 프러시아의 철도 종업원들은 법적으로도 예비군들이었는데 역장과 신호수는 기차가 다 지나갈 때까지 부동자세로 있어야만 했다. 마치 장군이 사열을 할 때와 같았다.

철도 발전의 세 번째 요인은 유럽대륙을 횡단하는 침대열차가 유럽 국가들 사이에 인터내셔널리즘(국제주의)을 확산시키는 한편, 반대로 민족주의 정신도 고취시켰다. 말하자면 유럽의 철도산업은 곧 국가의 긍지였으며 국가 간의 자존심 경쟁 대상이 되었기 때문에 철도산업은 19세기에 유럽에서 크게 발달하게 되었다.

철도산업이 산업혁명에 끼친 영향

세상의 모든 발명은 처음에는 천재가 만들고 천재가 사용하기 시작한다. 그 다음에는 평범한 모든 사람이 사용하게 된다. 가장 좋은 예가 컴퓨터이다.

같은 논리로 철도는 산업혁명을 기정사실화했다는 데에 큰 의의가 있다. 산업혁명은 처음에는 문자 그대로 '혁명'이었던 것이 나중에는 일상생활이 된다.

철도가 산업혁명에 미친 영향을 사회·정치·경제적으로 여러 가지로 분석할 수 있다.

첫째, 철도는 새로운 경제의 장을 열었다고 할 수 있다. 1830년 세계 최초로 영국의 리버풀-맨체스터 사이에 철도가 놓였고 13

톤의 '로켓호'가 시속 12마일로 달렸다. 그후 미국과 유럽의 여러 나라에서 증기기관차가 운행되기 시작했다. 철도건설 붐으로 인해 철도의 등장 후 5년 안에, 서구 세계는 역사상 가장 큰 호황을 누렸다. 오늘날 유럽에서 볼 수 있는 주요 철도망 대부분이 1860년대에 건설된 것들이다. 1830년대부터 시작된 유럽의 철도 붐은 경

로켓호

제 역사상 가장 끔찍했던 불황이 닥쳤던 1850년대 후반까지 30년 동안 계속되었다.

둘째, 철도는 사람들의 '심리적 지리'(mental geography)를 단축시켰다. 철도 덕분에 인류 역사상 처음으로 사람들은 제대로 된 이동수단을 갖게 되었다. 왕족이나 귀족 또는 무역상인이 아닌 일반인들의 시야를 처음으로 세계로까지 확대시킨 것이다.

셋째, 철도는 국가를 하나의 단위로 묶었다. 프랑스의 역사학자 페르낭 브로델(Fernand Braudel 1902~1985)은 다음과 같이 지적했다. "프랑스를 하나의 국가 그리고 하나의 문화로 만든 것은 철도였다. 철도가 등장하기 이전까지 프랑스는 서로 고립된 지역의 집합으로서, 오직 정치적으로만 통합되어 있을 뿐이었다."

처음엔 외면 당했던 증기선

해운의 역사는 BC 3세기경까지 거슬러 올라가지만, 엄밀한 의미에서 근대 해운업은 바람의 힘으로 움직이는 범선 대신 증기선이 출현한 19세기부터 시작되었다고 말할 수 있다.

증기선의 선구자는 역시 영국이었다. 1765년 제임스 와트가 증기기관을 발명했지만, 초기의 증기기관의 출력으로는 선박용으로는 거의 이용되지 못했다.

1802년 최초의 실질적인 증기선이 제작되었다. 스코틀랜드의 운하 관리자였던 토머스 던다스(Thomas Dundas, 1741~1820)가 주문하여 만든 목조선 '샤롯 던다스 호'는 몇 주 동안 승객과 견학자들을 태웠다. 그 가운데 미국의 청년 발명가 로버트 풀턴(Robert Fulton, 1765~1815)이 있었다. 풀턴은 미국으로 돌아가 자본가들의 투자를 받아 와트의 개량엔진을 탑재할 수 있는 선박을 제작했다. 1808년 '클레몬트(Clermont) 호'로 명명된 이 선박은 처녀항해에서 평균 4노트(시속 7.4킬로미터)의 속력으로 허드슨강을 390킬로나 항해했다. 이것을 계기로 강에서의 증기선 운항시대가 개막된 것이다.

증기선이 출현하기 이전까지 국제무역 상인들은 자신의 선박을 운영하면서 자신의 화물을 운송하는 무역업과 운송업 겸업자였다. 그러나 증기선의 발달에 따라 오직 수송만 전문으로 하는 '운송 전문업자'가 등장했다. 그리고 산업혁명의 진행으로 해상 화물 증가와 신대륙으로의 이민 증가는 전문 운송업의 발전을 가속화시켰다.

그러나 초기의 증기선들은 바다에서는 여전히 범선과 경쟁이 안 되었다. 그 이유 중 하나는 선주들의 부정적인 태도 때문이었다. 바람은 아무리 이용해도 공짜인데 무엇 때문에 동력을 얻기 위해 비용을 지출해야 하는가, 그리고 화물을 적재할 수 있는 공간에 무엇 때문에 대형엔진을 탑재하여 선박의 운송 능력을 저하시키는가? 라는 것이 그들이 증기선을 도입하지 않는 이유였다.

사실 당시의 단일 실린더 엔진은 대형인 데다가 연료 소모도 많았다. 가까운 바다 항해에서는 별문제가 안 되었으나, 운항 시간이 많이 걸리는 먼 바다를 항해하기 위해서는 다량의 석탄을 적재해야 했으므로 승객과 화물을 실을 공간이 그만큼 좁아져서 채산성을 맞추기 어려웠다.

그러나 증기선은 당연히 정부의 지원 대상 산업이어서 각국은 증기선의 개발과 실험 운항을 위해 거액의 보조금을 지급했다. 어쨌든 1835년경까지는 여전히 증기선이 대서양을 횡단하는 것은 증기선으로 달에 가는 것만큼이나 어려운 일로 생각되었다.

그러나 1838년 1340톤의 그레이트웨스턴(Great Western) 호를 필두로 4척의 영국 증기선이 대서양 횡단에 성공했을 때 전 세계는 열광했다. 그레이트웨스턴호는 브리스틀을 출항한 지 15일 만에 뉴욕에 도착했고, 돌아올 때에는 하루를 더 단축시켰다. 그때까지 가장 빠른 배가 평균 23일이 걸렸고, 되돌아올 때는 풍향과 조류 때문에 43일 이상 걸려야 했던 것과 비교하면 획기적인 사건이었다.

최초로 대서양 횡단 증기선의 정규 항로를 개설한 사람은 캐나다 출신의 새뮤얼 큐나드(Sir Samuel Cunard, 1787~1865)였다. 큐나드는 1830년부터 영국과 북아메리카 사이에 우편물 운송서비스 시설의 설치 계획을 세워 리버풀에서 핼리팩스와 보스턴까지 증기선을 운항했다.

1840년 7월 4일 최초의 대서양 횡단 선박 브리타니아 호가 첫 취항을 했을 때 이 배에는 93명의 승무원과 63명의 승객, 그리고 신선한 우유를 제공하기 위한 젖소가 동승했다고 한다. 그로부터 90년 후인 1930년대 배 안에 편의시설과 오락시설을 갖춘 호화 크루즈 퀸메리 호와 퀸엘리자베스 1호가 등장하여 큐나드 크루즈는 최고의 전성기를 맞게 된다.

18~19세기 철강산업이 발전한 이유

강철은 바늘에서부터 우주선에 이르기까지 다양한 분야에 쓰일 뿐만 아니라, 건축에는 물론 철도, 선박, 기계, 자동차 등 각종 산업의 기초 소재로서 가장 널리 사용되어왔다. 인류가 처음으로 철을 생산하기 시작한 것은 BC 2세기경부터라고 한다. 철강은 철광석을 고로(高爐)에서 제련하여 선철(銑鐵, pig iron)을 만들고, 이것을 다시 제강로에서 정련하여 강(鋼, steel)을 만드는 과정을 통해 생산된다.

철도가 발달하자 철강산업의 발달을 촉진했고, 거꾸로 철강산

업의 발달은 철강을 대규모로 소비하
는 철도를 발달시켰다. 증기기관과 철
도가 산업혁명을 촉발시켰다면 산업
혁명을 확산시킨 데는 또 한 가지 결
정적인 원인이 있다. 산업혁명으로 대
량생산이 가능해졌고 폭발하는 수요
를 감당해낼, 대량 생산할 산업기계를
제작하자면 질 좋은 철이 저렴하게 공
급되어야 했다.

에이브러햄 다비

철의 수요가 급격히 증가한 16세기
부터 수력을 이용한 고로 송풍기의 개량 등에 힘입어 제철기술은
크게 발전했다.

철을 제련하는 방법은, 광산에서 캐낸 철광석 덩어리 위에 장
작을 태워서 얻은 열로 녹이는 단순한 방법에서부터 시작되었다.
그후 장작 대신 목탄을 쓰게 되었으며 온도를 높이기 위하여 풀
무를 이용하거나 간단한 화로를 사용하게 되었다. 철강의 역사는
철광석을 녹여서 철기를 만들었던 수천 년 동안이 대부분을 차지
하며, 오늘날 우리들이 사용하고 있는 것과 같은 선철이나 강철
을 만들기 시작한 것은 그리 오래되지 않았다.

철광석을 녹이려면 고열이 필요한데 철의 제련 과정에 목탄
(숯)이 사용되었다. 그러나 목탄이 너무 쉽게 타버리기 때문에 한
번에 생산되는 철의 양은 적었다. 더구나 해양 국가였던 섬나라
영국은 강력한 함대를 항상 기느려야 하므로 목재를 철 생산에

만 투입할 수는 없었다. 면직공업의 기계화가 시작되어 철 수요가 늘어났지만 제철에 필요한 목탄조차 제대로 생산할 수 없었던 영국은 철 수요의 절반 이상을 러시아와 스웨덴에서 수입해야 했다. 그 해결 방법으로 제시된 것이 목재 대신 영국에도 풍부하게 매장되어 있는 석탄을 에너지원으로 사용하는 것이었다.

당시에는 철광석에 직접 가열해 제련을 했는데 석탄에는 불순물인 황이 많은 들어 있어 철의 질이 형편없이 떨어진다는 단점이 있었다. 그 문제를 해결한 사람이 '철강의 아버지'라고 불리는 에이브러햄 다비(Abraham Darby, 1678~1717)이다. 그는 목탄 대신 코크스(석탄을 가열해 휘발 성분을 없앤 구멍이 많은 고체 탄소 연료)를 사용하여 철을 생산하는 코크스(Cokes) 제련법을 개발했다.

코크스 제련법

그런데 코크스 제련법으로 만들어낸 선철은 단단하기는 하지만 잘 늘어나거나 펴지지가 않았기 때문에 두드려서 일정한 형태의 모양으로 만들기가 어려웠다. 따라서 철을 좀더 부드럽게 하여 기계적, 물리적 성질을 향상시키는 여러 가지 방법이 연구되었다.

1784년 영국의 제철기술 장인 헨리 코트(Henry Cort, 1740~1800)가 선철을 연하게 하는 교련법(Puddle Process)을 발

명했고, 1856년 영국의 헨리 베서머
(Henry Bessemer, 1813~1898)에 의
해 베서머 제강법이 발명되면서 단시
간에 많은 강을 제조할 수 있게 되면서
본격적인 철강의 시대가 열리게 되었
다. 1850년 지멘스 형제가 발명한 '평
로제강법'을 프랑스인 피에르 마르탱
(Pierre Martin, 1824~1915)이 이를 더
욱 발전시켜 1864년 지멘스-마르탱
법을 개발했다. 이로써 1600도 이상의

베서머 제강법

고온에서 정련된 강을 대량으로 제조할 수 있는 근대적 제련법의
기반이 19세기 후반에 확립되었다.

　이후 지멘스-마르탱법이라고도 하는 평로법(平爐法)과 전로법
이 제강법의 대부분을 차지하여 제2차 세계대전 이후 1950년대
까지 계속되었다. 평로법이 알려지자 이를 가장 먼저 채용한 사
람은 철강왕이라 불리는 앤드류 카네기였다. 카네기는 철강산업
을 발전시킨 진정한 기업가였다. 그는 좋은 기계가 있으면 기존
의 것을 과감히 포기했다. 우수한 압연기가 개발되었다는 이야기
를 듣고는 도입한 지 3개월도 안된 기존의 압연기를 폐쇄한 적도
있을 정도였다. 간단히 말해 혁신이란 '기존의 것을 버리고 다른
것을 채택하는 용기'라고 말할 수 있다.

　이러한 카네기의 태도는 당시 영국인과 대비된다. 한번은 영국
의 제철업자가 카네기 철강회사를 방문한 적이 있었다. 그때 영

평로 제강공장

국인 제철업자는 "우리들은 20년이나 된 기계를 계속 보완해서 사용하고 있다"고 그들의 개선 능력을 자랑스럽게 말했다.

그러자 카네기는 다음과 같이 말했다.

"그러니까 문제요. 이미 버렸어야 할 기계를 아직도 사용하고 있군요. 그런 낡은 기계를 사용하니까 영국은 늘 미국의 뒤만 따라오지요."

말하자면 18~19세기 철강산업이 발전하게 된 이유는 베서머 제강법, 지멘스-마르탱법 등 철강기술의 발달도 크게 작용했지만, 크루프나 카네기 같은 기업가정신을 가진 사람들의 혁신이 중요한 역할을 했다.

크루프 가문과 철강의 역사

독일의 대표적 철강회사 크루프 가문의 역사는 곧 철강의 역사라고 할 수 있다. 처음에는 숟가락과 포크 등 주방기기에 사용되는 제품의 원료를 만들다가, 그후 철로와 기차의 바퀴테 등 평화적 용도의 제품을 만들고, 그 다음 유럽 전역에서 전쟁이 잦아지

128

자 대포와 총기류 등 전쟁 용도의 제품으로 사업을 확장했다.

창업자 프리드리히 크루프(Friedrich Krupp, 1787~1826)는 1811년 개량 강철로 전기기구, 철도, 차량 따위의 부품제작에 사용되는 주강(鑄鋼)과 그 관련 제품들을 생산하는 주강공장을 독일 에센(Essen)에 설립했다. 1826년 프리드리히는 양질의 주강 제조 비법을 아들에게 물려주고 죽었다.

14세의 나이에 회사를 떠맡게 된 2대 알프레트(Alfred Krupp, 1812~1887)는 얼마 후 주강 압연기를 제조하기 위해 생산시설을 확충했다. 그는 새로운 기계들을 설계하고 개발했으며 숟가락과 포크를 생산할 수 있는 압연기를 발명했고 또한 정부 조폐국에서 사용할 압연기도 생산했다. 크루프는 '정부'라는 새로운 고객을 얻게 되었으며, 회사의 원자재 구매를 늘리고 자본금을 확충하여 회사의 규모를 확대했다.

1851년 런던에서 개최된 최초의 세계박람회에서 크루프는 당시로서는 최대 규모인 1950킬로그램에 달하는 주괴(鑄塊)를 선보여 사람들을 놀라게 했다.

철도의 등장으로 크루프는 비약적으로 발전하기 시작한다. 철도산업 초기에는 열차 차축과 주강 등을 생산했으나, 1852년 최초로 이음새 없는 강철 철도 바퀴테를 생산했다. 이후 철도 바퀴테 3개를 포개놓은 모양이 이 회사의 로고가 되었나.

크루프는 1869년 유럽에 베서머 제련법과 평로제강법을 최초로 도입했다. 그리고 자사가 제련한 철강의 품질을 증명하기 위해 총기류를 제조하기 시작했다. 처음에는 프로이센 내에서 충기류를 판매할 수 없었지만, 1856년 이집트로부터 첫주문을 받았고, 1861년에는 벨기에로부터, 1863년에는 러시아로부터 각각 주문이 들어왔다. 그 결과 1870~1871년 프랑스-프로이센 전쟁에 크루프의 총기류가 사용되었고, 그때부터 크루프 기업은 '독일의 무기고'로 불리게 되었다. 알프레트가 사망할 당시 크루프사는 46개국에 무기를 공급했다.

철강의 역사와 궤를 같이 한 크루프가 19세기에 크게 성장할 수 있었던 것은 시대의 변화에 맞추어 시의적절하게 철강의 용도를 바꾸는 혁신을 이뤄냈기 때문이었다.

크루프 사의 성공 요인

최근에는 제조활동을 주로 산업용 로봇이 하고 있지만 당시의 제조활동은 모두 사람들의 손으로 이루어졌다. 결국 사업의 승패는 우수한 종업원을 회사에 묶어두는 기술에 달려 있다고 해도 과언이 아니다. 물론 당시 마르크스의 영향으로 공산주의에 대한 관심이 커진 것도 한 가지 원인이겠지만, 크루프는 일찍이 그런 현실을 간파해 근로자들을 위한 복지제도를 마련했다.

크루프는 1836년 초 질병 및 장례기금을 마련했으며, 1855년에는 산업 재해를 당한 장애인들과 퇴직 근로자들을 위한 연금을 조성했다. 1861년에는 근로자들을 위해 주택, 병원, 학교, 교회 등을 건설하기 시작했고, 그 결과 크루프의 종업원들은 열광적으로 회사를 따르게 되었다.

아버지 대에서 단 7명의 종업원으로 시작했던 크루프 제철소가 2대째에 이르러서는 2만여 명에 달하는 고용인을 거느린 거대 기업으로 성장할 수 있었던 것도 그런 복지제도가 크게 작용했다.

이처럼 크루프 사가 성공을 거둔 요인은 여러 가지로 분석할 수 있다. 앞서 말한 대로 시대의 변화, 혹은 사업 환경의 변화에 따라 제품도 바꾸었다는 점, 그리고 일찍이 복지제도를 시행했다는 점도 성공의 큰 이유이다.

3대째인 프리드리히 알프레트(Friedrich Alfred Krupp, 1854~1902)가 경영을 맡아 킬에 있던 게르마니아 조선소를 매입한 1902년에는 크루프 기업의 종업원 수는 4만 명에 달했다.

프리드리히 알프레트의 뒤를 이어 장녀인 베르타가 4대째 회사를 상속했다. 베르타는 1906년 구스타프와 결혼했는데, 당시 황제 빌헬름 2세는 구스타프가 처가의 성 크루프 성(姓)을 사용하도록 승인했다.

크루프는 1918년 파리 폭격에 사용되었던, 사정거리가 무려 140킬로미터인 장거리포를 제조하여 국제적인 이목을 집중시켰다. 제1차 세계대전이 끝난 후 무기제조가 금지되자 크루프는 기업의 일부가 해체되면서 종업원도 줄이들었고 사세도 쇠락하는 듯했다.

그러나 제2차 세계대전 직전 히틀러의 군사적 정복 정책을 계기로 크루프는 무기생산을 재개했고, 제2차 세계대전 발발 지후

구스타프의 뒤를 이어 장남 알프리트(Alfried Krupp von Bohlen und Halbach, 1907~1967)가 회사를 맡았다. 5대 알프리트는 1943년 어머니의 성인 크루프를 이름에 사용하게 되었고, 또한 어머니 베르타 소유의 막대한 지분을 상속했다. 당시 크루프 산하 기업은 독일 내에서 87개의 산업공단과 110개 기업에 대한 지배 주식을 보유하고 있었으며, 그 외에 142개의 독일 기업에 막대한 금액을 출자하고 있었는데, 거의 모든 유럽 국가에 크루프 산하의 기업들이 있었다.

제2차 세계대전 종전 후 알프리트는 당연히 뉘른베르크 전범 재판에 회부되어 강제노동 착취 혐의와 점령국들의 재산과 소유물 약탈 혐의로 유죄 판결을 받았다. 1953년 3월 4일 연합국은 크루프 지분의 75퍼센트를 매각하라는 포고문을 발표했지만, 매입자가 아무도 나타나지 않았다고 한다. 1960년대 초 알프리트는 기업을 다시 일으켜 과거만큼 번창시켰는데, 기업의 총자산 규모는 10억 달러를 넘어섰고, 크루프의 주식은 1967년 증권거래소에서 거래되기 시작했다.

그러나 알프리트의 외아들이었던 아른트는 가문의 사업을 잇기를 원하지 않았으며, 경영 계승권을 포기하는 대가로 평생 동안 매년 50만 달러를 받기로 합의했는데, 가족기업 6대째에 일어난 일이었다. 그후 크루프의 성을 가진 경영자가 기업을 더 이상 승계하지 않았고, 1997년 크루프는 독일의 또 다른 철강기업 티센 그룹과 합병했다. 지금 티센 크루프(ThyssenKrupp)는 세계 10위 안에 드는 철강기업으로 활동하고 있다.

크루프 가문의 성공 원인은 경영학적인 측면에서 보면 가족 기업(family business)을 운영하면서 가족(family)에 초점을 맞춘 것이 아니라, 기업(business)에 초점을 맞추었기 때문에, 다시 말해 기업을 운영할 능력이 없는 가족을 기업경영에 참여시키지 않았기 때문이라고 분석할 수 있다.

해가 지지 않는 나라, 영국
영국, 프랑스, 독일의 산업혁명

산업혁명의 발상지, 영국

영국은 산업혁명이 시작된 나라이다. 흔히 의식주라고 하여 물질적으로 인간이 살아가는데 필요한 세 가지를 꼽는다. 18세기 후반 의복을 해결하는 산업, 즉 면직물과 섬유업 그리고 의복제조업과 같은 경공업에서 시작된 산업혁명은 한 단계 더 나아가 섬유기계 자체를 만드는 기계공업과 기계 제작 소재로서의 철을 생산하는 제철업 등 중공업의 발달을 촉진시켰다.

18세기 초 목탄 연료 대신 석탄을 코크스화해서 철광석을 용해하는 코크스 제련법이 발명되자 철의 품질이 향상되어 영국의 철 생산은 비약적으로 증대되었고, 석탄의 생산량도 대폭 증가했다. 1800년 12만5천 톤이었던 철 생산량은 1850년 270만 톤이 되었으며, 석탄의 생산량은 1100만 톤에서 1860년에는 그 7배로 늘어났다.

'해가 지지 않는 나라' 영국

기계와 증기기관을 이용한 동력으로 대량생산이 시작되자 원료와 제품을 먼 거리까지 신속하게 수송해야 할 운송수단이 필요하게 되었다. 이러한 요구에 가장 먼저 부응한 것이 1814년 조지 스티븐슨에 의해 만들어진 증기기관차였다.

그 다음, 19세기부터 증기선이 출현하여 바람의 힘으로 움직이는 범선을 제치고 해상운송의 주역으로 떠오른다. 증기선의 선구자는 역시 영국이었다. 증기선의 발달에 따라 오직 수송만 전문으로 하는 운송 전문업자(public carrier)도 등장한다.

게다가 18세기 말부터 유럽 대륙 전체가 프랑스혁명과 나폴레옹 전쟁에 휘말려 있을 때 영국은 그 영향에서 벗어나 꾸준히 공업세품을 생산할 수 있었다.

이런 것들이 합해져서 영국은 값싸고 품질 좋은 공업제품을 대량으로 만들어 유럽 여러 나라의 시장에 내다팔 수 있었다.

19세기 들어 영국은 '해가 지지 않는 제국' '세계의 공장' '세계의 은행'으로 불렸다. 우선 영국을 '해가 지지 않는 제국'이라고 부르는 것은 단순한 수식어가 아니라 문자 그대로였다. 대영제국은 한때 세계 육지 면적의 3분의 1을, 세계 인구의 5분의 1을 지배했다. 동쪽으로는 홍콩, 북쪽으로는 캐나다, 남쪽으로는 오스트레일리아, 뉴질랜드까지 이르렀고, 19세기에는 특히 아프리카에도 진출하여 유럽 열강과 앞다투어 아프리카 식민지를 건설했다.

영국은 이집트 카이로에서부터 시작하여 남아프리카 공화국의 케이프타운, 인도의 캘커타까지 연결하는 소위 3C 정책을 내세워 식민지 네트워크를 완성했다. 카이로와 케이프타운과 캘커타의 머리글자 C를 따서 그렇게 명명했지만, 실제로 서쪽에서 해가 져도 동쪽에서 그들의 식민지에서 다시 해가 뜨는, 말 그대로 '해가 지지 않는 나라'를 건설했다.

대영제국의 건설

로마제국이 하루아침에 이루어지지 않았듯이 대영제국도 하루아침에 이룩되지 않았다. 대영제국의 시작은 엘리자베스 1세 때 버지니아 식민(植民)을 시도할 때부터이다. 특히 엘리자베스 1세는 1578년, 당시 유럽의 강자였던 스페인의 무적함대와 싸워 승리를 했다. 그 승리를 바탕으로 신대륙과 동양으로 적극 진출하기 시작했다. 그리하여 미국 독립 이전의 북아메리카, 서인도제도, 인도 등의 식민지 지배체제를 제1차 제국이라고 한다.

그후 19세기에 이르러 캐나다, 인도, 오스트레일리아, 뉴질랜드, 남아프리카 등의 지역에 대한 지배를 제2차 제국이라고 한다. 흔히 '해가 지지 않는 나라(The empire on which the sun never sets)'라는 이름을 붙여 그 세력을 세계에 과시했다. 특히 캐나다,

오스트레일리아, 뉴질랜드는 원주민도 많이 살지 않고, 영국 사람들이 살기에 적당하여 본토의 영국민들이 대거 이주하여 다스렸다.

하지만 영국은 남아프리카의 보어전쟁(1899~1902)으로 제국주의의 자성론이 일었고, 1,2차 세계대전으로 국력을 거의 소모하였으며, 미국과의 수에즈 운하 분쟁(1956)으로 제국주의의 막을 내리게 된다. 영국은 17세기 이후 200년에 걸쳐 서서히 번성하였다가 절정에 올랐고, 다시 200년에 걸쳐 서서히 내리막길을 걸었는데, 19세기가 대영제국의 절정기라고 볼 수 있다.

대영 제국 초창기에는 강한 군사력과 경제력에 바탕을 둔 중상주의적인 팽창을 했고, 제국 중반기인 19세기에는 강한 산업 경쟁력으로 자유무역에 바탕을 둔 번영기를 가졌으며, 제국 말기에는 독일, 프랑스 등과 제국주의 경쟁을 벌이다가 보호무역과 경제 블록화를 실행해 필연적으로 세계전쟁을 유발했다. 영국의 힘을 지탱한 것은 막강한 해군력, 거대한 공업 생산력, 광대한 식민지, 금융·보험·해운의 빌딜 등에 힘입은 바 크다.

19세기 '세계의 공장' 영국

영국은 1825년까지 기계 수출을 금지하고 완제품만 수출했기 때문에 '세계의 공장'이라는 지위를 차지하고 있었다. 1850년 영국은 전 세계 공업 생산의 28퍼센트를 차지했고, 강철은 70퍼센트, 면직물은 50퍼센트를 담당했다. 그리고 전 세계 상선의 3분의 1을 소유했다.

당시 금융자본의 90퍼센트가 파운드화로 결제되었기 때문에 19세기 영국은 또한 '세계의 은행'이었다.

1825년 영국이 기계 수출 금지조치를 풀자, 유럽 각국에는 영국이 수출한 증기기관, 목면, 공업용 기계 등으로 홍수를 이루었으며, 기계와 함께 기계설치 및 애프터서비스를 위한 전문기술자들도 덩달아 각국으로 흘러들어갔다. 이로써 영국에서 출발한 산업혁명은 차례로 각국에 전파되었다.

그리고 스칸디나비아 국가들은 유럽대륙과 러시아에서 산업화가 진행되는 도중에 산업별로 시차를 두고 산업혁명이 진행되었다.

'해가 지지 않는 영어'

영국의 세계 지배는 식민지 사람들에게 정치, 경제, 군사적으로만 영향을 끼친 것이 아니었다. 특히 영국인이 사용하는 영어가 식민지 사람들에게 많은 영향을 끼쳤다. 그래서 오늘날 영국의 식민지들은 대부분 독립하여 그 나라 사람들이 통치하지만, 그 나라의 공식 언어는 여전히 영어이다. 영어는 세계에서 가장 널리 쓰이는 언어로 인구수로 따진다면, 전 세계 약 10억 명 정도가 사용하고 있다.

물론 인구수로 따지면 중국인이 쓰는 중국어가 약 13억 명으로 1위이다. 그러나 중국어는 중화권 나라인 홍콩이나 대만, 싱가포르 등 사용 지역이 한정되어 있고, 또 대부분 중국인들이나 화교들만 사용하지만, 영어는 유럽에서부터 아시아, 오세아니아, 아메리카, 아프리카 등 전 세계 5대양 6대주에서 널리 쓰이고 있고, 영국 사람들만 쓰는 것이 아니라, 흑인, 황인, 백인 등 여러 인종과 다민족이 쓰고 있다. 그래서 오늘날 영어는 그 어떤 언어도 따라올 수 없는 영향력을 발휘하고 있어 정치, 경제, 스포츠, 과학 등 전 분야에서 전 세계의 공용어가 되었다.

오늘날 영국은 더이상 '해가 지지 않는 나라'라는 말을 들을 수 없지만, 전 세계에 영향을 끼친 민주주의, 영국식 기준, 그리고 영어는 전 세계에서 끊임없이 사용되고 있고, 숨쉬고 있다. 그래서 지금도 영어는 '해가 지지 않고' 있다.

산업스파이의 선구자 프랜시스 로웰

영국이 섬유와 철강 기계의 수출금지 조치를 푼 것은 1825년이지만, 그 훨씬 전인 1789년 미국 펜실베이니아 주정부는 방적기계를 발명한 아크라이트의 섬유 특허기술을 이전해오는 사람에게 장려금을 지급한다고 영국의 기술자들을 유인했다.

그 광고를 본 새뮤얼 슬레이터(Samuel Slater, 1768~1835)는 미국으로 이민 갈 것을 결심한다. 그는 아크라이트의 동업자

새뮤얼 슬레이터

인 제디다이어 스트러트(Jedediah Strutt)의 견습공으로 있으면서 면직물 생산에 관한 모든 지식을 습득하고 있었다. 그러나 당시 영국에서는 직조공들의 이민과 직조기 설계도면의 유출이 법으로 금지되어 있었기 때문에, 슬레이터는 1789년 9월 13일 농부의 아들로 가장한 채 휴대품을 챙긴 뒤 런던에서 배를 타고 몰래 영국을 빠져나갔다.

뉴욕의 작은 공장에서 일자리를 구한 슬레이터는 모지스 브라운이라는 사람을 알게 되었고, 곧 그의 투자를 받아 잉글랜드에서 암기해둔 아크라이트의 설계를 이용해 작은 공장을 세웠다. 1790년 수력을 이용한 슬레이터의 방직 기계가 직물을 생산하기 시작했다. 미국 최초로 기계 방직 공정이 시작된 것이다. 사업은 번창해 1830년대 슬레이터의 공장에는 9500개 이상의 방직기가 있었고, 사업 영역도 여러 주에 걸쳐 확대되었다.

슬레이터가 영국인이 기술을 가져나온 경우라면 이와는 반대로 미국인이 직접 영국에서 기술을 빼내온 경우도 있었다.

매사추세츠 주의 명문가에서 태어난 프랜시스 로웰(Francis Cabot Lowell, 1775~1817)은 하버드대학을 다니다 그만두고 집안에서 운영하던 무역사업에 종사했다. 그러나 1807년 제퍼슨의 '교역 금지령'으로 국제무역이 중단되자 스스로 직물 제조법 개발에 나섰다. 1810~12년 영국 랭커셔와 스코틀랜드 지방의 직물 공장을 견학하는 도중, 요즘 표현으로 산업스파이처럼 자신이 둘러본 동력 직조기 시스템의 연결 부위들을 일일이 머릿속에 기억하고 귀국했다. 로웰은 섬유 생산과정의 모든 공정들 - 즉 소면, 염색, 방적, 방직, 표백, 그리고 시골의 농사꾼 아내와 소규모 공장과의 아웃소싱 계약과정 등을 통합했다. 그리고 모든 공정들을 한 장소에 연속적으로 배치하여 1814년 매사추세츠 주 월섬 찰스강 언덕에 당시로서는 최신의 4층 빌딩 공장을 갖춘 보스턴제조회사를 창업했다.

로웰의 공장은 곧 '돈 버는 기계'가 되었고, 매년 200퍼센트나 되는 이익은 점점 더 많은, 한층 더 큰 공장을 건설하도록 해주었다. 이 회사의 자본은 슬레이터 공장의 두 배에 달했다. 월섬 공장의 생산은 단계에 따라 유기적으로 진행되었고, 생산은 단순화, 표준화되었으며 로웰이 고안한 초보적인 회계방식으로 생산량을 측성했다.

나중에 로웰의 후손들은 로웰섬유학교도 설립했는데, 이것은 오늘날 로웰대학교의 모체가 되었다. 그 후에도 기술혁신은 이어졌고, 뉴잉글랜드에 섬유노동자로 구성된

로웰의 방직공장

도시 공동체가 생겨나는 등 보스턴 주변은 제조업의 황금기가 시작되었다.

프랑스와 독일의 산업혁명

1760~1830년 동안 산업혁명은 대체로 영국에 국한되었다. 다른 나라들보다 앞서 출발했다는 사실을 인식하고 있던 영국 정부는 기계와 숙련노동자, 제조기술 등의 유출을 금지했다. 그러나 영국의 독점은 영원히 지속될 수 없었다. 특히 유럽 대륙의 사업가들이 영국의 새로운 기술정보를 자국으로 가져가려고 시도하는 가운데, 일부 영국인들조차 해외에서의 산업 활동으로 이윤을 얻을 수 있음을 알았기 때문이다.

그리하여 영국에서 출발한 산업혁명은 차츰 유럽 각국으로 전파되었다. 먼저 영국인들이 1807년경 벨기에 동부 리에주에서 기계설비를 갖춘 공장을 가동한 것을 계기로 벨기에에서 산업혁명이 시작되었다.

프랑스는 영국과 벨기에에 비해 산업화가 더디게 진행되었다. 영국이 산업의 주도권을 확립하고 있는 동안 프랑스는 혁명의 소용돌이에 있었으며 불안한 정치적 상황은 산업혁신을 위한 대규모 투자를 위축시켰기 때문이다. 1848년경이 되어서야 프랑스는 비로소 주요 공업국이 되었다. 1852~1870년 사이 나폴레옹 3세(Napoleon Ⅲ, 1808~1873)가 통치한 제2 제정기의 정책은 보수

142

적이었고 사회안정 확보가 우선이었는데, 이 기간 동안 프랑스의 가장 주목할 업적은 경제성장과 외교정책이었다. 산업생산이 배로 늘고 대외무역은 3배로 증가했다.

한편 독일에서는 봉건적인 농업경영이 지속된 데다 국가통일도 늦었기 때문에 프랑스보다도 산업혁명의 물결이 더 늦게 찾아왔다. 하지만 1834년 프러시아를 중심으로 만들어진 '독일 관세동맹'으로 인해 정치적 통일보다 경제적으로 국내시장이 먼저 통합될 수 있었다. 1840년대 이후에는 라인지방을 중심으로 공업이 발전했으며, 1850년대에는 철도망이 완성되면서 본격적인 산업혁명의 길로 들어섰다.

그러나 독일의 경우 석탄과 철강자원이 풍부했음에도 불구하고 1870년 국가통일이 이루어지기 전까지는 산업이 본격적으로 발달할 수 없었다. 독일에서는 일단 산업혁명이 시작되자 공업생산이 급속도로 증가했으며, 그 결과 20세기 초 철강생산 부문에서 영국을 앞질렀고, 세계적으로 화학공업의 발전을 이끌었다.

산업혁명이 사회에 끼친 영향

사회 계층의 분화

산업혁명은 경제혁명인 동시에 사회혁명이었다. 영국이 농업사회였을 때는 영국에는 귀족을 포함한 지주계급과 농민이라는 두 계급이 있었다.

그러나 산업사회가 되자 귀족을 포함한 지주계급, 농민, 그리고 산업 부르주아(bourgeois, 유산계급)와 임금노동자(프롤레타리아)라는 또 다른 두 계급이 새로 생겨났다. 귀족으로서 상류계급이었던 지주와 중산계급인 부르주아는 둘 다 유산계급이 되어 서로 이해가 잘 맞았다. 그러나 농민은 급히 쇠퇴했기 때문에 임금노동자와 보조를 같이 하지는 못했다.

도시화

산업혁명은 17세기까지 총인구의 4분의 3을 차지하고 있던 농업인구를 감소시키고 도시 주민의 비율을 높였다. 따라서 근대적인 두 계급의 형성과 도시화라는 현상은 서민생활에 커다란 변화를 가져왔다.

농업사회에서 노동력은 일반적으로 먼 곳으로 취직해 가는 경우가 별로 없었다. 또 개개인 노동자는 자신이 태어나고 자란 고향과의 관계를 유지하고 싶은 마음에서 고향에서 가까운 도시에만 취업하는 경향이 있었다.

그러나 산업혁명과 더불어 랭커스터와 미들랜드에 산업도시가 여럿 생겨나면서 인구의 중심이 북서부 지방으로 이동하게 된다. 당연히 신흥도시에서는 공동체적 유대가 훨씬 약했고, 주택문제, 상하수도, 가로등, 공원, 소방, 경찰 등의 여러 제도를 갖추는 것 외에도 공동체적 유대감 확립이 산업혁명 시기 대도시의 최대 과제가 되었다.

정치

물론 산업혁명은 정치에도 변화를 가져왔다. 1832년 영국에는 부르주아의 정치 참여가 인정되어 제1차 선거법 개정이 이루어 졌고 1835년에는 도시자치법이 제정되어 도시행정의 근대화에 초석을 놓았다.

1846년에는 국내생산 곡물에 대한 보호무역 정책인 곡물법이 폐지되어 값싼 외국 농산물이 수입되었다. 이것은 노동자들에게 높은 임금을 지급해야 했던 제조업자들이 지주들에게 승리를 거둔 것을 의미했다. 1867년에는 노동자에게 선거권이 인정된 제2차 선거법 개정이 통과되었다.

또한 정치이론에서도 변화가 있었다. 산업혁명 초기에 사회적 경제적 사상을 지배했던 자유방임주의 대신, 정부는 더욱 복잡해진 산업사회의 요구에 부응해 사회적, 경제적 영역에 개입하게 되었다.

생산수단의 소유 형태

산업혁명이 진전되면서 생산수단의 소유 형태에도 변화가 있었다. 19세기 산업혁명의 특징은 소수 자본가들에 의한 자본이 집중되고 독점상태가 추진되는 것인데, 20세기에 들어와서는 개인이나 보험회사와 같은 기관들이 기업들의 주식을 대량 매입함으로써 생산수단의 소유권이 넓게 분산되었다.

그런 식으로 자연스럽게 자본 소유가 분산되는 경우도 있었지만, 1848년 칼 마르크스가 〈공산당 선언〉을 발표한 후 부르주아의 것을 빼앗아 프롤레타리아에게 나누어 주자는 공산주의 혁명이 거세게 휘몰아치자, 공산주의의 확산을 막기 위해 노력했던 영국의 디즈레일리, 독일의 비스마르크 등은 각종 복지제도를 도입한다.

뒤이어 유럽의 일부 국가들은 기간산업 부문들을 시유화 또는 공영화했다. 예를 들어 1887~1900년 동안 비엔나 시장 칼 루에거(Karl Lueger)는 비엔나의 전차회사, 전기회사, 가스회사를 몰수하여 시 소유로 했다. 루에거 시장은 사회주의자는 아니었지만 시민 전체의 이익 증진을 우선으로 그런 정책을 채택한 것이다.

앤드류 카네기
철강산업의 선구자

아이디어가 특출한 아이

앤드류 카네기(Andrew Carnegie, 1835~1919)는 가난하게 태이난 사람이 성실함과 아이디어로 성공을 이뤄낸 기업가의 대명사이다. 카네기는 스코틀랜드의 작은 도시 템퍼린에서 수동식 직물 제조업을 하던 아버지 윌리엄 카네기와 어머니 마거릿 모리슨 사이에서 장남으로 태어났다. 어릴 적부터 카네기는 아이디어가 특출했다고 전해진다.

위인전에 나오는 다소 윤색된 듯한 이야기이지만, 나중에 카네기가 아이디어로 성공한 것을 보면 다소 수긍이 되는 에피소드가 하나 있다. 카네기는 여느 아이들처럼 어머니를 따라 가게에 가곤 했는데, 어느 날 가게 주인이 카네기에게 선물로 앵두를 한 움큼 가져가라고 했다. 그러나 카네기는 머뭇거릴 뿐 앵두를 쥐지

앤드류 카네기

않았다. 가게 주인은 카네기가 수줍어하는 줄 알고 자신이 앵두를 한 움큼 집어서 카네기의 모자에 넣어주었다.

가게를 나와서 어머니가 "너 아까 가게에서 왜 앵두를 집지 않았느냐?"고 묻자, 카네기는 이렇게 대답했다. "아저씨 손이 내 손보다 더 크잖아요."

이 에피소드의 진위 여부는 차치하고라도 어쨌든 멀리 내다보는 카네기의 능력, 그리고 남들과는 전혀 다른 사고방식을 가졌다는 것을 엿볼 수 있다.

산업혁명의 여파로 수동식 직조기가 증기기관으로 바뀌면서 아버지의 사업은 큰 타격을 입게 되고, 유복했던 집안은 경제적으로 쇠락하게 되었다. 카네기가 13세 되던 1848년 가족은 미국 피츠버그로 이주했다. 미국에서 카네기가 찾은 첫 직업은 방적회사에서 실을 감는 직공으로, 주급이 1달러 20센트였다. 그후 기계공과 전보배달부 등을 거쳐 17세에는 25달러의 월급을 받는 전신기사가 되었다.

일반적으로 사람들에게는 평생 몇 번의 기회가 온다고 한다. 다만 그 기회를 잡을 준비와 용기가 있는가 하는 것이 사람마다 다르겠지만 말이다.

카네기의 인생은 18세가 되던 1853년, 토머스 스콧(Thomas

Scott)을 만나면서 바뀌기 시작했다. 스콧이 펜실베이니아 철도 회사의 피츠버그 지사 책임자로 왔고, 카네기는 그의 조수가 되었다.

카네기는 스콧으로부터 철도사업의 기본 원칙들, 즉 각 부문의 비용을 최소화하는 동시에 적재량과 운행 편수를 극대화하는 방법 등을 배웠다. 또한 카네기는 스콧의 권유로 1856년부터 주식에 투자해 제법 큰돈을 벌었다. 예를 들어 침대차 회사에 투자하여 큰 이익을 얻었으며, 철도 기자재 제조회사, 운송회사, 석유회사 등에도 투자하여 거액을 벌어들이며 사업가적 기질을 유감없이 발휘했다. 주식투자는 카네기가 땀 흘리지 않고 자본을 통해서 부를 축적할 수 있는 분야에 눈을 뜨게 되는 계기가 되었다.

1859년 스콧이 사장으로 승진하면서 카네기는 스콧에 이어 부사장이 되었다.

카네기가 제철업에 뛰어든 이유는?

카네기는 이런 말을 했다. "무엇인가를 이루려고 하는 마음이 없다면 세상 어디를 가나 두각을 나타낼 수 없다."

사람은 항상 생각의 안테나를 세우고 있어야 흘러 다니는 아이디어를 포착할 수가 있다. 그만큼 아이디어는 언제 어떻게 우리 곁을 찾아올지 모른다. 특출나거나 기발한 것이 아니라 그저 평범한 것 속에 묻혀 있기 때문에 보통 사람의 눈에는 쉽게 띄지 않

에드거톰슨 공장

는 것일 뿐이다. 아이디어는 그것을 받아들일 준비가 되어 있는 사람에게만 찾아와 그 사람에게 가서 빛을 발하는 것이다. 카네기는 언제나 아이디어를 포착할 준비가 되어 있는 사람이었다.

우연히 기차 안에서 침대차 발명가를 만났을 때 카네기는 순간적으로 침대차 만드는 회사의 주식을 사겠다고 마음먹었다. 그에게 평소 돈을 벌겠다는 마음의 준비가 되어 있었기에 가능한 일이었다.

카네기는 당시 철강산업에 큰 잠재력이 있다고 생각했다. 당시는 남북전쟁 중이어서 미국의 철도 교통량이 증가함에 따라 좀 더 강한 철도 레일이 필요했지만, 당시 레일 제조에 사용되던 선철은 잘 부서지고 고온에 견디지 못했다. 완전한 강철 레일만이 해답이었다. 철도가 철강산업의 시장이라면 강철은 거기에 필수적인 상품이었던 것이다. 카네기는 레일 공급의 부족을 예상하고 1864년 피츠버그에 키스톤브리지 앤 유니언아이언 사(The Keystone Bridge Works and the Union Iron Works)라는 레일제

150

조 회사를 세웠다.

그리고 1865년 자신의 사업에 전념하기 위해 펜실베이니아 철도회사의 부사장직에서 퇴사했다. 이듬해인 1866년 토머스 밀러와 함께 피츠버그 기관차 공장을 세우고 평판 좋은 기관차 공급을 하기 시작했다. 이때까지 카네기는 단지 투자자일 뿐이었지만, 주당 100달러 정도였던 기관차 공장의 주식은 1906년에 3천 달러에 달할 정도로 그의 수완은 뛰어났다.

카네기는 몇몇 철강회사에 투자하다가 1873년 스스로 제철소를 세웠는데, 그것이 키스톤브리지 사(Keystone Bridge Works)이다. 키스톤브리지 사는 철로와 교량 원자재를 생산하여 철도회사에 팔았다. 카네기는 철도사업의 원리를 철강산업에도 적용했는데, 치밀한 비용계산을 바탕으로 생산공정을 설계함으로써 세계에서 가장 효율적인 제철소를 만들었던 것이다. 그 제철소는 펜실베이니아 철도회사 사장의 이름을 따서 에드거톰슨 공장으로 이름지었다. 이어 카네기는 1883년 홈스테드 제철소를 매입하는 등 여러 기업과 공장에 투자하고 또 합병하여 사업을 확장했다.

1870년대부터 미국 산업계에 기업합병의 붐이 일어났고, 1892년 카네기는 제철소를 중심으로 석탄, 철광석, 광석 운반용 철도, 선박 등에 걸친 세계 최대의 철강트러스트를 형성했다. 이른바 카네기 제국이 탄생한 것이다.

에드거톰슨 공장이 철강을 생산한 이후 1900년까지 카네기가 이끄는 사업체들은 단 한 번도 적자를 기록하지 않았다. 시카고의 홈 인슈어런스 빌딩, 장갑차, 뉴욕의 고가철도, 워싱턴기념관, 브루클린대교 등이 카네기가 공급한 강철로 만들어졌다. 1900년에 카네기스틸이 생산한 강철은 미국 전체 생산량 중 25퍼센트를 차지했다.

우수한 철강재를 생산하다

카네기의 노력을 바탕으로 미국의 철강산업은 본격적으로 발전했지만, 1870년대 초 철강 가격은 1톤당 100달러로 매우 높은 편에 비해 품질은 형편없었다. 당시에 '미국 강철'은 곧 품질 나쁜 싸구려 철을 의미했다. 미국의 철도회사들은 레일을 외국에서 수입해서 사용하기도 했다. 그러나 1890년대 말 강철의 가격은 12달러로 떨어졌고, 품질도 좋아졌다. 미국의 철강재가 유럽에 비해 품질이 우수한다는 평가를 받았다.

그 보이지 않는 이면에는 카네기가 새로운 설비의 도입과 개선에 발 빠르게 대응했다는 점이 크게 작용했다. 카네기는 처음부터 베서머공법을 도입했다. 또 일명 지멘스-마르탱 법이라고도 하는 평로법(平爐法, open-hearth process)이 알려지자 이를 가장 먼저 채용한 사람도 카네기였다. 심지어 그는 좋은 기계가 있으면 기존의 것을 과감히 포기했고, 우수한 압연기가 새로 개발되었다는 소식을 듣고는 도입한 지 3개월도 안된 기존의 압연기를 폐쇄한 적도 있었다.

또 스피드와 관련된 재미있는 일화가 하나 있다. 카네기는 인재를 채용할 때 물건을 밧줄로 꽁꽁 묶어놓고 그것을 풀어보라고 했다. 밧줄을 손으로 푼 사람은 모두 낙방시키고, 밧줄을 칼로 잘라버린 사람들을 선발한 뒤 카네기는 이렇게 말했다.

"요즘은 스피드 시대이다. 밧줄을 다시 쓰고 아끼기 위해 쓸데없이 시간을 보내야 되겠는가? 나는 그런 비능률적인 사람을 원치 않는다네."

어찌보면 냉정할 수 있는 사안이지만 곧이곧대로 평범하게 생각하는 사람보다는 남과 다른 생각을 하는 창조적인 사람을 뽑고자 했음을 보여주는 대목이다.

말하자면 카네기가 우수한 품질의 철강재를 생산할 수 있었던 이유는 남보다 앞선 기술혁신과 빠른 의사결정, 그리고 신기술 투자라고 할 수 있다.

카네기 제철소의 생산관리

카네기는 공장을 철저하게 일관작업공정 시스템으로 바꾼 뒤 노동자들도 공정에 맞게 배치했다. 적재적소(適材適所)라고나 할까.

그런 다음 가능한 한 표준공정에 맞게 모든 작업과정을 규격화한 뒤 규모의 경제를 실현했다. 그 결과 생산량이 늘어날수록 생산원가가 절감되었고, 생산원가가 절감될수록 판매가를 낮출 수 있었다. 카네기는 이렇게 주장했다.

"10톤의 생산비로 100톤을 만들어내자. 생산량이 늘어나면 늘어날수록 생산비는 떨어진다."

공장의 노동자들은 당시 일반적인 방식대로, 위계질서를 철저히 따르도록 했다. 감독관 밑에는 한 파트의 노동자들을 거느린 십장(什長, foreman)이 있었고, 업무도 세분화되어 용광로와 제작소를 관리하는 관리자, 자금운영 담당자, 판매 책임자, 마케팅 전문가들이 각자의 영역을 잘 지키도록 했다.

1900년 카네기 공장의 한 파트에서 일하던 12명의 노동자들이 하루에 3천 톤의 철강을 생산함으로써 1850년 피츠버그에 있던 철강 공장 한 곳의 1년에 생산량과 맞먹는 수준을 생산하게 되었다.

홈스테드 공장 파업 사건

카네기라고 해서 남다른 인간은 아니었다. 요즘 기준으로 보면 카네기 역시 돈을 벌고 독점하기 위해서라면 양심 따위는 아랑곳하지 않았다고나 할까. 외국인이 미국 제철업에 뛰어드는 걸 막기 위해 정치인을 매수하기도 했고, 근로자의 임금을 무자비하게 깎아버리고 이에 항의하는 노조를 수단방법 가리지 않고 없애버렸다.

사실 지금 시각으로는 무자비해 보이겠지만 당시 미국 산업계에서는 일반적인 행태였다. 그런 점에서 1892년 카네기의 인생에 하나의 오점으로 남는 사건이 발생했다. 카네기의 여러 공장 중 가장 규모가 큰 홈스테드 공장에서 파업이 발생해 143일간 지속되었고, 여러 명이 사망하는 사태가 벌어졌던 것이다.

사건의 전말은 이랬다. 카네기는 1889년 오랜 동업자인 헨리 프릭(Henry Clay Frick, 1849~1919)에게 회사의 사장직을 물려주고 사신은 뉴욕에서 연구 개발직에 종사했다. 프릭은 1892년 미국 전역에 흩어져 있던 생산라인을 규합해 카네기 철강회사로 통합했는데, 이로써 카네기 철강은 2500만 달러 규모의 세계에서 가장 거대한 철강회사로 거듭났다.

그러나 회사의 이익을 늘리기 위해 혈안이 된 프릭은 1892년 대규모 노동자 파업이 일어났을 때 300여 명의 구사대를 조직, 시위자들을 무차별 폭행하며 파업을 무력화시켰다. 이 사건으로 10명이 죽고 60명이 부상하는 참극이 벌어졌고, 주지사의 명령으로 군대까지 동원해 진압하는 광경이 연출됐다. 이런 불상사까지 빚으며 카네기 철강은 노조를 결국 해산시켜 버린다.

이 사건에 대해서 일반적으로는 프릭이 카네기의 동의 없이 깡패를 고용해 파업을 무력 저지하고 노동조합을 해산시킨 것으로 전해지고 있다. 카네기는 그 사건에 직접 개입하지 않았다고 하지만 세상은 그렇게 보지 않았다. 그 결과 카네기가 위선자에 불과하다는 평가도 많았다.

카네기는 프릭에게 크게 화를 냈고 외부적으로 모두 자신의 책임으로 돌렸다고 알려져 있으나, 사실 회사 노동자들에게 이런 무차별 탄압을 가한 것은 카네기와 프릭 둘이 결정한 일이었다. 그런데 이런 노동탄압 뒤 카네기철강은 오히려 기적적인 급성장을 기록한다.

1900년 강철 생산량은 10배가 넘게 증가했으며, 매출은 20배 이상 오른다. 당시 카네기철강이 생산하는 강철의 양은 영국 전체에서 생산되는 강철의 양보다도 많았다.

그런 사태가 있은 지 10년이 채 안 된 1901년, 카네기는 4억4천만 파운드를 받고 금융업자 모건(J. Pierpont Morgan, 1837~1913)에게 회사를 팔았다. 모건은 카네기철강을 자신의 제강회사와 합병하여 미국 철강시장의 65퍼센트를 점유하는 거대 철강회사 US스틸을 탄생시켰다.

부자로 죽는 것은 부끄러운 일이다

경영학적 관점에서 카네기를 평가한다면 "남보다 앞선 기술혁신과 빠른 의사결정과 신기술 투자"라고 할 수 있다. 하지만 카네기는 그런 기업 성취욕구와 동시에 돈에 대한 철학이 남달랐다.

앤드류 카네기는 철강왕이라는 이름을 안은 채 1919년 83세로 세상을 떠났다. 그의 죽음은 스코틀랜드에서 이민 온 맨주먹의 한 젊은이가 큰 재산을 이루었다는 것 이상의 의미를 갖는다. 그 당시나 지금이나 사람들은 돈은 좋아하되 부자는 싫어하기는 매한가지였다. 더욱이 19세기 말~20세기 초 미국에는 소위 '도둑 귀족'들이 불법적으로 재산을 모을 때여서 부자들에 대한 반감이 아주 심할 때였다.

말년에 접어든 카네기는 US스틸의 지분을 모두 팔고 카네기재단을 설립해 사회봉사로 여생을 보냈다. 수천 개에 달하는 도서관과 교회에 기부했으며, 피츠버그의 카네기-멜론대학과 뉴욕의 카네기홀에도 그의 이름을 남겼다.

카네기는 "인생을 2기로 나눠, 전반기에는 부를 축적하고 후반기에는 축적된 부를 사회복지를 위하여 투자해야 한다"는 신념을 피력했고, "사업가는 돈을 버는 시기와 돈을 쓰는 시기가 있다. 부자인 채 죽는 것은 부끄러운 일이다"라는 말도 남겼다.

그의 삶이 많은 사람들에게 큰 감명을 주고 현재까지 존경받고 있는 이유는 단지 그가 막대한 부를 축적한 사람이기 때문만은 아니다. 그는 부의 의미를 잘 알고 사용하는 지혜를 가진 사람이었다.

평소 "행복의 비결은 포기해야 할 것을 포기하는 것이다" "부(富)는 신성한 것이며, 인류 향상을 위해 사용하지 않으면 안 된다"는 그의 철학대로 카네기의 죽음과 함께 자본주의 사회에서 부의 사회환원이 시작된 것이다.

그는 경영자의 참다운 모습이 무엇인지를 설명해주는 유명한 묘비명도 남겼다. "여기 자신보다도 더 우수한 사람을 자신의 부하로 삼아 자신의 목적을 달성하는 방법을 아는 한 인간이 누워 있다."

현대 경영학의 아버지로 불리는 피터 드러커는 카네기의 묘비명이야말로 경영자의 참다운 모습이 무엇인지를 설명해주는 것이라고 했다. 이런 것이 카네기가 기업의 경영자와 후세 사람들에게 주는 교훈이다.

코넬리어스 밴더빌트

해운업의 아버지

해상운송 시대를 열다

19세기 초, 운하가 생기면서 화물을 강 하류로 실어보내는 것이 육로를 이용하는 것보다 수월해졌다. 하지만 강물을 거슬러 상류로 올라가는 데는 엄청난 시간과 비용이 들었다. 선박에 동력이 이용되시 못하던 때라 배를 움직이려면 여러 사람이 긴 장대로 강바닥을 밀어 배를 나아가게 하거나, 운하 옆의 길을 통해 동물이 배를 끌도록 하는 방법이 있었다. 두 가지 모두 투입되는 노동력에 비해 끔찍하게 느렸다.

이 문제를 해결한 사람이 존 피치(Jhon Fitch)였는데, 그는 1787년 '증기'를 동력으로 노를 작동시키는 선박을 선보였다. 하지만 경제성이 없어 그의 사업은 실패로 돌아갔고, 그 뒤를 이어 사업적으로 성공시킨 사람이 로버트 풀턴(Robert Fulton)이다. 풀

로버트 풀턴

턴의 사업수완은 허드슨 강에서 클레몬트 호로 뉴욕시에서 올버니까지 운항하는 데 그치지 않고, 뉴욕 주의회로부터 '30년간 뉴욕주 증기선 운행 독점 특허'를 받아냈다.

증기선 운항 사업은 비교적 간단했다. 진입 장벽도 낮았고, 기술 비용도 적게 드는 편이었다. 선박을 마련하는 데도 큰돈이 들지 않았고, 투자금 대비 24퍼센트에 달하는 수익을 올리는 '황금알을 낳는 거위'였다. 19세기 중반에 이르자 서부 지역의 강에 700척 이상의 배가 운항될 정도였고, 그래서 많은 사람들이 눈독을 들이는 분야였다.

이런 상황에서 증기선 운항에 대한 풀턴의 '특허 독점권'이 논란이 되었고, 이 문제가 연방 대법원까지 갔다. 이런 와중에 코넬리어스 밴더빌트(Cornelius Vanderbilt, 1794~1877)라는 인물의 활약이 부각되었다.

밴더빌트는 어떻게 백만장자가 되었나?

산업혁명 때처럼 사회·경제적으로 급변하는 시기는 일차적으로 불확실성의 시대이지만 한편으로는 커다란 부를 획득할 기회이기도 한다.

코넬리어스 밴더빌트는 가난한 농부이자 뱃사공의 아들로 태어나 11세에 학교를 중퇴하고 해안가에서 일했다. 1810년 16세의 밴더빌트는 부모에게서 돈을 빌려 처음으로 자신의 배를 구입하여 스태튼 섬과 뉴욕 시를 오가는 승객들을 실어 날랐다. 나중에 그에게 큰 부를 가져다줄 해상운송 사업에 첫발을 들여놓은 것이다. 1818년 밴더빌트는 배를 모두 팔고 증기선 오너인 토머스 기번(Thomas Gibbons)과 함께 일하기로 했다

기번은 증기선 운항을 독점하고 있는 풀턴의 운항 사업에 대항하기 위해 밴더빌트의 능력을 믿고 그를 선장으로 채용한 것이다. 밴더빌트는 독점권을 갖고 있던 풀턴 측의 감시를 피해가며 배를 운항하는 데 그치지 않고 운임을 파격적으로 낮춰 승객들을 수송했다. 그러는 한편으로 풀턴을 상대로 독점권 무효 소송을 벌였다.

드디어 1824년 독점권에 대한 6년간의 긴 공방에 종지부를 찍는 결정이 내려졌다. 대법원은 "주(州) 사이에 발생되는 모든 통상을 규제할 수 있는 것은 오직 연방 정부뿐"이라는 판결을 내렸다.

이 판결의 여파로 모든 지역에서 운임이 급속히 하락했다. 뉴욕시에서 올버니 간의 요금은 기번스-밴더빌트가 승리를 거둔 이후 7달러에서 3달러로 떨어졌다. 약 10년 간 증기선 사업에서 경험을 쌓은 밴더빌트는 이때 모은 자본으로 1829년 자신의 증기선 회사를 설립했다.

이후 밴더빌트는 증기선 사업의 무대를 뉴욕 허드슨 강으로 옮기면서 파격적인 사업 아이디어를 냈다. 기존 올버니까지의 운임을 3달러에서 다시 10센트로 인하한 데 그치지 않고 쾌적한 환경과 서비스 제공은 물론 아예 배삯을 무료로 한 것이다. 100명의 승객이 배 안에서 2달러씩 음식을 사먹는다면 충분히 수익이 날 것이라 판단한 것이다. 현대 마케팅 기법 중에 어떤 상품을 싸게 팔아 고객을 유인한 뒤 그에 관련된 서비스를 추가로 판매해 이익을 얻는 '유인 상품(loss leader)'의 원조격이라고나 할까.

그렇게 해서 밴더빌트는 10년 동안 허드슨 강의 운송을 장악했다. 밴더빌트의 경쟁자인 '허드슨 강 조합(Huderson River Association)'은 '무임승선'이라는 강력한 무기를 가진 밴더빌트와 경쟁이 되지 않는다는 것을 깨달았다. 그들은 밴더빌트에게 거금을 주어 운송사업에서 손을 떼게 만든다는 전략을 세우고, 그 조건으로 일시불 10만 달러와 매년 5천 달러를 지급하겠다고 제안했다.

그 제안을 받아들인 밴더빌트가 사업에서 손을 떼자마자 허드슨 강 조합은 재빨리 요금을 3달러로 올렸다. 하지만 밴더빌트가 뛰어들기 이전보다도 낮은 액수였다. 결과는 엉뚱한 방향으로 흘러갔다. 밴더빌트라는 '괴물'이 퇴장하자마자 너도나도 허드슨 강 증기선 운항 사업에 뛰어들었고, 또 다시 치열한 요금 경쟁이 시작된 것이다. 증기선 사업에서 이익을 본 것은 밴더빌트와 여행객들뿐이었다.

그들이 이미 레드오션으로 변한 강 운송사업에서 치열한 경쟁

을 벌이는 동안 밴더빌트는 또 다른
분야로 눈을 돌렸다. 바로 대서양을
건너는 승객들과 화물운송 사업이
었다. 더구나 대서양 너머로 우편물
운송을 하는 해운업자에게 막대한
보조금이 지불되고 있었다.

코넬리어스 밴더빌트

밴더빌트는 대서양을 건너는 운
임이 값비싸다는 것에 주목했다. 정
부 보조금 역시 매력적인 점이었다.
밴더빌트는 세 가지 전략을 세운다.
첫째, 정부 보조금을 받아내는 것. 둘째, 기존 우편물 수송보다
‘빠르게’ 수송할 것. 셋째, 기존 가격보다 ‘싸게’ 요금을 받는다,
등이다.

밴더빌트는 대서양 항로를 1회 운항하는 비용으로 주 정부에
1만 5천 달러를 제시했다. 이것은 기존 업자의 절반밖에 안 되는
파격적인 조건이었다!

해상운송을 시작하다

밴더빌트는 즉시 북동부 해안으로 사업의 무대를 옮겼다. 즉
강에서 바다로 사업 영역을 넓힌 것이다. 자금을 투입해 성능 좋
은 선박을 새로 건조하여 기존의 해운업자와의 항해 경주에서 멋

지게 승리했다. 그리고 불필요한 비용을 절감하여 빠른 속도와 안전이라는 두 가지 본연의 임무에 집중했다. 그 결과 그보다 훨씬 많은 보조금을 받던 경쟁자를 따돌릴 수 있었다. 롱아일랜드 주에서 매사추세츠 주 프로비던스와 보스턴에 이르는 해상수송을 장악한 밴더빌트는 1846년경 이미 백만장자가 되어 있었다.

1849년이 되자 골드러시로 서해안 쪽으로 물동량이 갑자기 크게 늘어나자 밴더빌트는 곧 다음 사업으로 서부로 화물과 승객 등을 운송하는 일을 시작했다. 기존의 운송회사들이 뉴욕에서 출발해 파나마를 지나 캘리포니아로 가는 데 비해, 밴더빌트는 뉴욕과 뉴올리언스에서 강을 통해 니카라과의 내륙 운하를 거쳐 샌프란시스코로 가는 항로를 개척했다.

그러나 이번에도 가격 인하 경쟁이 붙었고, 니카라과의 국내 정치 상황으로 운하 이용을 할 수 없어진 밴더빌트가 파나마를 경유하는 항로에 뛰어들면서 가격할인 경쟁은 더 가속화되었다. 여기서도 밴더빌터의 운송회사는 큰 성공을 거두었다. 그러나 두 번째 손 빼기 작전이랄까. 자신의 회사의 성공으로 인해 거의 파산지경에 이른 경쟁자들로부터 매달 4만 달러(뒤에 5만6천 달러)씩 받기로 합의하고 해상운송 사업에서도 손을 뗐다.

철도산업에 뛰어들다

증기 동력의 발명은 해운뿐만 아니라 육로 운송에도 큰 변화를 가져왔다. 1825년 조지 스티븐슨이 최초의 증기기관차 '로켓'을 선보인 이후 철도가 비약적으로 발전하게 된다. 1831년 철도회사가 증기 기관차를 운행하기 시작한 뒤, 관련 기술이 개발됨에 따라 이후 몇 년이 지나지 않아 철도가 폭발적으로 늘어났다. 이러한 철도 건설붐 덕분에 미국의 철도는 1840년대에 이미 보통 사람들의 일상을 파고들었다. 그런 데에는 일상생활과 밀접한 연관이 있었기 때문이다. 뉴욕 주 최대의 우유 생산지인 오렌지카운티와 뉴욕시 사이에 이리 철도회사(Erie Railway)가 철도를 부설하면서 폭발적으로 늘어나게 되었는데, 그 전말은 이러했다.

이리 철도회사의 영업사원이 지역 농부를 설득해 열차로 신선한 우유를 싣고 도시로 보냈는데, 출하되는 즉시 우유가 동이 나버린 것이다. 그동안 우유의 유통은 양조장 탱크에 보관했다가 소비자에게 공급되곤 했는데, 맛은 둘째치고라도 변질된 우유로 인해 어린아이들의 식중독과 영아 사망률을 높이는 원인이 되었다.

철도로 실어나른 신선한 우유를 한번 맛본 소비자들은 열렬한 지지를 보냈고, 탱크 우유는 자취를 감추었다. 이처럼 우유가 철도의 발전에 일조한 것이다.

밴더빌트가 철도 사업에 관심을 가진 것은 1850년대였다. 그는 뉴욕할렘 철도회사의 주식을 매점해 1863년에는 이 회사를 소유하게 되었다. 그 뒤 허드슨리버 철도회사와 뉴욕센트럴 철도회사를 인수하고 1869년 두 회사를 합병했다.

1873년 레이크쇼어-미시간서든 철도회사를 추가로 인수한 밴더빌트는 뉴욕-시카고를 잇는 최초의 철도노선을 개통했다.

젊은 시절의 밴더빌트는 사업을 키우고 엄청난 재산을 모으는 데만 신경썼을 뿐 자선사업에는 관심을 두지 않았다. 그러나 말년의 그는 자신의 재산을 사회에 환원하기 시작했다. 뉴욕시에 그랜드센트럴 터미널을 건설했는데, 그 사업은 1873년 공황으로 일자리를 잃은 수천 명의 사람들에게 일자리를 제공했다. 마치 고속도로를 만들고 댐을 만들면서 고용을 창출한 것과 유사하다.

밴더빌트는 또 테네시주 내슈빌에 있는 센트럴대학에 100만 달러를 기부했고, 뒤에 이 대학은 밴더빌트대학으로 개명했다.

자선사업가 밴더빌트

밴더빌트에게는 또 다른 냉정한 면이 있었다. 그는 아들 윌리엄 밴더빌트(William Henry Vanderbilt, 1821~1885)에게 9천만 달러를, 4명의 손자들에게는 750만 달러를 유산으로 물려준 반면 아내와 딸들에게는 아주 적은 유산만을 물려주었다. 밴더빌트는 아들 윌리엄이 청년시절 나약하고 야심이 없어 보였고, 또 아들이 가업을 운영하기에는 능력이 부족하다고 판단하여 회사에서 해고해버리기도 했다.

윌리엄이 19세에 결혼해 분가하자 아버지는 아들을 스태튼 섬의 농장으로 보냈다. 그러나 아버지의 예상을 뒤엎고 윌리엄은 농장 경영에 성공했다. 아버지가 여전히 해운업에 전념하고 있을 때, 아들은 일찍이 철도사업에 관심을 가졌다. 1857년 아버지를 설득해, 파산한 스태튼아일랜드 철도회사를 인수했는데, 몇 년 후 그 회사를 회생시켜 다시 한번 아버지

메트로폴리탄 미술관

를 놀라게 했다. 윌리엄은 1864년 뉴욕할렘 철도회사의 부사장, 1865년에는 뉴욕허드슨 철도회사의 부사장이 되었는데, 이 두 회사는 모두 아버지에게 인수를 권유한 회사들이었다.

1877년 아버지 밴더빌트가 죽은 뒤 윌리엄은 경영 능력을 최대한 발휘하여 뉴욕센트럴 철도망을 크게 확장했으며, 시카고노스웨스턴 철도, 뉴욕-시카고-세인트루이스 철도, 클리블랜드-콜럼버스-신시내티-인디애나폴리스 철도를 비롯해 다른 여러 철도들을 인수했다.

1883년 건강 악화로 윌리엄이 철도회사 사장직에서 물러날 때쯤 밴더빌트 가문의 재산은 거의 2배로 늘어나 있었다. 아버지와는 달리 윌리엄은 자선사업에 일찍 눈을 떴다. 밴더빌트대학과 컬럼비아 의과대학을 비롯해 여러 기관에 거액을 기부했고, 뉴욕 메트로폴리탄 미술관, YMCA, 교회, 병원 등에 상당한 금액의 유산을 기증했다.

존 록펠러
석유산업의 지배자

작게 시작한 사업

흔히 우리는 석유왕 록펠러가 처음부터 석유사업을 한 것으로 생각하기 쉽지만, 구약성서 욥기 8장 7절 "시작은 미약하나 나중은 심히 창대하리라"는 구절처럼, 록펠러의 사업은 처음에는 참으로 미약했다.

1855년 존 록펠러(John Davison Rockefeller, 1839~1937)는 16세의 나이로 클리블랜드에 있는 조그만 무역회사의 견습생이 되었다. 15개월 후 월급도 두 배 이상 오르고 정식으로 회계직원이 되었다. 그러나 1858년 장부를 정리하던 중 전임자가 자신보다 월급을 4배나 많이 받았다는 사실을 알고 사장에게 월급 인상을 요구했지만 거절당했다. 나이가 어리고 부양할 가족도 없다는 이유에서였다.

그런 사실에 실망한 록펠러는 회사를 그만두고 창업의 길로 나서게 된다. 그 동안 조금씩 모아둔 돈과 부친으로부터 빌린 돈을 밑천으로 삼아, 동업자 모리스 클라크(Maurice Clark)와 함께 곡물가게 클라크 앤 록펠러(Clark & Rockefeller Co.)를 설립했다. 그들은 종류를 가리지 않고 온갖 물건을 사고팔았고 3년 후 매출액이 100만 달러가 되었다.

석유 사업에 뛰어들다

록펠러는 곡물가게로는 성장의 한계를 느끼고 좀더 규모가 큰 사업을 생각하게 된다. 투자 자본이 상대적으로 적으면서 성장성은 크고 경쟁은 치열하지 않은 사업을 물색했다. 1860년대 초 그런 사업이 하나 있었다. 바로 석유사업이었다.

그러나 당시는 사동차가 등장하기 전이었으므로, 석유의 주 용도는 자동차용 휘발유(gasoline)가 아니라 등불을 밝히는 등유(kerosene)였다.

1863년 록펠러와 모리스는 화학자 새뮤얼 앤드루스(Samuel Andrews, 1836~1904)와 함께 석유정유 회사를 차렸다. 회사는 커져갔고 자본금도

록펠러

더 필요해지자, 1867년 자본가 헨리 플레글러(Henry Morrison Flagler, 1830~1913)를 새로 영입하여 회사명을 록펠러 앤드루스 앤 플레글러(Rockefeller, Andrews & Flagler)로 바꾸었다. 1870년에는 또 다른 동업자 스테판 하크니스(Stephen V. Harkness, 1818~1888)를 포함시키면서 회사명을 스탠더드오일(Standard Oil)로 바꾸고는 록펠러가 사장이 되었다.

그 동안 동업자들은 이런 저런 사정으로 하나 둘 회사를 떠나게 된다. 그 중 플레글러는 플로리다로 가서 철도회사를 운영했고, 팜비치 리조트를 개발했으며, 플레글러대학을 세우는 등 말년을 의미있게 보냈다.

스탠더드오일 트러스트를 형성하다

경영학사상 록펠러는 '트러스트(trust)'라는 말과 가장 밀접하게 연결되어 있다. 처음에 록펠러는 소규모 석유 채굴업자들로부터 원유를 싸게 사서 정유하여 이를 비싸게 팔았는데, 돈이 좀 벌리자 이번에는 정유공장을 세웠고, 그 다음에는 송유관을 건설했다.

송유관은 반드시 여러 도시와 주들을 통과해야 하므로 허가 및 감독관청에는 합법, 불법 가리지 않고 온갖 절차가 총동원되었다. 또 송유관은 투자가 많았고 석유산업으로서는 공급업체에 해당하므로 소규모 석유 채굴업자들로부터 물량을 많이 확보해야 했다. 따라서 1882년 1월 록펠러는 약 50명의 석유업자들을 소집하여 서로 목을 조르는 경쟁을 제한하자는 제안을 했고, 그 결과 34개의 석유회사들이 스탠더드오일(Standard Oil) 트러스트를 형성했다. 그것으로 세상의 모든 사업방식을 혁신적으로 바꾸게 된다.

재미있는 한 가지 에피소드는 스탠더드오일의 규칙 제1조는 "스탠더드오일의 모든 종업원은 꼭 스탠더드오일이 정한 옷깃의 셔츠를 입어야 한다"는 것이었다.

반독점법, 록펠러를 겨냥하다

어떤 재화의 공급업자들이 시장 지배를 목적으로 힘을 합치는 데는 세 가지 방법이 있다. 우선 카르텔(Cartel)인데 이것은 그냥 가격을 '담합'하는 것이다. 그 다음 콘체른(Konzern)은 법률상으로는 독립되어 있으나 경제직으로는 동일된 지배를 받는 '기업집단', 즉 재벌을 말한다. 마지막으로 트러스트(Trust)는 독점적 대기업을 형성하는 '기업합동'을 말하는데, 법률상뿐만이 아니라 경영적으로나 실제적으로도 완전하게 결합하는 것으로 기업독점의 가장 강력한 형태이다.

스탠더드오일 트러스트에 참여하는 회사들은 외형은 각각 독립적인 회사이지만, 실질적으로는 운영권을 수탁자(trustee)에게 넘기고 자신들은 신탁자(trust)가 되는, 일종의 독점이다. 스탠더드오일 트러스트의 책임자로는 당연히 록펠러가 선정되었다.

록펠러는 송유관을 지을 수 없거나 송유관이 들어가지 않는 지역에는 철도를 이용했다. 록펠러의 석유 수송 물량은 많았고 철도회사들도 많았으므로 록펠러는 운임을 크게 할인받았다. 록펠러는 군소 석유업자들의 가격인하 경쟁을 멈추는데 성공했고, 본사가 과다재고와 공급량을 조절하는, 잘 통제된 중앙집중형 조직을 만들어 운영했다. 그런 조치는 현대적 관리개념의 시초였다.

스탠더드오일은 1890년경 석유산업의 88퍼센트를 지배하게 되었다. 거대 트러스트의 독점적 권력은 곧 격렬한 항의를 받았고, 1890년 셔먼의 반 트러스트 법(Sherman Anti Trust Act)이 통과되었다. 곧 이어 스탠더드오일 트러스트에 참여하지 않은 소규모 석유회사들은 반독점 소송을 제기했다. 록펠러는 소송 내내 "자본이 힘을 발휘하기 위해서는 자본의 생존 형태를 허용해야 한다"고 주장했다.

반독점법의 결과 스탠더드오일의 운명은?

소규모 정유회사에 이어 오하이오 주정부도 1892년 반독점 소송에 가담하여 스탠더드오일 트러스트의 해체 판결을 이끌어냈다. 그러나 스탠더드오일 트러스트는 스탠더드오일 오하이오만 잘라내고 실질적인 트러스트는 계속 유지했다.

그리고 스탠더드오일은 트러스트의 해체를 피하기 위해 내부적으로 개혁했는데, 1899년 지주회사(持株會社, holding company)를 설립하여 지배권을 유지했다. 그러자 1909년 미연방 법무성이 반독점 소송을 제기했고, 1911년 5월 11일 미국 대법원에 의해 역사적인 판결이 내려졌다.

"트러스트가 상업의 발전과 조직에 대해서는 아주 천재적인 발명이었지만… 곧 다른 사람들과의 경쟁을 제한하려는 의도와 목표를 갖기 시작했다."

1887년부터 24년 동안의 길고도 지루한 소송 끝에 1911년 스탠더드오일 트러스트는 공식적으로 해체되었다. 스탠더드오일은 각 주를 거점으로 해체되도록 조치가 내려졌고, 해체된 회사들 중 가장 큰 스탠더드오일 오브 뉴저지는 석유산업의 지배자라기보다는 선두주자가 되었다.

스탠더드오일 트러스트의 해체는 주주들에게는 오히려 축복이었다. 새로운 경영진들로 하여금 역동적인 마케팅 활동을 펼치게 했고 기술 발전도 모색케 했다.

어느 고참 경영사는 "젊은 친구들에게는 그늘이 그토록 원하던 기회가 주어졌다"라고 회고했다.

이익은 곧 늘어났고, 트러스트가 해체된 지 1년 만에 분리된 회사들은 대부분 주가가 두 배나 뛰었다. 석유산업을 창업했던 가문들은 더 이상 회사를 지배하지 못하게 되었다.

경영학적인 관점에서 본 록펠러

1913년 뉴저지 주 법무관은 공식적으로 다음과 같이 보고했다. "록펠러 가문은 완전히 은퇴했으며, 단지 정기적으로 배당을 받아가고 주주총회에서 투표권을 행사할 뿐이다."

그러나 스탠더드오일의 단단한 조직구조는 그대로였고, 록펠러는 다음과 같이 예언했다. "합병의 날은 그대로 유지된다. 개인주의는 갔다. 다시는 돌아오지 못한다."

록펠러의 예측대로 지금은 국내 기업들 사이의 인수합병은 말할 것 없고 글로벌 M&A가 유행하고 있다. 뉴저지 스탠더드오일은 엑슨(Exxon)으로, 뉴욕 스탠더드오일은 모빌(Mobil)로 변신하여 석유산업에서 각각 1, 2위를 달렸다. 1999년 이 두 회사는 다시 합병, 엑슨모빌(Exxon-Mobil)이 되어 지금 세계 1위 기업으로 군림하고 있다.

경영학적인 관점에서 록펠러는 트러스트뿐만 아니라 몇 가지 중요한 혁신을 이룩했다. 록펠러는 일찍이 중국으로 진출했는데, 예나 지금이나 시장은 크고 수요자도 많지만 물건은 부족한 곳이 중국이다. 당시는 밤을 밝히는 조명시설이라고는 고래기름이나 돼지기름을 사용한 등잔밖에 없었는데, 그을음도 심했고 오래 가지도 않았다. 록펠러는 석유등잔을 중국사람들에게 아주 싸게 공급하고는 대신 석유는 정상적인 값으로 팔았다. "등불이 밝으면 밤에 아이들이 책 읽기에 좋다"라는 광고는 유일한 출세가 관리가 되는 길밖에 없었던 중국인들에게 잘 먹혀들었다.

기계는 원가 이하로 싸게 파는 대신, 원료나 부품 또는 사용료에 이익을 붙이는 '유인 마케팅'을 발휘한 것이다. 이런 식의 상술은 그후 IBM의 컴퓨터, 제록스 복사기, GE의 발전설비에도 응용된다.

기업가와 자선가, 두 얼굴의 록펠러

록펠러는 50세가 되던 1889년, 반독점 소송이 본격화되기 직전에 현역에서 은퇴했다. 그 때문에 스탠더드오일의 경영권은 9명으로 구성된 최고경영위원회에 넘어갔고, 그들은 자문부서를 활용하여 회사를 운영했다. 1913년 제1차 세계대전 직전 록펠러의 재산은 9억 달러로 세계 최고 부자가 되었는데, 그것은 미국 GDP의 44분의 1에 달했다. 그후로 록펠러는 자선사업을 하며 말년을 보내다가 1937년 98세로 눈을 감았다.

영국의 철학사 버트런드 러셀(Bertrand Arthur William Russell, 1872~1970)은 현대를 만든 사람들 중에 가장 두드러진 공을 세운 사람으로 록펠러와 비스마르크를 꼽았다. 한 사람은 경제에서, 한 사람은 정치에서 현대 자본주의 체제와 관료제 국가체제를 이룩하는데 큰 기여를 했다고 평가했다. 말년에 록펠러는 이렇게 말했다.

"목표를 높은 곳에 두어야 한다. 똑같은 노력이지만 그것은 목표를 크게 가진 사람에게는 큰 곳을 향한 노력이 되고, 먹고 사는 일에 급급한 목표를 세운 사람에게는 작은 노력이 되고 만다."

'기업가와 자선가' 두 얼굴의 일생을 살다 간 록펠러는 경영의 역사에 한 획을 그은 거인 자본가로 평가된다.

월가의 사기꾼들

제이 굴드와 대니얼 드루, 그리고 짐 피스크

이리철도 회사는 어떤 회사인가?

이리철도(Erie Railway)는 미국 5대 호수 중 하나인 이리호 주변 지역과 뉴욕 주의 남부지역을 통과하는 뉴욕-버펄로-시카고 간의 철도로 1851년에 완성되었다. 이리철도가 유명해지게 된 데에는 19세기 중반 대니얼 느루, 제이 굴드, 짐 피스크, 코넬리어스 밴더빌트 사이에 발생한 주식 분쟁의 대상물이 되면서 '월가의 탕녀'로 알려지게 되면서부터였다.

그들 악명높은 사기꾼들이 활약하게 된 배경에는 철도의 발명이 있었다. 1829년 조지 스티븐슨이 증기기관차를 발명한 뒤 1830년 세계 최초로 영국의 리버풀과 맨체스터 사이에 철도가 놓였다. 13톤 무게의 로켓호는 최고 시속 30마일, 왕복 50마일을 별 무리 없이 달렸다. 그것은 영국의 경제, 사회, 정치를 완전히 바꾸어놓았다.

미국에서는 1830년 볼티모어와 오하이오철도가 개통되었고, 미국의 철도건설 붐은 그후 30년이나 더 지속되었다. 남북전쟁이 끝난 지 4년 후인 1869년에는 대륙횡단철도가 개통되었다. 미국의 서부개척사에서 철도는 가장 큰 역할을 했다. 그 전에는 역마차로 수개월이나 걸리던 길을 대륙횡단철도가 개통되자 뉴욕에서 샌프란시스코까지 6일만에 횡단이 가능해졌기 때문이다. 철도가 19세기 미국의 산업자본 형성에 미친 영향은 매우 컸다. 그후 미국은 세계 제1의 철도왕국을 이룩했다.

"미국 경제의 럭비공은 철도이다"라는 말이 있다. 럭비공은 미국 철도산업의 별명인데, 그만큼 철도 사업의 전망이 예측 불가능해서 붙여졌다. 철도산업은 대주주나 투자자의 운명을 한순간에 바꿔놓기 일쑤였기 때문에 철도 산업이 럭비공으로 불린 이유이다.

1860년 본격적으로 건설되기 시작한 미국 철도는 한때 산업의 상징이었으나 과잉 중복 투자, 소모적인 경쟁, 부실 경영, 숨막히는 규제로 인해 줄줄이 도산하곤 했다. 미국 메이저 철도회사는 1932년만 해도 132개나 됐지만, 격변을 거쳐 2008년 말에는 7곳만 남을 정도였다.

실제로 미국에서 철도로 부를 일궈 성공적으로 후대에 물려준 사람은 아주 드물다. 1860대와 1970년대 철도회사 뉴욕센트럴을 설립, 운영한 코넬리어스 밴더빌트만이 성공적인 철도 자본가로 꼽힐 정도이다. 나머지 노던퍼시픽철도의 제이 쿡, 이리철도의 제이 굴드, 대니얼 드루, 짐 피스크 등의 말로는 좋지 않았다.

제이 굴드와 대니얼 드루, 그리고 짐 피스크

월가의 역사상 투기꾼으로 이름을 남긴 대표적인 사람들이 대니얼 드루(Daniel Drew, 1797~1879), 제이 굴드(Jay Gould, 1836~1892), 그리고 짐 피스크(James Fisk, 1834~1872) 등이다. 그런데 이 세 사람의 운명은 서로 복잡하게 얽히고설키게 된다. 물론 그 이야기의 중심에는 이리철도회사(Erie Railroad Company)가 있었다.

제이 굴드

주식용어에 '불타기'라는 것이 있다. 물타기란 영어의 'Watering stocks' 혹은 'Stock watered'를 번역한 말인데, 맨 처음 미국에서 주식분할, 실제가치보다 높게 평가된 현물출자(現物出資)를 가리키는 말로 사용되었다. 지금은 주식시장뿐 아니라 정치, 사회 등 다방면에서 두루 쓰이고 있지만 물타기의 어원이 소[牛]와 관련됐다는 사실을

짐 피스크

아는 사람은 그리 많지 않다. 그것도 대니얼 드루와 직접 관련이 있다.

19세기 초, 소 트럭 운전사였던 미국의 대니얼 드루는 자신이 운송해주던 뉴욕 주 카르멜 지역 농부들을 속여 많은 소를 손에 넣게 된다. 그는 일단 외상으로 소를 사고는 나중에 외상값을 떼어먹었던 것이다. 소를 확보해 가축 상인이 된 그는 시장에 내다 팔기 전에 소에게 많은 양의 소금을 먹였다. 소금을 먹은 소는 당연히 갈증이 나서 물을 많이 먹게 되고, 물을 많이 먹은 소는 당연히 무게가 크게 늘어난다. 당시 육류로 사용되는 소와 돼지 등은 무게로 가격을 정했기 때문에 그런 식으로 드루는 큰돈을 벌었다.

소를 팔아 부자가 된 대니얼 드루는 1857년 재정적으로 파산 상태에 빠진 이리(Erie)철도의 경영권을 차지한다. 그리고 그는 물타기라 불리는 이 사기 기술을 그대로 주식시장으로 들여왔다.

이사회를 장악한 드루는 공매도(주식을 갖지 않은 상태에서 매도 주문을 내는 것)를 통해 이리철도의 주식을 매도하고 신주를 발행해 주식을 물타기했다. 이는 전형적인 주가조작 수법이다. 시장 감시기능이 발달한 요즘 같은 때라면 큰 사회적 물의를 빚었을 것이지만, 감시기능이 약했던 당시 미국에서 드루는 이렇게 9년 동안 맘껏 부정을 저질렀고 수천만 달러를 벌어들였다.

1857년에 이리철도의 사장이 된 대니얼 드루는 자신의 지위를 이용해 개인적 이익을 챙기려고 마음껏 주가를 조작했다.

그의 친구 중에 제이 굴드라는 인물이 있는데 그는 렌슬리어새러토가 철도회사에 측량기사로 입사하여 1863년 최고경영자가 된 사람이었다.

또 다른 한 사람 짐 피스크는 곡마단 관리인, 행상, 주식중개인 등 여러 직업을 전전하다가 1866년 대니얼 드루의 후원으로 증권중개회사 피스크 앤드 벨든 사를 설립했다. 세 사람은 죽이 잘 맞았다.

1868년 굴드는 이리철도의 사장으로 선임되어 당시 지명 수배자이던 피스크와 함께 이리철도회사를 운영했다.

굴드는 당시 뉴욕 주 상원의원이던 윌리엄 트위드(William Tweed, 일명 '보스 트위드', 1823~1878)를 이사로 영입하고, 뉴욕 주 의회의 지원을 받았다. 피스크는 회사기금으로 공무원들을 매수했고, 심지어 경쟁회사에 들어가 주식 대장을 훔치기도 했다. 한때는 굴드 일파의 말이 곧 법이었다. 이들은 철도회사의 지배권을 장악하기 위해서 기관차를 탈선시키는 짓까지 저질렀다.

밴더빌트와 지배권 싸움을 벌이다

1866년이 되자 철도산업의 상황이 달라졌다. 해운업으로 재산을 쌓은 코넬리어스 밴더빌트가 철도 사업에 뛰어들면서 판도가 그쪽으로 기울기 시작한 것이다. 밴더빌트는 철도사업을 독점하기 위해 여러 철도회사의 주식을 매입하기 시작했다.

1868년 재벌 밴더빌트는 이리철도 회사의 주식을 매점하여 경영권을 장악하려 했다. 이에 맞서 굴드와 피스크, 그리고 드루는 합작하여 이리철도 주식 5만 주를 위조했고, 그 주식들을 시장에다 투매했다. 이른바 이리철도 전쟁(Erie War)이다.

처음에는 밴더빌트가 쉽게 이리철도 회사를 장악하는 듯했다. 드루보다 부자였던 밴더빌트는 풍부한 재력을 바탕으로 이리철도의 주식을 지배 지분만큼 확보했기 때문이다. 그러나 밴더빌트는 드루의 물타기 수법을 까맣게 몰랐다.

밴더빌트가 승리를 확신할 무렵 드루는 이리철도에 350만 달러를 대출해주고 미발행 주식 2만8천 주와 전환사채 300만 달러 상당을 받아서 시장에 쏟아부었다. 더 많은 주식을 시장에 풀어 자신의 경영권을 방어했던 것이다.

물타기를 몰랐던 밴더빌트는 신주를 계속 사들였지만 뒤늦게 사기를 감지하게 된다. 결국 밴더빌트는 700만 달러 이상의 손실을 보았다. (훗날 굴드는 그 돈을 거의 모두 되돌려주었고 밴더빌트는 이리철도 운영권을 굴드에게 양도했다.)

밴더빌트는 매수해둔 판사를 동원해서 이리 경영진에게 주식 추가 발행을 금지하는 강제명령을 내렸다. 그래도 주식을 계속 발행하자 드루는 수배됐고 뉴욕 주와는 법이 다른 옆동네 뉴저지로 결국 도망을 쳤다.

법원은 그들의 체포를 명령했고 그들은 도망자 신세가 되었다. 도피중에도 굴드는 뉴욕 주 의원들을 매수하여 자신들의 행위를 합법화하는 법안을 통과시키게 했다.

이리전쟁이 장기전에 돌입하게 될 조짐을 보이자 밴더빌트는 드루의 동지였던 제이 굴드와 짐 피스크에게 드루의 축출을 조건으로 뒷거래로써 타협을 맺었다. 드루만큼이나 사기에 능했던 굴드와 피스크는 1870년 드루를 배반했고, 이리철도 주가가 하락하도록 조작해 드루에게 막대한 피해를 입히게 된다. 그 사건으로 드루는 150만 달러의 손실을 입었다. 자신이 즐겨쓰던 똑같은 수법으로 믿었던 동료에게 배신을 당하고 만 것이다.

월스트리트에서 외면당하자 드루는 순식간에 몰락하기 시작했다. 이리철도를 잃고 나서도 1300만 달러를 갖고 있었지만 그는 이미 늙고 병들었고, 예전만큼 순발력도 없었다. 결국 1873년 경제공황으로 드루는 전 재산을 잃고, 1876년 부채가 자산보다도 1백만 달러 더 초과해 파산을 신청했다. 드루는 60년 전 농부들을 속이고 소를 갈취했던 그곳으로 돌아가 1879년 쓸쓸한 말년을 자식에게 의존하며 지내다가 죽었다.

그후 굴드는 밴더빌트와 화해를 했고, 굴드와 피스크는 이리철도의 지배권을 계속 장악했다. 그러나 그들은 이리철도를 또다시 주식 물타기와 회계상의 조작 등 새로운 불법 사취를 위한 근거지로 다시 계속 이용했고, 결국 1869년 재무적 파탄을 일으켰다.

이리철도는 회사 역사상 4번이나 파산하는 기구한 역사를 가지고 있다. 이리철도는 중서부와 동부해안 사이에서 다른 철도회사들과 경쟁해야 하는 불리한 점을 안고 있었다. 1870년대에 이리철도, 오하이오철도, 뉴욕센트럴철도, 펜실베이니아철도 사이에 치열한 운임전쟁이 발생했고, 끝내 이리철도는 파산하고 말았다. 그후 회생과 재파산, 합병을 거쳐 1976년 콘레일(Conrail)에 합병 당했다.

굴드의 금 투기 사건

월가의 세 악당은 1869년 8월 갑자기 금을 매집하기 시작했다. 금값이 오르면 수확철 서부지역의 곡물가격이 오르고, 그렇게 되면 자신들이 운영하는 철도회사의 운임이 올라갈 터였다. 그들은 액면가 20달러짜리 금화(Double Eagle)를 액면가의 30퍼센트를 더 주고 사모았다.

그러자 금값이 한달 만에 60퍼센트나 폭등하게 되었다. 당연히 미국 정부가 이상한 낌새를 채고 움직이기 시작했다. 1869년 당시의 대통령은 남북전쟁의 영웅 유리시스 그랜트(Ulysses Simpson Grant, 1822~1885) 장군이었는데, 굴드는 대통령의 사위를 통해 미국 정부가 금시장에 개입하지 않도록 위협하는 한편으로 계속 금을 사들였다. 물론 피스크와 드루도 가담했다.

결국 미국 재무부가 개입해 400만 달러 상당의 금을 시장에 풀어놓자 1869년 9월 24일 금요일 금값은 30퍼센트나 하락했다. 사람들은 패닉 상태가 되어 그날을 '암흑의 금요일'로 불렀다. 굴드는 금 가격이 하락하기 직전 보유하고 있던 대부분의 금을 몰래 팔았지만, 낌새를 눈치채지 못한 피스크는 큰 손실을 입어야 했다.

제이 굴드 일당에게서 얻는 교훈

굴드는 1870년의 주식매매 사기행위로 기소를 당해 회사에서 쫓겨났다. 그러나 금융조작에 뛰어났던 굴드는 다시 철도회사에 투자하여 남서부의 여러 주에 걸쳐 굴드 철도망을 건설했고 또 웨스턴유니언 전신회사와 뉴욕시티 고가철도의 경영권을 장악했다. 록펠러는 제이 굴드를 만나보고는 "내가 미국에서 만난 사업가 중 가장 영악한 사업가"라고 평했다.

궁극적으로 굴드는 이리철도 전쟁에서 친구 대니얼 드루를 배반하고 이득을 취했다. 그러나 영국의 사기꾼 고든 경에게 속아 1백만 달러 상당의 이리철도 주식의 손실을 입고 1872~1873년 사이에 경영권을 빼앗겼다.

제이 굴드의 아들 조지 굴드(George Jay Gould, 1864~1923) 역시 여러 철도회사들의 소유권을 획득하고 사장을 맡아서 에드워드 해리먼(Edward Harriman, 1848~1909)과 미국 횡단철도를 둘러싸고 치열한 경쟁을 벌였다.

굴드는 백 여년 전인 1892년에 세상을 떠났지만, 오늘날에도 미국 경제지에 종종 인용되곤 하는데, 그 까닭은 그들의 수법이 오늘날의 적대적 M&A와 비슷하기 때문이다.

그리고 제이 굴드 일파를 통해 얻을 수 있는 또 다른 교훈은, 매우 평범한 사실을 재확인하는 것이다. 호경기는 오래 가지 않으며, 호경기 다음에는 불황이 온다는 것, 산업과 인생에는 흥망성쇠가 있다는 것, 그리고 일확천금을 노리기보다는 성실히 사는 것이 최선의 방법이라는 것이다.

로스차일드 가(家)
금융제국의 명가

로스차일드 가문의 시작

1760년 마이어 암셸 로트실트(Mayer A. Rothschild, 1744~1812)와 다섯 아들은 프랑크푸르트에서 금융업을 시작했다. 가문의 이름 로트실트는 한때 유대인 빈민가에 살던 선조들의 집 지붕 장식인 빨간색 방패(rot shield)에서 비롯되었는데 영국에서는 로스차일드로 불린다.

당시 로스차일드은행은 금융업이라고는 하지만 사치품 장사와 상업어음 거래가 주였다. 1790년대 후반 로스차일드 가문은 여전히, 국제금융시장 중심부에는 거의 알려지지 않은, 기껏해야 작은 마을의 한 대부업자에 지나지 않았다.

그러다가 차츰 공격적인 사업을 펼쳤는데, 큰아들 암셸(Amschel Rothschild, 1773~1855)은 프랑크푸르트에서 가업을 계속 확장했고, 셋째 네이선(Nathan, 1777~1836)이 1804년 런던으로 진출했고, 다섯째 제임스(James, 1792~1868)는 1811년 파리에 지점을 열었고, 둘째 살로몬(Salomon, 1774~1855)과 넷째 카를(Carl, 1788~1855)은 1820년대 각각 빈과 나폴리에 지점을 개설함으로써, 국제은행으로 성장했다.

이들은 과거 메디치 가문처럼 전쟁을 치르고 있는 국가에게 돈을 빌려주거나 밀, 면화, 식민지 생산물, 무기 같은 주요 물자를 거래했다. 영국과 유럽대륙 간의 국제지불 대체 업무를 수행함으로써 영국을 봉쇄하려는 나폴레옹의 노력을 무력화시키는 데에도 한몫했다.

그런 식으로 로스차일드 가문의 은행은 프랑스혁명(1789~1794)과 나폴레옹 전쟁(1792~1815)에 크게 힘입어 어엿한 은행으로 성장했다.

네이선 로스차일드가 런던으로 진출하기 전까지 영국에는 베어링은행(Barings Bank)이 주도적인 금융기관이었다. 베어링은행은 1762년 프랜시스 베어링(Francis Baring, 1740~1810)이 런던에서 시작한 상업은행으로, 1806년 Baring Brothers & Co.로 바뀌었다.

베어링은행은 1804년 로스차일드 가문이 등장하기 전까지 런던 금융계를 지배했지만 이후 양가가 세력을 다투게 된다.

19세기 국제금융의 중심지, 영국

런던이 국제금융의 중심지가 된 데에는 네이선 로스차일드의 힘이 컸다. 나폴레옹 전쟁 이후 로스차일드는 유럽 국가들과 남미의 신흥 독립국가들에게 채권발행 방식으로 자금을 제공하는 자본시장을 창설했는데, 그 채권은 런던에서 인수되고, 런던에서 발매되고, 런던증권거래소에서만 거래되었다.

외국에서 이민 온 여러 은행가들이 로스차일드의 뒤를 이어 금융업을 시작했는데, 독일에서 온 슈뢰더(Schroder), 노르웨이에서 온 함브로스(Hambros), 프랑스에서 온 라자드(Lazard), 미국에서 온 주니어스 모건 등이 그들이었다. 이런 신규 참가자들은 전형적인 방식으로 영국식 은행을 창업했고, 또 그들 중 많은 사람들이 영국으로 귀화했다.

네이선 로스차일드

외국의 은행가들을 영국으로 끌어들인 것은 영국이 19세기 최고의 무역국가라는 이유 때문만이 아니었다. 런던이 발빠르게 당시 세계 최대의 '금융지식 중심지'가 되었기 때문이었다. 런던이 금융지식의 중심지가 된 것 역시 주로 로스차일드의 아이디어였고 또한 그의 노력 덕분이었다.

로스차일드의 다섯 형제들은 네이선을 대표이사로 하는 하나의 회사처럼 운영했는데, 이것은 초기 형태의 인트라넷이었고, 그들이 사용한 유명한 통신용 비둘기는 오늘날 전자우편의 전신이었던 셈이다.

인구 변화를 혁신의 기회로 삼다

나폴레옹 전쟁이 끝나고 평화가 찾아오자 로스차일드은행은 한창 성장하던 사업의 형태를 바꾸었다. 1820년대 각각 빈과 나폴리에 지점을 개설함으로써 국제은행으로 성장했다.

은행들은 국제영업 거래를 계속하면서도 프러시아, 영국, 프랑스, 나폴리 등 정부 공채, 보험회사의 증권, 기업의 주식을 중개하는 일을 더 많이 하게 되었다.

따라서 로스차일드는 산업혁명 과정에 잘 적응했으며 철도, 석탄, 철제품 제조, 야금술에 투자함으로써 유럽 전체 경제성장에 이바지했다.

1850년대 이후에도 각국의 로스차일드 지섬들은 성장을 거듭해 특히 석유와 비철금속 부문 국제무역에서 중요한 위치를 차지했다.

그러나 이때까지 로스차일드가 누리던 과점적 지위는 독일에서는 물론 영국과 프랑스 그리고 미국에서 등장한 새로운 합자은행이나 상업은행, 즉 예금은행들이 등장함에 따라 심각한 타격을 받게 되었다.

1860년대까지 로스차일드 가문은 세계 금융계에서 지배적인 위치를 차지하고 있었지만 19세기말 더 이상 유럽 최대의 은행그룹이 아니었으며 그보다 더 탄탄하고 부유하며 진취적인 은행 그룹들이 유럽과 미국에 등장했다.

로스차일드 가문의 영향력이 세계 금융계에서 줄어든 이유는 금융산업에서 경쟁이 심해졌다는 점 외에도 몇 가지 구체적인 이유가 있다. 가장 중요한 것이 인구 변동을 이해하지 못한 탓이다.

우선 로스차일드는 대서양을 건너는 이민의 중요성을 인식하지 못했다. 그들은 단지 먹고 살기 힘든 하층민만 유럽을 떠날 것으로 생각했다. 다시 말해 인구 변화를 혁신의 기회로 삼지 못했던 것이다. 그 결과, 로스차일드는 1870년경이 되자 금융계에서 차지하는 비중이 적어졌다. 그들은 다만 개인적인 부자들에 지나지 않게 되었다.

그 자리를 넘겨받은 사람이 J. P. 모건이었다. 모건의 '비결'은 대서양을 건너는 이민자들의 행렬을 보고 처음부터 그것을 기회로 인식하고, 그 중요성을 즉각 알아챈 데 있다. 그래서 유럽이 아닌 뉴욕에 세계적인 은행을 설립함으로써 그 기회를 이용했다. 이민 노동자를 고용하는 미국의 기업들에게 자금을 공급하는 수단으로써 은행을 이용했던 것이다.

로스차일드의 가풍과 성공 이유

창업자 마이어 암셀은 은행 운영을 위해 두 가지 지침을 세웠다. 즉 "모든 업무는 공동으로 운영한다"는 것과 "지나친 이윤을 추구하지 않는다"는 것이다. 그 지침은 기업가로서의 자질이 없을지도 모르는 후손들에게 사업을 물려주는 위험부담을 상당히 상쇄시켜 주었다.

그리고 각국의 통치 가문과 거래하고, 가능한 한 많은 아들을 낳아 해외업무를 맡긴다는 가풍은 그 뒤로도 계속 이어졌다. 로스차일드 가문의 제1세대는 언어와 풍습도 낯선 나라에 진출해 그 지역 은행가들의 질투와 경쟁의 대상이 되어야 했지만 유리한 지위를 차지하겠다는 강렬한 의지로써 두각을 나타냈다. 그들은 그 사회의 지도적 위치로 편입될 만큼 그 나라 사람이 되기 위해 애썼다. 소위 '현지화'에 노력했다. 그들은 자신들이 속한 나라의 영향을 받은 만큼 그 나라의 정치와 경제 분야에도 큰 영향을 끼쳤다.

런던에서는 400만 파운드를 대부해주어 영국 정부가 수에즈 운하 회사의 대주주가 될 수 있도록 했고, 프랑스에서는 국제은행 신디케이트 회장을 맡아서 프랑스-프러시아 전쟁에서 패배한 프랑스에게 1871년과 1872년 2차례에 걸쳐 거액을 대출해주었다.

나치 치하에서는 빈과 파리에 살던 후손들이 단합하여 자신들에게 닥친 큰 재앙을 이겨냈다. 그들은 대부분 결혼 상대로 유대인을 택했고, 사회적으로도 많은 영예를 누렸다. 아들들은 오스트리아 제국의 남작이 되었고, 그 후손들 가운데에는 유대인으로서는 처음으로 국회의원이 된 사람, 처음으로 영국 귀족이 된 사람도 있다.

때로는 과학자로서 박애주의자로서, 그리고 무통 로쉴드 등 와이너리를 운영해 최고의 포도주 양조업자가 된 사람도 있다.

금융산업의 혁신가들

애초의 금융산업은 사업체의 소유를 목적으로 한 것이 아니었다. 금융산업에서 체계적인 기업가정신을 만들어내려는 최초의 시도는 1857년 페리에(Pereire) 형제가 프랑스에서 설립한 기업가 은행 크레디트 모빌리에(Credit Mobilier)이다. 모빌리에 은행은 새로운 벤처기업을 추진하기 위한 신규 자금을 증권시장을 통해 조달했다.

그 아이디어가 라인 강을 건너 독일로 전파되었는데, 독일 전기산업의 아버지 베르너 지멘스(Werner von Siemens, 1816~1892)의 사촌 게오르크 지멘스(Georg von Siemens, 1839~1901)는 1870년 최초의 겸업은행인 도이체방크(Deutsche Bank)를 설립했다. 목적은 독일에서 기업가를 발굴 육성하고, 그들에게 자금을 지원하고, 그들로 하여금 조직적이고도 체계가 잡힌 경영을 하도록 하는 것이었다.

지멘스의 도이체방크가 독일에서 수행한 역할을 미국에서는 1861년 J. P. 모건(J. P. Morgan, 1837~1913)이 설립한 JP모건은행이 수행했다. 그 두 사람의 목표는 '여러 많은 사람들의 돈'을

동원하여 보다 높은 생산성과 좀더 많
은 수익을 내는 기업에게 재배분하는
것이었다.

하지만 그들보다도 더 오래된 은행
가들, 예를 들어 로스차일드 가문은
은행의 실질적 소유주였다. 로스차일
드 은행은 유럽에서 철도를 건설할 때
마다 필요한 투자자본을 자신들의 자
금으로 직접 조달했다.

게오르크 지멘스

반면 도이체방크와 JP모건은행과
같은 기업가적 은행가들은 은행의 소유주가 되기를 바란 적이 결
코 없었다. 그들이 새로운 벤처기업을 추진하기 위해 신규자금이
필요할 때면, 주식시장을 통해 일반 대중으로부터 조달했다. 두
사람은 금융산업을 혁신한 것이다.

경영학적 관점으로 본 로스차일드 가문의 혁신

자원을 최대로 이용한 접근방법에 대한 사례로 로스차일드 가
의 성장 스토리보다 더 교훈적인 사례는 없을 것이다. 로스차일
드 가문의 성장은 결론이 뻔한 스토리가 아니었다.

로스차일드 가를 그렇게 빠른 기간에 성공시킨 것은 '가문의
자원'을 체계적으로 최대한 확대했기 때문이었다.

로스차일드 가는 장성한 암셸을 비롯해 네 명의 아들을 뛰어난 인적자원으로 보유하고 있었다. 아들들 각각에 대해 부친은 그들의 재능과 성격에 가장 적합한 주요 기회를, 즉 개별적인 '인적자원'이 최대로 기여할 수 있는 기회를 파악하고 또 선택해주었다.

그 중 네이선이 가장 유능했고 용감했으며 또 상상력이 뛰어났다. 그는 런던으로 보내졌는데, 당시 런던은 세계에서 가장 규모가 큰 금융시장으로, 오직 돈만 밝히는 무례하고 공격적인 사업가들이 금융 및 경제의 패권을 잡으려고 매일 다투는 무자비한 경쟁시장이었다.

나폴레옹이 지배하는 파리에는 제임스가 파견되었다. 그로부터 이후 1세기 동안, 파리는 유럽 대륙에서 가장 큰 자본시장이었다. 파리는 또한 금융시장들 중 가장 신뢰하지 못할 곳이었다. 제임스와 동시대 소설가인 발자크(Balzac, 1799~1850)의 소설에 나오는 금융 책략과 음모는 일부분만 허구일 뿐 거의 사실과 흡사했다. 정부나 경쟁자로부터 뒷돈을 받는 스파이는 어디서나 흔했고, 금융은 정치적 거래였다.

혁명, 테러, 독재정치와 왕정복고 등 정치적 대변동은 당시의 로스차일드 가문보다 더 강력한 금융 강자들까지도 파멸시켰다. 제임스는 그 음모를 모두 이겨냈고 이후 일찌감치 가문의 정치적 전략가가 되었다. 사실 제임스가 다른 곳으로 보내졌다면 잘못되었을 것이 틀림없었다.

살로몬은 예의바르고 참을성 많고, 그리고 건방지다 싶을 정도로 근엄했기 때문에, 은행이란 단 한 명의 고객과 거래하는 것, 즉 한없이 느리고 우유부단하고 엄격하게 예절을 따지고 자부심이 강한 귀족들로 가득찬 합스부르크 궁정과 거래하는 것을 의미했던 곳인 비엔나로 보내졌다.

마지막으로 프랑크푸르트는 로스차일드 가의 본고장이긴 하지만 유럽 금융 중심지로서는 가장 비중이 낮았는데, 이곳에는 관리업무보다 더 좋아하는 것이라고는 달리 없는 근면하고 성실한 맏아들 암셀이 가족기업의 '총지배인'으로서 책임을 맡았다. 암셀은 형제들에게 직접 작성한 두툼한 편지를 보내어 끊임없이 정보를 제공했다. 그는, 신문, 우체국, 전신과 전화가 본격적으로 등장하기 전에 이미 광범위한 사적 정보기관 겸 첩보기관을 만들어 운영했던 것이다.

암셀의 가장 큰 기여는 인사관리 분야였다. 그는 독일의 유대인을 발굴하여 채용하고 사람을 가리지 않고 열심히 훈련시켰고, 그들은 또한 믿을 수 있는 회계원과 경영자로서 로스차일드 가문 사업의 중주적 역할을 했다.

그러나 로스차일드 가문이 하지 않은 일은 더욱 더 교훈적이다. 부친은 다섯째 아들 칼만(Kalman, 1788~1855)에게는 어떤 기회도 주지 않았다. 그 대신 그를 나폴리로 보냈다. 그곳은 왕국이라고는 하지만 사업이라고 할 만한 것도 없었고, 따라서 로스차일드 가의 명성과 재산에 큰 피해를 입힐 일도 없었다.

칼만은 적어도 로스차일드 가의 기준에 비추어 볼 때 뛰어난 능력도 남다른 근면성도 없었다. 그리고 능력이 없는 비자원(non-resource)에게는, 다시 말해 "평범한 자에게는 절대 기회를 맡기지 않는다"는 것은 자원을 최대화하기 위해 지켜야 할 하나의 절대적 원칙이었다. 그런 경우 기회를 유익하게 이용하지 못하기 때문이다.

유대인인 데다 어눌한 시골뜨기 로스차일드 가문은, 체계적 접근방법을 이용했다는 것 외에는 모두 빈손에서 출발했다는 점이다. 그러나 그들은 자신들이 잘할 수 있는 강점에다 초점을 맞추었다. 그들은 문제를 본 것이 아니라, 기회를 보았다. 그들은 회피해야 할 위험을 본 것이 아니라 획득할 결과를 강조함으로써 로스차일드 금융제국을 건설했다.

J.P. 모건
자본주의의 상징

주니어스 모건, 미국 금융가에 등장하다

JP모건은행의 등장 과정은 조금 복잡하다. 런던이 국제금융의 중심가가 된 데에는 네이션 로스차일드의 힘이 컸다. 나폴레옹 전쟁 이후 로스차일드가 유럽 국가들과 남미의 신흥 독립 국가들에게 채권 발행 방식으로 자금을 제공하는 자본시장을 창설하자, 미국과 유럽 각국의 여러 은행가들이 영국으로 건너와서 금융업에 진출하기 시작했다.

조지 피바디는 1830년대 미국에서 런던으로 와서 로스차일드의 도움으로 조지피바디은행(George Peabody & Co.)을 열었다. 1854년 주니어스 스펜서 모건(Junius Spencer Morgan, 1813~1890)을 파트너로 영입하여 은행 명칭을 피바디모건은행(Peabody, Morgan and Co.)으로 바꾸었고, 1864년 피바디가 은퇴하자 주니어스 모건은 은행 이름을 JS모건 은행(J. S. Morgan & Co.)으로 바꾸었다. JS모건은행은 미국 기업들이, 즉 신대륙의 기업들이 발행한 채권을 영국인 투자자들에게 팔았다.

은행 이름을 JS모건은행으로 바꾼 그해, 주니어스 모건은 미국의 한 은행을 사들여 JS모건은행의 뉴욕지점으로 만들었고, 아들 J.P. 모건(John Pierpont Morgan, 1837~1913)을 파트너로 참여시켰는데, 그 뉴욕지점이 나중에 JP모건은행(J. P. Morgan & Co.)이 된다.

J.P. 모건은 처음에 어떻게 돈을 벌었나?

주니어스 모건은 마음먹고 아들 J.P. 모건을 금융인으로 훈련시켰다. J.P. 모건은 보스턴에서 교육을 받고 독일로 유학하여 괴팅겐대학을 졸업한 후, 1857년 영국계 은행의 뉴욕지점에서 첫 직장생활을 시작했다. 7년 후인 1864년 J.P. 모건은 JS모건은행의 뉴욕지점을 운영하게 된다.

J.P. 모건은 1861~1865년 동안 계속된 남북전쟁 당시에는 앙리 듀폰과 손잡고 총기류와 군화를 취급하는 무기 중개업으로 부를 축적했다. 이른바 '전쟁상인'이었던 셈이다.

남북전쟁 후 J.P. 모건은 영국 은행들로부터 많은 자금을 조달해 1870년대 급성장으로 자금 수요가 컸던 미국 회사들에게 필요한 자금을 공급했다.

모건은 단순한 은행가가 아니었다. 시대를 꿰뚫어보는 안목이 있었다. 철도사업, 벤처투자, 철강사업, 기업합병 등에 큰 역할을 하며 사업을 키워나갔다.

1877년 미국의 철도왕 코넬리어스 밴더빌트가 사망하자 그의 아들 윌리엄 밴더빌트로부터 뉴욕센트럴철도 주식을 인수해 영국에 판매한 것을 비롯해 철도, 철강, 광산 등 각종 산업에 자금을 조달하는 창구 역할을 맡아 미국이 세계 최강의 산업 국가로 발돋움하는데 결정적으로 기여했다.

J.P. 모건

J.P. 모건의 뛰어난 사업 안목

철도사업에 투자

1885년부터 J.P. 모건은 철도산업의 과당경쟁을 막기 위해 미국 최대 철도회사인 뉴욕센트럴철도와 펜실베이니아철도를 중재하여, 철도 운임에 대해 협정을 맺었다. 이 협정은 철도회사들에게 치명적인 요금인하 경쟁 및 노선경쟁을 최소화하기 위한 것이었다.

20세기 초 철도개척 시대가 끝나가던 즈음 철도회사들이 발행한 채권은 미국 전체 증권 발행액의 반 이상을 차지하고 있었다.

정말이지 미국기업들은 철도자본으로 좌지우지되었다고 해도 과언이 아니었다. 하나의 철도회사 산하에도 수십 개의 회사가 납품 관계로 연관되어 있었다.

그후 모건은 자신이 재편했던 철도의 주식을 대량 인수함으로써 1902년까지 약 8천 킬로의 철도를 운영하는 세계 최고의 철도왕이 되었다. 1925년 무렵 JP모건은행이 지배한 주요 15개 철도의 자산은 총 85억 달러에 이르렀는데, 이 금액은 지금 기준으로 계산하면 대략 7천억 달러나 되고, 유명한 투자자 조지 소로스가 운용하는 퀀텀펀드의 몇 배나 되는 금액이다.

벤처투자

모건은 소위 벤처투자도 했는데, 1892년 에디슨을 지원해 에디슨제너럴 전기회사를 설립하게 했다. 1897년 모건은 철도 등 기존의 산업에서부터 벤처사업을 직접 추진하는데, 예를 들어 에디슨이 설립한 에디슨제너럴 전기회사와 톰슨휴스턴 전기회사를 합병하여 GE를 만든 것이다. 당시로는 대단한 모험이었다.

그후 GE는 100년 이상 동안 〈포천〉 100대 기업에서 빠지지 않는 유일한 기업이자 미국에서 가장 존경받는 기업이 되었다.

철강회사에 투자

모건은 1898년 페더럴 철강회사에도 창업자금을 투자했다. 1901년 카네기의 철강회사를 4억4천만 파운드(약 5억 달러)에, 록펠러의 철강회사를 7,500만 달러에 사들이고, 다른 여러 철강회사들과 페더럴 철강회사를 합병하여 세계 최초로 매출액 10억 달러 기업 US스틸을 탄생시켰다. 당시 월가에서는 "기원전 4004년에 하느님이 이 세상을 창조하셨다. 그러나 서기 1901년에는 J.P. 모건과 존 D. 록펠러가 지구를 바꾸어 버렸다"는 말이 나올 정도로 슈퍼 파워였다.

20세기 초 미국 경제에서 J.P. 모건의 영향력

철도와 철강 사업 이외의 분야에서도 모건의 기업합병 행진은 그후로도 계속 이어졌다.

1902년 주요 농기구 제조업체들을 통합해 인터내셔널하비스터를 설립했고, 대서양 횡단 해운업체 대부분을 합병하여 인터내셔널머천트 해운회사를 창설했다. 1907년에는 미국 전역의 전화를 독점하는 AT&T를 인수했다. 당시 시기별로 호황을 누리던 모든 사업마다 J.P. 모건의 손길이 닿지 않는 곳이 없을 정도였다.

1907년 후반, 주가 폭락을 신호탄으로 부실 은행과 기업들이 연쇄 도산하여 미국 금융시스템이 마비되는 금융공황이 닥쳐왔다. 이때 J.P. 모건의 역할이 새삼 부각되었다. 모건은 이때 뉴욕의 은행가들을 모아놓고 영세한 은행들에게 돈을 빌려주도록 설득하는 한편, 시어도어 루스벨트 대통령(Theodore Roosevelt, 재임 1901~1909)로 하여금 은행들에 구제금융을 제공하도록 설득하여 사실상 중앙은행의 역할을 수행했다.

J.P. 모건은 대규모 기업 재편을 완료한 뒤 여러 은행과 보험회사에 대한 경영권을 확보하는 데 주력했다. 모건은 자신이 재편하거나 영향력을 행사한 회사의 이사회를 통해 미국의 주요 기업과 금융기관의 경영권을 장악하게 되었고, 그로 인해 연방정부의 불신과 경쟁자의 적대심을 불러일으켰다. 연방정부와의 갈등을 겪고 있던 모건은 1909년 3월 시어도어 루스벨트 대통령이 휴가를 얻어 아프리카로 사냥을 간다는 기사를 읽고 이렇게 내뱉었다.

"아프리카에서 맨 처음 루스벨트를 만나는 사자는 자신의 임무를 완수하기 바란다."

미국의 중앙은행인 연방준비제도이사회(FRB)는 모건이 사망한 해인 1913년에야 설립되었다.

J.P. 모건 2세의 활약

1913년 J.P. 모건이 사망하자 뒤를 이어 그의 아들 J.P. 모건 2세(John Pierpont Morgan Jr., 1867~1943)가 JP모건은행의 총재로 취임했다. 그는 1889년 하버드대학을 졸업한 뒤 1892년 JP모건은행의 사원으로 입사해 8년간 런던지점에서 근무했다. 영국에서 근무하는 동안 그곳에 깊은 애정을 갖게 된 모건 2세는 1914년 제1차 세계대전이 발발하자 3년간 영국과 프랑스 정부의 독점 구매대리인이 되어 두 나라를 대신해 미국 회사들로부터 약 30억 달러의 군수품과 일반 물품을 구매했다. 그리고 총 15억 달러 이상의 연합군 채권을 인수하는데 필요한 미국의 보증을 받기 위해 2천개 이상의 은행들로부터 협조를 구했다.

제1차 세계대전이 끝나자 JP모건은행은 유럽의 재건사업을 위해 총 100억 달러 이상을 대출해주기도 하는 등 유럽 경제 부흥에 기여를 했다.

모건 2세는 아버지처럼 카리스마가 있고 노련한 인물은 아니었지만 당대 미국에서 가장 영향력 있는 은행가였다. 1920년 경영난에 처한 GM을 회생시키기 위해 피에르 새뮤얼 듀폰과 공동 투자하고, 듀폰과 함께 GM을 공동 경영하기도 했다.

일반 은행과 투자은행의 차이점

1929년 10월 24일 블랙먼데이로 촉발된 대공황으로 미국의 주식시장이 하루아침에 붕괴되었나. 그러자 미국 정부는 경제가 더 이상 어려워지는 것을 막기 위해 1933년 새로운 은행법을 발표했는데, 그 핵심 내용은 은행 업무를 일반은행 업무와 투자은행 업무로 분리하라는 것이었다.

투자은행(Investment Bank, IB)은 단순한 은행업무에 증권업무까지 확장한 것이다. 증권중개, 증권인수는 물론이고, 인수합병(M&A), 기업공개(IPO, initial public offering), 자기자본투자(PI, Principal Investment), 사모펀드 및 헤지펀드 운영, 자산운용 등을 주간하고 자문하는 금융투자 사업을 한다. 그래서 자금운용이 장기적이다.

반면 상업은행, 즉 일반은행(Commercial Bank, CB)은 여유자금을 가진 예금자로부터 받은 예금을 자원으로 하여 기업이나 개인에게 단기 대출을 해주는 것을 원칙으로 하는 은행이다.

흔히 은행을 말할 때 "해가 날 때 우산을 빌려주고 비가 오면 우산을 빼앗는 강도들"이라는 비유를 하는데, 이런 단기적인 자금운용의 폐단을 막기 위해 시작된 것이 투자은행(IB)이다.

새로운 은행법, 글래스스티걸 법의 제정

대공황 당시 많은 전문가들이 대공황의 주된 요인으로 상업은행의 방만하고도 무분별한 경영을 지적했다. 상업은행이 주가 상승기에 큰 수익을 얻으려고 리스크가 큰 증권 관련 거래에 몰두했다는 것이다.

상업은행의 이와 같은 금융관행을 방지하고자 1933년 새로운 은행법이 제정되는데, 그 핵심 조항은 상업은행과 투자은행의 업무를 엄격히 구분한다는 내용이었다. 이 법의 공식명칭은 '1933년 은행법'인데, 이 법을 발의한 의원의 이름을 따서 '글래스스티걸 법(Glass-Steagall Act)'이라고 불리고 있다.

하지만 이런 식의 분리를 주장하던 은행법도 1999년에 수명을 다하면서 다시 상업은행의 증권업 겸업이 허용되었다.

21세기 JP모건체이스은행으로 거듭나다

1929년 10월 대공황으로 주식시장이 붕괴되었을 때 J.P. 모건 2세와 몇몇 주요 은행가들이 모여 주가 하락을 막아보려고 노력했으나 이미 너무 늦었고, 또 역부족이었다.

1933년 새로 발효된 은행법, 즉 글래스스티걸 법에 따라 JP모건은행도 투자은행과 시중은행으로 분리시켜야 했다. 모건스탠리은행은 새로운 투자은행이 된 반면, JP모건은행은 완전한 시중은행이 되었고 J.P. 모건 2세는 이 은행의 총재로 남았다. 1943년 모건 2세가 사망하면서 모건 일가는 JP모건은행의 경영에서 손을 떼고, 회사는 본격적인 전문경영인 시대로 들어섰다.

2000년 12월 JP모건은행은 유명한 체이스맨해튼은행과 합병하여 JP모건체이스은행이 되었다.

그후 2004년 7월 JP모건체이스은행은 뱅크원과 합병하면서 투자은행업과 민간금융서비스업, 금융서래업, 자산관리업, 사모(私募)펀드업 분야의 선도 은행으로 탈바꿈했다.

대공황

모건 일가가 자본주의에 미친 영향

긍정적인 면

J.P. 모건은 미국 자본주의의 상징적인 인물이자 가장 뛰어난 인물이었다. 특히 J.P. 모건은 19세기 말부터 제1차 세계대전 직전까지 20년간 세계의 산업 역사상 가장 중요한 인물 중 한 명이었다.

2009년 4월 포트폴리오닷컴이 경영대학원 교수들과의 협의를 통해 '가치창출과 파괴, 혁신, 경영기술' 등을 고려해 가장 영향력 있는 기업가 20위까지 랭킹을 매겼는데, 1위는 포드자동차의 창업자 헨리 포드가 뽑혔고, J.P. 모건이 2위에 올랐다.

20세기 초 J.P. 모건은 "어떤 사업을 하려면 그 분야에서 1위나 적어도 2위가 되지 않으면 이익을 얻을 수 없다. 3위 이하는 소용없다"라고 말한 적이 있다. 이 말은 훨씬 뒤에 피터 드러커에 의해 1980년 GE의 신임 회장이 된 잭 웰치(Jack Welch, 1935~)에게 전해졌고, 웰치는 그 말뜻을 잘 이해하고 실천했다.

1981년 GE의 회장이 된 웰치는 취약한 사업부문이 매우 많다는 것을 느꼈다. 그래서 구조조정의 필요성을 느끼고 드러커에게 자문을 구했다. 드러커는 오히려 웰치에게 몇 가지 간단한 질문을 던졌다.

"지금까지 이 사업을 안 하고 있었다고 칩시다. 지금 이 사업을 시작하겠어요?"(If you weren't already in this business, would you enter it today?)

"만약 시작하지 않겠다면, 그 사업을 어떻게 하시겠어요?"(If not, what are you going to do about it?)

간단한 질문이지만 매우 큰 힘을 발휘했다. 웰치의 구조조정 정책, 즉 GE의 여러 사업부문 중 1, 2위를 하지 못하는 부문은 과감시 포기한다는 정책은 그렇게 해서 결정되었다.

1913년 J.P. 모건이 76세의 나이로 이집트 여행중 사망했을 때, 그의 유산은 미술품 1억 달러, 부동산 7천만 달러, 기타 현금이나 신탁기금 등 유동자산이 합계 3천만 달러에 달했다.

그는 당대의 훌륭한 예술품과 희귀 서적을 많이 수집했는데, 예술품을 뉴욕의 메트로폴리탄 미술관에 기증했고, 수집한 책들은 뉴욕 도서관에 기증했다.

이런 발표를 본 록펠러는 다음과 같이 말했다고 전해진다.

"난, 모건이 상당히 부자인 줄 알았는데."

누군가가 록펠러에게 물었다.

"부자란 재산이 얼마 정도여야 합니까?"

록펠러는 이렇게 대답했다고 한다.

"부자는 자신의 재산이 얼마인지 계산할 수 없는 사람이야."

부정적인 면

J.P. 모건 가문에서 긍정적인 면만 있는 것은 아니다. 투기꾼과 전쟁상인의 모습이 전혀 없다고는 할 수 없다.

예를 들면 월가의 투기자본가 제이 굴드가 뉴욕 시의 악덕 판사를 이용해 이리철도를 빼앗았을 때, 그에 대항하여 유능한 변호사들을 이끌고 굴드에게 교묘하게 덫을 씌우면서 이리철도의 부사장에 취임해, 불법을 일삼는 굴드 일파를 내쫓은 사람이 바로 J.P. 모건이었다.

그리고 J.P. 모건이 남북전쟁 동안 자본을 축적하면서 전쟁상인 노릇을 한 것은 작은 오점으로 남아 있다.

앙리 듀폰
화학산업의 대명사

200년을 이어져온 기업, 듀폰

프랑스 중농주의 경제학자 피에르 듀폰 드 느무르(Pierre Samuel du Pont de Nemours, 1739~1817)는 세 아들을 두었는데, 첫째아들 빅토르 마리 듀폰(Victor Marie du Pont, 1767~1827)과 셋째아들 엘뢰테르 이레네 듀폰(Eleuthre Irne du Pont, 1771~1834)이 미국에 와서 뿌리를 내렸다.

첫째아들 빅토르 듀폰은 초대 주미 프랑스공사관의 관원으로 미국과 인연을 맺은 뒤 프랑스 공사관의 수석 서기관을 역임한 후, 1800년 미국에 귀화하여 동생 이레네 듀폰이 설립한 화약회사에서 일했다.

셋째아들 엘뢰테르 이레네 듀폰은 프랑스 왕실 화약공장에서 기사로 일했다. 1800년 그는 미국으로 이주했고, 미국의 화약이 품질이 나쁘고 값도 비싼 것을 보고 1802년 델라웨어 주 월밍턴 근처에 '듀폰화약공장'을 세웠다. 그리고 프랑스와 미국 정부에서 일하면서 회계업무를 잘 아는 형을 관리자로 모셔왔다.

듀폰화약공장의 창업자 이레네 듀폰은 사업특성상 위험한 화약을 다루고 있어 처음부터 안전에 각별히 신경을 썼는데, 그는 안전을 강조하기 위해 일부러 화약공장 안에 자신의 사택을 지었다. 공장은 곧 꽤 높은 수익을 올렸으며, 특히 미국 독립전쟁 이후 영국과 또 다시 벌어진 1812년의 전쟁에서 큰 이익을 보면서 회사의 기반을 닦았다.

남북전쟁을 기회로 삼다

이레네 듀폰은 두 아들을 두었는데, 첫째아들 알프레드 빅토르 듀폰(Alfred Victor Philadelphe du Pont, 1798~1856)은 회사를 물려받아 전통적인 방법으로 착실하게 경영하여 회사를 키웠다.

둘째아들 앙리 듀폰(Henry du Pont, 1812~1889)은 1833년 웨스트포인트 육군사관학교를 졸업하고 군에 입대했다가, 1년 후 가족 사업에 합류했다. 1856년 형이 사망한 뒤 그는 좀더 적극적으로 회사를 운영했다.

마침 일어난 남북전쟁(1861~1865)은 듀폰 가에게 도약할 수 있는 기회를 주었다. 남북전쟁은 초등학교 교과서에 나오는 것처럼 스토우 부인(Harriet Stowe, 1811~1896)이 쓴 소설《엉클 톰스

캐빈》을 읽은 링컨 대통령이 감명을 받아 불쌍한 노예들을 해방시키기 위해 일으킨 인간적인 전쟁이 아니었다. 남북전쟁의 목적은 훨씬 더 큰 데 있었다. 풍요로운 신천지를 지배하는 것은 농부인가, 아니면 산업사회를 만들려는 제조업 근로자들인가, 그것이 싸움의 진짜 원인이었다. 즉 미국의 남북전쟁은 미국의 미래가 여전히 농업사회로 남느냐, 산업사회가 되느냐 하는 전환점이었던 것이다.

남북전쟁 당시의 링컨

산업사회를 지지했던 북군이 농업사회를 고수하려는 남군을 이김으로써 결판이 났다. 그때부터 경제, 정치, 사회면에서 농업은 쇠퇴했고 공업은 융성하게 되었다. 미국에 산업사회가 도래하게 된 것이다.

남북전쟁으로 호황을 누린 사람들도 많았다. 뉴잉글랜드의 섬유공장들은 군복을 생산하느라 바빴고, 철강공장은 철도와 총포류 생산에 전 생산시설을 가동했고, 운송업자들은 군수물자와 군인의 수송으로 호황을 누렸다. 그 중 하나인 듀폰화학은 남북전쟁 동안 폭약을 만드느라 바빴다.

남북전쟁 이후 듀폰은 멀리 떨어진 캘리포니아의 공장도 인수했으며 여러 관련 기업을 합병하는 등 사업을 확장해갔다.

앙리 듀폰의 아들인 듀폰 가문 제3대째인 알제농 듀폰(Henry Algernon du Pont, 1838~1926)은 웨스트포인트 육군사관학교를 졸업하고 남북전쟁에도 참전한 뒤 1878년 가족 사업에 참여했다.

말하자면 듀폰 가문은 전쟁(다시 말해 변화)이 닥쳤을 때 사업을 접고 도망갈 때로 인식한 것이 아니라, 부(富)를 쌓는 기회로 본 것이다. 말하자면 '화약산업을 화학산업으로' 바꾼 것이다.

4대에 걸친 듀폰의 활약

창업자 이레네 듀폰으로부터 4대째인 앙리 프랜시스 듀폰 (Henry Francis du Pont, 1880~1969)은 유명한 원예학자로 회사 일에는 애초부터 관여하지 않았다.

1902년 듀폰은 창업 100주년을 맞았다. 창업 이후 듀폰 가의 4대째인 3명의 사촌들인 토머스 콜레망 듀폰(Thomas Coleman du Pont, 1863~1930), 알프레드 이레네 듀폰(Alfred Irne du Pont, 1864~1935)과 피에르 사무엘 듀폰(Pierre S. du Pont, 1870~1954) 등이 임원이 되어 가족 경영체제

앙리 듀폰

를 확고히 하고 있었다.

특히 피에르 사무엘 듀폰은 1920년 재정위기에 빠진 GM을 구한 인물이다. 좀더 자세히 설명하면 내막은 이렇다.

1910년 미국 자동차시장에서 22퍼센트를 차지하고 있던 GM은 재정문제에 직면하게 되고 창업자 윌리엄 듀란트(William Durant, 1861~1947)는 결국 회사를 채권단에 넘긴 뒤 이사회 임원의 자리만 맡게 된다. 그러나 듀란트는 1911년 시보레(Chevrolet) 자동차를 설립하고 재기의 발판을 마련해 GM을 되찾았다. 듀란트는 회사로 돌아왔지만 그는 역시 기업가일 뿐 유능한 경영자는 아니었다. 그는 회사의 비용과 지출부문을 전혀 통제하지 않았다. 비용을 감당할 수 있는지에 관계없이 무리한 확장만을 추구했다. 5년 후 GM의 시장점유율은 5퍼센트로 떨어졌다.

미국 증시의 폭락과 함께 GM의 주가도 한 달간 35퍼센트가 떨어지면서 듀란트는 1920년 12월 또 다시 은행과 중역들과 마찰을 빚고 회사에서 두 번째로 쫓겨나고 만다. 듀란트는 GM이라는 거대한 기업을 만드는데 모든 노력을 쏟아 부었지만, 조직적 혹은 재정적인 논리도 없이 방만한 경영을 했던 것이다. 듀란트는 매분기마다 손익계산서를 살펴보는 것 외에는 회사의 경영상태를 파악하는 방법을 몰랐기 때문에, 시장 여건에 따라 어떤 공장의 제품이 과잉생산이 되었다든지, 또는 생산에 필요한 원자재가 부족하다든지 하는 사실을 알게 될 때마다 놀라곤 했다.

결국 1920년 불황기에 들어설 무렵 과잉생산은 마침내 듀란트의 운명을 재촉하고 말았다. 채권자인 은행들이 경영능력이 있는 사람에게 경영권을 맡길 것을 요구했다. 듀폰의 회장이며 GM의 대주주인 피에르 사무엘 듀폰이 GM의 회장이 되었다. 사무엘 듀폰은 경영난에 처한 GM을 회생시키기 위해 J.P. 모건 2세와 공동 투자하고 함께 GM을 지배했다.

그후로 듀폰은 MIT 졸업생인 알프레드 슬론(Alfred Sloan, 1875~1966)을 GM의 사장에 앉혔고, 경영 실책으로 쫓겨난 윌리엄 듀란트는 자신이 창업한 GM에 영원히 다시 돌아오지 못했다.

듀폰의 획기적인 개발품, 나일론

듀폰은 첨단 신제품 개발에 박차를 가하기 위해 연구소를 설립했는데, 1903년 세계 최초의 기업연구소로 출발한 듀폰중앙연구소는 1931년 프레온 냉매와 합성고무 네오프렌을 개발하면서 명성을 얻기 시작했다.

1938년 듀폰이 개발한 나일론은 섬유산업의 혁명을 가져왔다. 나일론은 듀폰이 개발한 고유한 상품명이었지만 이제는 보통명사가 됐다.

나일론은 제2차 세계대전 때 군수품으로서도 큰 위력을 발휘하여 낙하산, 로프, 텐트 등으로 활용되면서 연합군을 승리로 이끌었다.

듀폰은 나일론을 '팔지 않았다.' 한 걸음 더 나아가 듀폰은 새로운 나일론 시장을 창조해낸 것이다. 나일론을 이용해 만든 여성용 스타킹과 여성의 속옷으로 새로운 시장을 창조했고, 나일론을 이용한 자동차 타이어 시장을 창조했다. 그런 다음 듀폰은 이미 수요를 창출해놓아 사실상 자신들이 이미 팔고 있었던 제품을 가공업자들이 생산하도록 그들에게 나일론 원료를 공급했다.

나일론은 또 다른 시장을 만들어냈는데, 듀폰은 자사가 개발한 새로운 나일론 섬유가 자동차 타이어에 주로 사용되리라고는 꿈에도 생각지 못했다. 그러나 아크론(Akron)에 소재한 한 타이어 공장이 나일론에 대해 관심을 보이자 듀폰은 그 지역에 공장을 세웠고, 몇 년 뒤 타이어는 나일론 섬유의 가장 크고 가장 수지맞는 시장이 되었다.

끊임없는 신제품 개발

듀폰의 신제품 개발은 계속 이어졌다. 1950년 폴리에스테르, 1963년 탄성섬유 라이크라, 1967년 아라미드섬유, 1987년 쿨맥스 스포츠용 섬유, 1990년 고온초전도 물질 등을 잇달아 개발했다. 1987년에는 노벨화학상 수상자도 배출했다.

끊임없는 기술 개발과 시장의 창출, 이것이 바로 듀폰이 200년 이상 생존해 있는 이유이다.

지금 듀폰은 1800여 종에 이르는 다양한 산업용 소재를 생산하고 있으며, 소재산업 외에도 안전컨설팅 사업도 하고 있다.

창업자 엘뢰테르 이레네 듀폰 이래 듀폰 가의 재산은 많은 후손들에게 상속되었는데, 6~7대째에 와서는 듀폰 후손들은 그들이 사는 지역에서 듀폰이라는 이름 자체로도 명사로 존경받고 있다. 그러나 지금 듀폰 가는 경영에는 참여하지 않고 있다.

경영의 역사 곳곳에 듀폰의 이름을 올리다

200년 넘는 긴 회사의 역사만큼이나 듀폰의 이름은 경영의 역사 페이지 곳곳에 등장한다.

미국의 재계 판도는 여러차례 변화를 겪는데 맨 처음이 미국 독립 직전까지 영국과의 무역으로 부를 축적했던 식민지형 부자들이다. 미국 독립으로 그들이 떠난 자리를 국제무역과 선박투기 등으로 부를 일군 사람들이 차지했고, 그 다음은 제퍼슨이 3대 대통령이 된 1800년 이후, 제퍼슨 행정부의 비호를 받으며 무역선 선주에서 금융가로 변신한 사람들이다. 이때까지 소유와 경영은 대를 이어 세습되었고 기업의 규모도 별로 크지 않았다.

그런데 1860년대 산업혁명과 남북전쟁을 계기로 미국 재계에는 새로운 인물들이 대거 등장한다. 철도 거부 코넬리어스 밴더빌트, 금융계 거목 J.P. 모건, 산업계의 카네기, 록펠러, 듀폰 등이다. 그들 신흥 부자들이 기존 부호들을 밀어내고 미국 재계를 지배하게 되는데 그 기간은 1930년대 초 대공황 시기까지 지속되었다. 이들은 전쟁을 이용해 일확천금을 거머쥔 모리배들과는 달리 각각 철도, 금융, 철강, 석유, 화학 등 각 산업분야에서 거대 기업을 일구었고 현대 미국 경제의 주춧돌을 놓은 사람들이다.

1869년 미국에서 최초의 대륙횡단 철도가 완성되고, 1875년부터 주식회사의 설립이 급증했으며, 1881년부터 테일러의 시간연구와 작업연구가 진행되었다. 1882년에는 록펠러의 스탠더드 오일 트러스트가 성립되었고, 1885년에는 J.P. 모건에 의해 철도 네트워크가 완성되었다. 철도망이 연결되자 미국의 지역 시장들이 차례차례 연결되면서 대량생산 및 대량판매 시스템이 생겼다. 1900년에는 미국 산업별 대표 기업 16개사의 시장점유율이 85퍼센트에 달했는데, 전기의 GE, 철도의 모건, 담배의 듀크 등과 함께 화학의 듀폰도 그 이름을 올렸다. 이때 비로소 '가진 자'와 '못 가진 자'의 갈등이 시작되는 때이기도 하다.

1900년대 초 듀폰은 연구개발을 중요시하여 GE 등 당시의 대기업들과 함께 박사급 연구원들을 채용하기 시작했다.

리엔지니어링과 부의 사회환원

1980년대 중후반 미국에서는 제조업에서 일본의 약진에 대해 반성의 목소리가 높아지기 시작했다. 미국 제조업의 취약점을 분석하고 대책을 강구하기 시작했다. 일본기업을 벤치마킹했고, 과거의 경영방식을 포기하는 획기적인 리엔지니어링(business reengineering)을 실시했다. 일본에 뒤쳐진 것을 따라잡기 위해 급속하고도 획기적인 리엔지니어링 전략을 사용한 것이다.

IBM의 컴퓨터 구매자에 대해 자금을 대출하는 회사인 IBM크레디트는 컴퓨터 매매계약과 임대계약의 견적서 발급기간을 과거 1주일에서 단 하루로 줄였다. 모토로라의 무선호출기 사업부는 제품의 주문에서 배달까지 걸리는 시간을 과거 3주에서 2일로 단축시켰다. 오티스 엘리베이터는 고객의 기업에 설치한 엘리베이터가 고장이 나면 자동적으로 신고되는 시스템을 개발했다.

듀폰 역시 예외가 아니었다. 듀폰은 납품업자의 서류를 전자우편으로 바꾸었을 뿐 아니라, 품목별로 5퍼센트 이내의 품목을 납품하는 공급업자들에게는 주문서조차 발행하지 않는다. 자기들이 직접 데이터베이스를 보고 재고가 없으면 스스로 판단하여 납품을 하게 했다.

듀폰은 부의 사회환원에도 앞장섰는데, 록펠러, 듀폰, 구겐하임 등 열심히 일하고 사후에는 축적한 자산을 사회에 환원한 재산가들과 나란히 듀폰도 이름을 올렸다.

프레더릭 테일러
과학적 관리법의 창시자

테일러가 과학적 관리법을 주장할 당시의 시대상황

프레더릭 테일러가 〈과학적 관리법〉을 발표한 것은 1911년이다.

당시 산업혁명이 유럽 사회의 각계각층으로 밀어닥침에 따라 농업사회를 지키려는 수구세력들과 산업사회의 선구자라고 할 수 있는 산업 엘리트들과의 사이에 처절한 싸움이 시작되었다.

1750년까지의 유럽은 앨빈 토플러의 분류대로 아직 제1의 물결 시대로서, 일반적인 의미에서 미개사회였다. 머지않아 다가올 산업사회를 예견할 수 있는 현상이 곳곳에서 나타났지만, 유럽은 물론 지구의 다른 쪽도 농업문명이 지배하고 있었기 때문에 그 상태가 오래 지속될 것이라고 당연히 믿었다.

농업사회에 밀어닥친 제2의 물결, 즉 산업혁명은 그때까지의 제1의 물결 문명과는 대조적인 강력한 문명을 창조했다. 그런데 산업혁명이란 단지 공장의 등장과 대량생산방식만을 의미하는 것은 아니었다. 그것은 인간생활의 모든 면과 사회 전반에 걸친 대변혁이었다. 제1의 물결이 그때까지 만들어놓은 온갖 사회적 특징에 대한 도전이었다.

영국에서 출발한 산업혁명은 바다 건너 미국 뉴잉글랜드와 디트로이트 교외에 거대한 공업단지를 건설했고, 농장에는 트랙터를, 사무실에는 타이프라이터를, 부엌에는 냉장고를 들여놓게 해주었다.

손목시계가 등장했고 일간신문과 영화가 사람을 흥분시켰으며, 지하철과 상업용 비행기가 사람들을 신속히 수송했다.

미술계에는 입체파가 등장했고 판화가 선보였고, 음악계에는 소규모의 하이든 교향곡 대신 모차르트, 베토벤, 말러, 바그너 등 대형 오케스트라가 자주 연주되었다. 판화가 미술의 대량생산이라면 한꺼번에 수천 명이 들을 수 있는 오케스트라는 음악의 대량생산이었다.

각종 비타민과 의약품의 발명으로 평균 수명이 연장되었고, 대규모의 연좌데모를 흔히 볼 수 있었고 선거제도가 도입되는 등 그 외에도 많은 변화가 있었다. 이런 것은 모두 제2의 물결의 산물이었다. 그러나 보다 중요한 것은, 제2의 물결이 이러한 개별적인 현상을 조합하여 그때까지 없었던 강력하고도 광범위한 사회 시스템을 이룩한 것이다. 이것이야말로 산업사회의 문명이었다.

테일러는 어떤 사람인가?

프레더릭 테일러(Frederick Taylor, 1856~1915)는 1856년 3월 필라델피아의 변호사 집안에서 태어났다. 테일러는 부유한 변호사였던 부친을 따라 1872년부터 2년 동안 유럽을 여행했고, 프랑스와 독일의 학교에서 학교를 다니는 등 남보다 우수한 교육을 받았다.

1876년 20세 때 하버드대학 법학과에 합격했으나, 시력이 매우 나빠져서 입학을 포기하고 필라델피아의 모형제작 회사(Enterprise Hydraulic Works Co.)에 입사했다.

하버드 대학 역사상 입학 허가를 받고도 등록을 포기한 사람은 테일러뿐이었다는 말도 전해진다. 머리가 좋았던 테일러는 몇 가지 금속 발명품으로 일찌감치 부자가 되었다.

3년 후인 1878년에는 미드베일 강철 회사(Midvale Steel Co.)로 옮겼고, 1881년 관리자로 승진한 테일러는 첫 저서 《시간연구(Time Study)》를 발표했다. 1893~1901년까지는 베들레헴 강철회사(Bethlehem Steel Co.)에 근무했다.

45세가 되던 1901년, 테일러는 현업에서 은퇴하고 필라델피아에 거주하며 대학과 기업에서 '과학적 관리법'에 대해 강의하고 저술활동에만 전념했다. 이후 1903

프레더릭 테일러

년《공장관리(Shop Management)》, 1906년《금속절단 기술(On the Art of Cutting Metals)》을 발표했으며, 미국 기계기사협회 회장으로 선출되었고, 펜실베이니아 주립대학교에서 명예박사 학위를 취득했다.

1911년 테일러는 경영학사상 기념비적 저술《과학적 관리법(The Principles of Scientific Management)》을 발표했다. 1912년에는 미국의 하원청문회에서 과학적 관리법과 공장관리에 관해 '하원 특별위원회를 위한 테일러의 증언'이라는 제목으로 증언했다. 테일러는 1915년 3월, 59세의 나이로 필라델피아에서 사망했다.

테일러의 사상을 '과학적 관리법'이라고 이름 붙인 사람은 루이스 브렌다이스(Louis D. Brandeis, 1856~1941)인데, 그는 인권에 대해 진보적 시각을 가졌던 미국의 대법관으로 테일러의 열렬한 지지자였다.

과학적 관리법의 핵심

1881년부터 프레더릭 테일러는 작업을 연구하고 분석해 과학적 관리법을 고안했다. 그리고 과학적 관리법이라는 지식을 '일하는 방법', 즉 작업방식에 적용했다.

과학적 관리법이란 '일하는 방식 자체를 개선하여 생산성을 올리는 것'이다. 작업의 세분화, 불필요한 작업의 제거, 동선의 축소, 판단해야 할 상황의 제거, 매뉴얼의 작성 등을 통해 과거 천재들만이 할 수 있던 업무 처리를 보통사람들도 할 수 있도록 세분화하고 절차화한 것이다.

테일러의 과학적 관리법의 핵심은, 적정한 일과를 기준으로 계획적인 생산을 하는 과업관리(task management)였다. 과업관리를 통해 근로자의 '적정한 하루의 작업량(a fair day's work)'을 합리적으로 결정하고, 이에 따라 임금도 합리적으로 결정할 뿐만 아니라, 이를 토대로 생산을 계획적으로 관리하려는 것이었다.

테일러는 무엇보다 노동자를 일류시민으로 만들고 싶었던 것이다. 테일러는 《과학적 관리법》 서문에 다음과 같이 적고 있다.

"지금까지 생산활동에 있어서 사람이 첫째였다. 그러나 앞으로는 시스템이 첫째가 돼야 한다. 그렇다고 우수한 사람이 필요 없다는 말은 아니다. 역설적으로, 훌륭한 시스템의 첫째 목적은 일류 인재를 육성하는 데 있다. 지금까지는 우수한 인재라도 승진을 못하는 경우가 있었지만, 과학적 관리법에서는 그 어느 때보다 승진이 빠르고 확실할 것이다.

이 책을 쓴 목적은 다음 세 가지이다. 첫째, 우리들은 일상 행동에 있어서 많은 비능률 때문에 국가 차원에서 커다란 손실을 입고 있다. 이를 간단한 사례를 들어 명확히 밝혀보려 한다.

둘째, 이러한 비능률을 없애기 위해서는 과학적 관리를 실시해야 한다는 것, 즉 훌륭한 인물을 찾는 것만으로는 해결될 수 없다는 점을 독자들에게 이해시키고자 한다.

셋째, 최선의 관리는 확실한 법칙과 원리를 토대로 하는 과학이라는 점을 증명하고자 한다. 나아가 과학적 관리법의 근본원리는 지극히 간단한 개인의 행위에서부터 상호협력을 필요로 하는 대규모 회사의 업무에 이르기까지 모든 인간의 활동에 응용될 수 있음을 밝히려 한다. 또한 이 원리가 잘 적용되기만 하면 놀라운 성과가 나올 수 있음을 다양한 예를 통해 쉽게 설명하겠다.

이 글은 원래 미국기계기사협회에 제출하기 위한 것으로, 사례들은 가능한 한 제조회사의 기사나 관리자는 물론 그 공장에서 일하고 있는 모든 사람들에게도 적용할 수 있는 것을 선정했다. 같은 원리로써 모든 사회활동에 응용할 수 있다. 가정관리, 농장관리, 도소매업 관리는 물론이고 교회나 자선단체, 대학 및 관공서에도 마찬가지로 응용할 수 있음을 독자 여러분께서 이해해주면 좋겠다.”

요약하자면 '과학적 관리법'이란 '공정한 하루의 일(a fair day's work)'을 결정하고, 그에 걸맞은 '공정한 하루의 임금(a fair day's pay)'을 제공하여, '일류 인간(first-class man)'을 만들려는 것이다. 그리하여 노동자와 사용자 모두가 잘사는 사회를 만들자는 것이다.

생산성을 떨어뜨리는 주범 '태업'

테일러는 태업(怠業, soldiering, sabotage)이 생산성 저하를 가

져오는 가장 큰 원인이라고 지적하고, 태업을 방지함으로써 노사 간에 번영을 가져올 수 있다고 주장했다.

"만약 노동자들이 갖가지 태업을 중단하고, 노사관계를 개선하고 경영자 측과 친밀하게 협동하고, 경영자 측으로부터 여러 가지의 협조를 받으면서 최선을 다해 최대 속도로 작업을 하면 각 노동자 및 각 기계당 생산량을 평균 2배 정도 증가시킬 수가 있다. 1900년대 초 미국 및 영국에서는 여러 가지의 개혁론이 주창되고 있으나, 번영을 촉진하고, 가난을 없애며, 고난을 적게 하는 데 있어서 태업 방지보다 효과를 올릴 수 있는 것은 없다."

"미국과 영국에서 근래 활발하게 논의되고 있는 문제는 관세, 대기업의 지배권 통제, 세습권의 통제, 다소 사회주의적인 과세방법 등과 같은 것들이다. 국민들은 이와 같은 문제에 대해서는 큰 관심을 보이고 있으나 태업과 같은 매우 중요한 문제에 대해서는 무관심한 실정이다. 그러나 태업을 해결하는 것이야말로 직접적으로 노동자의 임금을 향상시키고 생활수준을 높이고 또한 국내 전체 생산기업의 성장에도 영향을 미치는 중대한 문제이다."

"태업이나 기타 '작업을 지연시키는 원인'을 제거하면, 생산비는 감소되고 국내 및 해외 시장에서 경쟁사에게 승리할 수 있을 것이다. 이것으로 불경기, 실업, 빈곤을 초래하는 근본 원인을 일정 부분 제거할 수 있다. 그렇게 되면 임금은 높아지고, 노동시간은 짧아지며, 공장 및 가정의 환경도 좋아지는 것은 당연하다. 바꾸어 말해, 각 노동자가 매일 매일 '최고의 생산을 위해 노력하지 않는 한, 최대의 번영을 이룩하는 것은 불가능'하다. 그럼에도 불구하고 대다수의 노동자는 고의로 반대로 행동하고 있다."

당시 노동조합이 테일러의 이론을 비판한 이유는?

노동조합의 입장에서 본 테일러의 죄는 "세상에는 숙련을 요하는 작업은 없다"고 한 테일러의 주장이었다.

테일러는 육체노동에는 '단순한 작업'만 있다고 주장했다. 그리고 일정한 방식대로 작업하는 노동자는 교육과 훈련을 통해 생산성을 올릴 수 있으며, 그 결과 '일류 시민'이 되어 '최고의 임금'을 받을 자격이 있다고 주장했다.

테일러가 활동하던 시대에 사회적으로 막강한 노동조합들은 정부 소유의 병기창과 조선소였는데, 제1차 세계대전까지는 미국의 모든 무기가 이곳에서 생산되었다. 이런 노동조합들은 직업별 독점조합으로 중세의 길드와 유사했다.

노동조합 가입 자격은 조합원의 아들이나 친척에게만 국한되었다. 조합원이 되려면 5~7년 동안의 도제수업을 받아야 했지만 체계적인 훈련이나 작업연구는 없었다. 훈련이나 작업연구에 대해 기록으로 남기는 것은 절대 허용되지 않았다. 작업에 대해 청사진 하나 없었고 설계도면도 없었다. 회원들은 작업에 대한 비밀을 지킬 것을 맹세했으며, 작업내용에 대해 비노조원과 얘기하는 것조차 허용되지 않았다.

그러한 상황인데, "작업은 연구 분석될 수 있고, 또한 작업은 일련의 단순 반복적인 동작으로 나눌 수 있고, 각 동작은 올바른 방법으로, 주어진 시간 내에, 적절한 도구를 사용하여 수행될 수 있다”는 테일러의 주장은 폐쇄적인 노동조합에게는 치명적 공격으로 받아들여졌다.

히틀러의 오판

1941년 12월 히틀러(Adolf Hitler, 1889~1945)는 미국에 대해 선전포고를 했다. 대체 무얼 믿고 그랬을까? 그 이유는 이랬다.

미국이 유럽에 충분한 병력을 배치하기 위해서는 이들을 수송할 대규모의 수송선들이 필요했다. 그러나 당시 미국은 상선을 거의 갖고 있지 않았을 뿐더러 상선을 호위할 구축함도 몇 대 없었다. 그나마 낡은 것들뿐이었다.

더군다나 현대의 전쟁은 정밀 렌즈를 대량으로 필요로하는데도 미국에는 숙련된 렌즈공조차 없다는 정보가 히틀러에게 보고되었다.

사실 미국의 전통적인 외교정책은 조지 워싱턴과 토머스 제퍼슨 등 건국의 아버지들 때부터 고립주의를 지향해왔다. 그것은 특히 유럽 각국의 분쟁에 휘말려들지 않고 평화를 누리겠다는 미국민들의 열망을 나타내는 것이었다. 1823년 12월 2일 제5대 대통령 제임스 먼로(James Monroe, 1758~1831)가 의회에 제출한 연두 교서에서, 유럽과 신대륙은 서로 다른 정치체제를 가지고

히틀러

있으므로 별개의 지역으로 남아야 한다는, 이른바 '먼로 선언'을 함으로써 고립정책은 더욱 확고하게 자리를 잡았다. 고립정책은 신흥국 미국에 있어서 현실적인 정책이었다.

미국은 고립정책을 지향하면서 군비증강 대신 국내의 발전에 자원을 집중적으로 투입할 수 있었다. 그런 이유로 미국은 1,2차 세계대전 모두 국민들의 여론을 보아가며 뒤늦게 참전하게 된 것이다.

히틀러의 생각으로는 미국이 상선과 구축함을 만들고 정밀렌즈 기술을 습득하여 전쟁터에 충분한 물자와 군인들을 보급할 무렵이면 유럽 전쟁은 이미 끝나 있을 것이라고 판단했던 것이다.

미국은 2차대전에서 테일러의 이론을 어떻게 적용했나?

히틀러의 분석은 절대로 옳았다. 미국은 상선도 많이 보유하지 않았고, 구축함도 몇 대 없었으며 또한 광학산업은 기초도 약했다. 그러나 히틀러가 한 가지 간과한 것이 있었다.

미국은 테일러의 과학적 관리법을 군수공장에 적용함으로써 기술이 전혀 없는 노동자들을 훈련하는 방법을 익히 알고 있다는 점이다. 그 당시 노동자들 중 대부분은 시골에서 농사를 짓던 문맹에 가까운 사람들이었지만 60~90일 정도 훈련을 받은 뒤에는 일급 용접공, 일급 조선공으로 변신했다. 그리고 미국의 근로자들은 과업연구를 통해 과거 독일이 생산했던 것보다 더 나은 품질의 렌즈를 만들었으며, 한술 더 떠서 생산조립 공장까지 갖게 되었다.

말하자면 미국은 테일러의 시간연구, 동작연구, 과업연구, 그리고 훈련방식, 즉 과학적 관리법을 체계적으로 현장에 적용하여 처음에는 제1차 세계대전에서, 그리고 특히 제2차 세계대전 때 단순 노동자들을 수개월 만에 '일류 기술자'로 만들었던 것이다.

이런 역사적 사실이야말로 "미국이 어떻게 일본과 독일을 패배시킬 수 있었는가" 하는 데 대해 다른 어떤 요인보다도 잘 설명해준다고 피터 드러커는 말했다.

테일러의 이론이 경영학에서 차지하는 위치는?

현대 역사상 초기의 경제 강국들, 예를 들어 영국, 미국, 독일 등은 새로운 기술의 선구자 역할을 하면서 등장했다.

그러나 제2차 세계대전 후에 등장한 경제 강국들, 즉 처음 등장한 나라가 일본, 그 다음 한국, 대만, 홍콩, 싱가포르 등은 자신들의 경제성장을 테일러의 훈련 방식에 공을 돌려야만 한다.

테일러의 방식은 산업사회 이전 단계의 국가로서 저임금 근로자들뿐이었던 이들 나라들로 하여금 짧은 시간 내에 세계적 수준의 생산성을 올리도록 했다. 제2차 세계대전 후 수십 년 동안 테일러식 훈련은 진실로 효과적인 경제개발 추진 요소가 되었던 것이다.

작업에 대한 지식의 적용은 각국의 노동생산성을 폭발적으로 증가시켰다. 의식주마저 해결하기 어려운 시대, 그래서 실업자들이 도시로 몰려들고 있을 때 가장 필요한 것은 공산품의 생산량을 늘리는 것이었다. 결론적으로 말하면 테일러의 시간연구와 공장관리 그리고 과학적 관리법은 그 시대의 문제를 해결하는 방법이자 철학이었다. 1860년대 미국의 모습은 그로부터 100년 후인 1960년대 공업화 초기단계의 한국의 모습과 매우 흡사했고 그 해결법도 유사했다.

일하는 방법을 바꾸어 생산성을 올린 선구자들은 많다. 누군가 테일러에게 "과학적 관리법을 혼자 고안했습니까?"하고 물었을 때, 과학적 관리법을 제안하고 개선하는 데는 100명 이상의 사람들이 동참했고 자신의 역할은 미미했다고 테일러는 말했다. 사실 생상성 향상에 기여한 사람들은 프랑스의 앙리 페이욜, AT&T의 시어도어 베일, 시어스 로벅의 초기 경영자들, 헨리 포드, GM의 알프레드 슬론, IBM의 왓슨 등 예를 들자면 끝이 없다.

유복하게 자라고 교육받은 테일러가 작업자가 된 것은 정말 우연한 일이었다. 눈이 나빴던 그는 하버드대학에 입학하는 것을 포기하고 대신 제철소에서 기능직을 택했던 것이다.

테일러 이후 많은 지식인들이 작업에 관심을 기울이기 시작했다. 중세의 수도원의 역할 가운데 경영학적으로 의미가 있는 것은 부유층 자제 출신 성직자와 고위 성직자도 몸소 일을 했고, 그리하여 일은 노예나 머슴, 하인들만 하는 것이 아니라는 점을 일깨운 것이다. 그런 관점에서 테일러는 경영의 역사의 한 페이지를 차지할 가치가 충분하다.

‘현대 경제학의 아버지’는 애덤 스미스이고, ‘과학적 관리법의 아버지’는 프레더릭 테일러이고, ‘현대 경영학의 아버지’는 피터 드러커이다.

드러커는《자본주의 이후의 사회》에서, “사람들은 간혹 다윈, 마르크스, 프로이트를 현대세계를 만든 3인으로 추앙하기도 한다. 그러나 만약 이 세상에 정의라는 것이 있다면, 마르크스를 빼내고 대신 테일러를 집어넣어야만 한다”고 주장했다.

이렇게 보면 경영의 역사와 지식의 역사에 있어서 테일러보다 더 큰 영향을 준 인물은 거의 없다고 할 수 있다.

앙리 페이욜
경영관리론

페이욜, 도산 직전의 회사를 구해내다

프레더릭 테일러와 거의 같은 시대에 프랑스에는 앙리 페이욜 (Henry Fayol, 1841~1925)이라는 사업가가 활약하고 있었다. 20세기 초, 아직 경영 이론에 대한 정의가 정리되어 있지 않던 시기에 페이욜은 오늘날 경영 이론의 형성에 밑바탕을 마련한 인물이라고 할 수 있다. 경영에 대해 시도된 바가 거의 알려지지 않던 시기에 '경영'에 대한 시도가 뜻밖에도 프랑스의 광산 기사인 앙리 페이욜에게서 시작된 것이다.

페이욜은 1841년 프랑스 리옹의 중산층 가정에서 태어나 생에티엔 국립 광산학교를 다녔다. 졸업 후 1860년 프랑스 광산회사인 꼬망보(Comambault)의 광산기사에 취직해 평생 한 회사에만 근무하며 1888년 관리이사가 되었다.

페이율이 이 회사의 관리책임을 맡게 됐을 때 회사는 거의 도산 직전에 있었다. 그는 관리이사로 재직하는 동안 쓰러져가던 회사를 낭떠러지에서 구했으며 그가 퇴직할 무렵인 1918년에는 회사의 재정상태는 완전히 회복되었다.

앙리 페이율

그는 이 같은 성공을 자신의 능력으로 돌리지 않고, 경영관리에 관한 일반 원칙과 지식에 따른 것이라고 말했다. 그리고 그런 지식은 학습될 수 있다고 했다. 즉, 지식을 경영관리 현장에 적용한 것이 페이율의 가장 큰 역할이었다.

그 과정에서 페이율은 자신만의 독특한 경영이론을 체계화했다.

페이율은 경영학의 역사에 의미있는 공헌을 했다. 우선, 그는 경영의 보편성을 인식한 사람이었다. 경영이란 꼭 대기업에서만 하는 것이 아니라, 광산회사에서도 병원에서도 학교에서도 적용할 수 있다는 것을 보여주었다.

또한 그는 경영을 하나의 학문이라는 것을 밝혀냈다. 지금은 당연한 얘기지만 당시로서는 '경영'을 학문으로 인식하는 사람은 거의 없었다.

페이율은 경영에 대한 개념을 정리하면서 14가지의 경영의 원칙을 제시했다. 그 14가지는 분업, 권한과 책임, 규율, 명령의 통일, 지휘의 통일, 개인의 이익보다 전체 이익을 중시, 직원의 급여, 권력의 집중화, 상하관계, 질서, 공평, 고용의 안정성, 창조력,

단결력 등이다. 그는 이 원칙들이야말로 경영의 보편적인 특징이라고 말했다.

페이욜의 14대 원칙은 대부분의 경영자들이 고민하는 것들이다. 페이욜은 경영자들이 이 원칙을 효과적으로 실행하기 위해서는 계획을 세우고 조직하고 명령하고 협력하고 그리고 통제할 필요가 있다고 말했다.

페이욜이 분류한 기업의 6가지 활동영역

사실 경영관리(Administrative Management) 개념과 원칙을 분석한 것은 페이욜이 최초이며 이전에 없는 독창적인 것이었다. 페이욜은 기업활동을 6가지 영역으로 분류했는데 오늘날의 분류와 거의 흡사하다.

첫째, 기술활동(생산, 제조, 가공)
둘째, 영업활동(구매, 판매, 교환)
셋째, 재무활동(자금의 조달과 운영)
넷째, 설비보전활동(재산 및 종업원의 보호)
다섯째, 회계활동(재산목록, 대차대조표, 원가 및 통계 등)
여섯째, 경영관리활동(계획, 조직, 명령, 조정, 통제)

페이욜은 여섯 번째의 경영관리 활동을 별도의 활동으로 구분하고 기업경영에 있어 중요한 활동이라고 강조했다.

이처럼 경영에 대해 세밀한 원칙을 제시한 페이욜은 "경영에 대해 정의를 내릴 수 있다면 그것을 교육시킬 수도 있다"는 결론을 내렸다. 경영 교육의 개념을 제시한 최초의 이론이었다. 실제로 그는 육군성 고등학교에서 강의를 했고 은퇴 후에는 행정연구센터를 설립해 경영에 대한 관심을 불러일으켰다.

경영에 관한 페이욜의 이론에는 '경영관리론'이라는 이름이 붙여졌다.

페이욜의 이론 vs 테일러의 이론

페이욜과 테일러는 '기업'이라는 같은 대상을 다루었지만 접근 방법은 서로 달랐다. 테일러는 공장의 하위직으로부터 거슬러 올라가는 방법을 택한 반면, 페이욜은 경영자로서 위로부터 아래로 내려가는 길을 택했다.

따라서 테일러는 경영관리에 대한 접근에 있어서 직무분석, 종업원의 동작, 표준시간 등에 관해 상세히 취급한 데 비해 페이욜은 경영관리를 상의하달(上意下達)식, 즉 윗사람으로부터 내려오는 계획, 조직, 명령, 조정 및 통제 측면에서 다루었다.

꼬망보 광산회사에서 자신의 아이디어를 응용하고 시험해 본 페이욜은 1916년 《산업 및 일반 관리론》을 출판했는데, 테일러의 《과학적 관리법》은 그보다 앞선 1911년에 출판되었다.

페이욜 이론의 3가지 혁신적인 면

페이욜의 《산업 및 일반 관리론》은 경영관리 사상 유래 없는, 그리고 중요한 세 가지 혁신적인 면을 제시했다.

첫째, 경영관리는 독립된 지식으로서 모든 조직관리에 적용될 수 있다는 '경영관리의 보편성'.

둘째, 모든 경영 현상에 적용될 수 있는 최초의 완전하고 '포괄적인 경영관리 이론'이 존재한다는 것.

셋째, 대학에서 경영관리 과목을 '가르칠 수 있고, 개발할 수 있다는 개념'을 제시한 것, 등이다.

사실 페이욜이 프랑스 및 다른 여러 유럽 국가들의 산업에 끼친 영향은, 테일러가 미국에 끼친 영향과 거의 맞먹는다고 할 수 있다.

비록 접근방식은 다르다 할지라도 두 사람의 활동은 서로 보완 관계에 있었다. 테일러는 경영관리에 있어서 기술적 능력의 중요성을 강조하고 주로 노동자의 수준과 생산의 기술적 측면에 관심을 둔 반면, 페이욜은 관리능력과 모든 조직에 합당한 관리원칙 및 기술을 강조하면서 위로부터 아래로 전달되는 경영관리 문제를 중점적으로 다루었다는 점에서 서로의 이론을 보완하는 것이다.

헨리 포드
이동식 조립라인과 대량생산체제

말(馬) 없이도 달리는 마차

자동차왕으로 불리는 헨리 포드(Henry Ford, 1863~1947)는 아일랜드에서 이민 온 농부의 아들로 미시건 주의 한 농가에서 태어났다. 어릴 때부터 기계를 다루는 데 탁월한 재능을 보였던 포드는 15세 때 이미 자동차 제작에 몰두했다. 웨스팅하우스와 함께 일하며 증기 엔진을 다루던 포드는 1891년 에디슨 전기회사에 취직하여 토머스 에디슨과 함께 일하기도 했다.

에디슨 전기회사에 다니던 어느날 잡지에서 '말(馬) 없이도 달리는 마차'를 다룬 기사를 읽고 그때부터 자동차를 만들 구상을 했다고 한다.

그는 에디슨 전기회사에서 일하면서 3년에 걸쳐 자신이 구상한 자동차를 테스트한 뒤 마침내 몇몇 투자자들로부터 투자금을 받아 자동차회사를 설립했으나 결과는 파산으로 끝나고 말았다.

조립라인의 혁신을 이루다

40세 때인 1903년 6월 19일 포드는 11명의 동업자들과 함께 2만 8천 달러의 자본금으로 포드자동차(Ford Motor Company)를 설립했다. 1908년 첫 출시된 유명한 모델T는 포드가 최초로 A형 차를 생산한 이후 5년간에 걸친 시작품(試作品)으로 설계한 자동차 모델 중 20번째 작품이었다.

모델T 조립공장의 평균 작업주기(같은 작업을 다시 반복하게 되는 주기)는 514분 즉, 8.56시간이었다. 각 작업자들은 조립한 반제품 자동차를 다음 공정으로 보내기 전에 많은 부품을 조립했다. 예를 들어 작업자 한 명이 바퀴, 스프링, 엔진, 변속기, 발전기와 같은 모든 기계부품을 차대(자동차 섀시)에 장착했는데, 이런 일련의 작업을 완성시키는 데는 꼬박 하루가 걸렸다.

초기의 포드자동차에는 부품의 완벽한 호환이 이루어지지 않아서 우선 필요한 부품들끼리 잘 맞춰지도록 가공한 후 필요한 위치에다 조립했다. 포드자동차에 부품 호환성이 완벽하게 확보되었을 때, 헨리 포드는 조립공들이 작업대 사이를 이동하며 한 가지 작업만 수행하는 방식을 도입했다. 1913년 8월 포드자동차의 평균 작업주기는 514분에서 2.3분으로 단축되었다. 문자 그대로 혁신이었다.

238

이 같은 조립시간 감소에 따라 생산성 향상은 너무나 당연한 일이었다. 반복되는 단일작업에 완전히 숙련되어 작업시간이 단축된 것이 생산성 향상의 주요 원인이었지만 조립시 부품가공 및 조정작업이 완전히

헨리 포드와 모델T

사라지게 된 점도 생산성 향상에 기여했다. 작업자들은 같은 부품을 반복해서 신속히 조립하기만 하면 되었던 것이다.

그러나 포드는 작업자들이 작업대를 이동하는데 문제가 있음을 곧 알게 되었다. 작업대 사이가 비록 1~2미터밖에 안되었지만 동작이 빠른 작업자와 느린 작업자들이 있었기 때문에 빈번히 작업 정체가 발생했다.

1913년 봄 디트로이트에 하일랜드파크 공장을 건설하면서 포드의 천재성이 다시 한번 발휘됐다. 작업자가 이동하는 것이 아니라 작업 대상인 자동차가 이동하는 이동식 조립라인(컨베이어 벨트 시스템)을 도입한 것이다. 이러한 작업방식의 혁신으로 작업 주기는 2.3분에서 다시 1.19분으로 감소했다. 이는 작업자가 걸어서 이동하는 시간을 절감하여 작업속도를 빠르게 할 수 있었던 것이다.

모델T의 생산원가는 경쟁사보다 훨씬 낮아졌다. 이러한 생산 혁신을 통해서 포드는 처음에는 550달러에 판매하던 모델T를 1916년에는 360달러로 가격을 내렸고 1920년대 초에는 다시 225달러로 인하할 수 있었다.

작업의 세분화, 단순화, 그리고 분업화

미국의 남북전쟁 직후, 유럽 각국으로부터 가난한 이민 노동자들이 미국으로 대거 몰려왔다. 이번에는 농부가 아니라 공장 근로자들이었다. 이들이 흑인노예를 대신하여 미국 공업사회에 부족한 노동력을 제공했다.

포드자동차의 디트로이트 하일랜드파크 공장에 컨베이어벨트가 완전히 설치되어 적정 생산속도를 내기 시작한 1915년경 조립 작업자의 수는 7천 명이 넘었다. 그들 대부분은 시골농장 출신이거나 남부의 여러 주에서 올라온 흑인들, 그리고 미국으로 갓 이민 온 사람들이었다. 그 당시 하일랜드파크 공장의 작업자들

컨베이어 시스템

이 사용하는 언어는 50가지가 넘었다고 한다. 하루 12~14시간 작업과 일주일에 6일 작업은 당연했다. 따라서 생산현장의 경영관리자의 최우선 과제는 노동자들을 엄격하게 통제하는 것이었다.

그렇다면 어떻게 해서 이렇게 지식수준이 낮은 근로자들을 엄격히 통제하고 그렇게 많은 자동차를 생산할 수 있었을까? 이에 대한 해답은 작업의 세분화, 분업화, 단순화, 그리고 전문화였다. 포드는 부품의 호환성뿐만 아니라 작업자의 호환성도 실현한 것이다.

헨리 포드가 "자동차의 색이 검정색인 한, 고객은 누구라도 자동차를 구입할 수 있다"라고 한 것은 결코 농담이 아니었다. 그것은 검정색 한 가지로만 생산하면 생산비를 현저히 줄일 수 있다는 것으로, '단일 제품을 대량으로 생산'하는 대량생산의 진수를 표현한 것이다. 물론 포드는 고객이 다양한 색깔의 자동차를 구입할 수 있도록 하는 것은 어렵지 않다는 것도 알고 있었다. 페인트 작업자에게 스프레이 장치를, 한 개가 아닌 3~4개를 주기만 하면 되는 것이다. 그러나 포드에게 있어 단일 제품은 곧 대량생산의 핵심이었다.

사치품의 대중화

포드가 자동차 가격의 인하로 노동자들도 자동차를 살 수 있도록 한 것은 '사치품의 대중화'를 달성한 것이다. 사실 포드는 처음부터, 마차를 타고 다니던 고소득층이 아니라, 일반 시민을 주요 타깃으로 삼았다. 그 사이 물가는 두 배로 올랐지만 포드자동차는 가격을 반으로 낮추었다. 뿐만 아니라, 1914년 1월 5일을 기해 하루 2달러이던 종업원의 임금을 5달러로 인상하고 종업원에 대한 이익분배금을 1천만 달러로 하였으며, 근무 시간을 9시간에서 8시간으로 단축했다.

포드는 자서전 ≪나의 인생과 일(My Life and Work, 1926)≫에서 포드자동차 종업원의 행동원칙과 고객서비스 원칙을 다음과 같은 네 가지로 밝히고 있다.

첫째, 미래에 대한 공포심도, 과거에 대한 자만심도 갖지 말 것.

둘째, 부당한 경쟁을 하지 말고 어떤 일도 최선을 다해 수행하는 데 뜻을 둘 것.

셋째, 이윤은 서비스의 결과이므로 이윤을 우선시하지 말 것.

넷째, 제조업이란 가능한 한 최저의 원가로 제품을 만들어 소비자에게 판매하는 것이지, 싸게 사서 비싸게 파는 것이 아님을 명심할 것.

GM에 1위 자리를 내주다

헨리 포드는 경영사에서 탁월한 업적을 올렸지만, 실수도 많았다.

포드는 회사가 필요로 하는 모든 자금을 회사 내부에서, 즉 축적된 내부 유보이익만으로 조달했다. 이것은 헨리 포드 자신이 은행이나 외부 투자자들을 경원시했고 회사를 완전히 장악해야 한다는 확고한 신념 때문이었다.

알프레드 슬론

또한 포드는 모든 의사결정을 최고 책임자인 자기 자신에게 집중시켜야 한다고 생각했다. 그러나 포드는 이 거대한 세계적 규모의 사업들을 조직하고 운영하는 능력이 부족했다. 정말이지 거대한 세계적 규모의 사업을 혼자 경영할 수 있는 천재는 없다.

포드는 조직의 경직화 때문에 세상의 변화에 대응할 수 없었고, 1920년대 후반, 업계의 시장점유율 1위 자리를 GM(General Motors)에게 넘겨주었다. 당시 GM의 CEO는 전설적인 인물 알프레드 슬론(Alfred Sloan, 1875~1966)이었는데, GM은 포드 자동차와는 반대로 고객의 다양한 요구에 맞춰 세분화 전략으로 나갔다. 다양한 모델, 가격대 그리고 다양한 용도의 자동차를 생산하면서 정기적으로 새 모델을 선보인 것이다.

더구나 헨리 포드는 이미 덩치가 커질 대로 커진 회사에서 여전히 자신이 권력을 독점하기를 원했고, 경영에 참여하고 있던 외아들 에셀(Edsel Ford, 1893~1943)과의 불화까지 겪었다. 그후 에셀은 젊은 나이에 세상을 떠서 아버지에게 깊은 상처를 주었다.

포드와 GM의 성공과 실패 사례는, 시대의 변화와 이를 인식하고 변혁해야만 하는 기업조직의 어려운 과제를 보여주고 있다.

포드의 몰락이 주는 교훈

경영학적 관점에서 포드 사의 사례에서 얻을 수 있는 교훈이 있다.

1930년대 들어 헨리 포드의 정신력이 쇠퇴하게 되고 회사가 도산의 위기에까지 몰리게 되었다. 경영이란, 시대의 변화, 즉 시장동향과 고객의 기호변화를 반영하는 것이기 때문이다.

포드는 고객들이 다양한 제품에 시간과 돈을 지불하려 하지 않는다고 잘못 판단한 것이다. 고객의 욕구는 소득 수준에 따라 달라진다는 점을 포드는 간과했던 것이다.

반면 GM은 고객들의 경제 수준과 취향에 맞춰 다양한 모델을 내놓았고 고객들이 큰 부담 없이 다양한 색상의 자동차를 선택할 수 있도록 해마다 다른 모델을 제공함으로써 포드를 이겼다.

포드와 GM의 흥망성쇠는, 기업사회에는 '성공은 실패의 근본'이라는 역설이 존재함을 보여주는 것이다. 어떤 특정한 시대에 큰 성과를 올릴 수 있었던 조직이라고 해도 그 성공이 표준이 되고 권위가 되어, 같은 방법은 같은 성공을 가져온다고 믿음으로써, 조직에 위험한 경직화를 초래하고 만다.

경직된 조직은 사원들의 사기를 떨어뜨리고, 조직 전체가 활기

244

를 잃고, 실적을 악화시키며, 끝내는 쇠퇴하고 만다는 것이다.

포드자동차 회사는 1950~1960년대에 와서 제한적이나마 사업다각화를 추진했다. 1956년 유도 미사일과 탄도 미사일 등의 무기류를 개발·생산하는 회사를 설립했으며, 1961년에는 전자제품 제조회사인 필코사를 매입했다. 1962년에는 트랙터와 농기계류의 생산을 위한 포드 트랙터 부서를 신설했다.

포드자동차는 그후로도 계속 구조조정을 거쳐 오랜 동안 세계 2위의 자동차 생산 회사의 자리를 유지하다가, 2008년 금융위기 이후 4~5위권으로 추락했다.

시어도어 베일

3S: 표준화 · 전문화 · 단순화

시어도어 베일과 3S

수렵채집사회와 농경사회에서는 생산에 필요한 정보는 가까운 사람에게서 얻는 것만으로도 충분했다. 그러나 산업사회가 되자 분업화된 경제활동에서 생산현장의 노동자들에 대한 통제와 조정을 필요로 했다. 원자재만 필요한 것이 아니라 많은 지식과 정보도 필요했고, 그것들을 효과적으로 전해주어야 했다. 즉, 표준화된 지식의 전달이 필요했다.

이렇게 되자 지식과 정보 수집의 필요성을 느낀 각국들이 앞다투어 우편제도를 마련했다. 우체국이란 사회적으로 매우 유익한 발명으로, 당시 사람들은 무척 반가워했다. 미국의 정치가 에드워드 에버레트(Edward Everett, 1794~1865)는 "우체국은 기독교와 더불어 인류의 근대 문명을 받드는 한쪽 축"이라고까지 표현했다. 우체국으로 인해 산업시대에 걸맞은 커뮤니케이션 통로가 처음으로 일반인들에게도 알려지게 된 것이다.

1837년 영국의 우체국은 1년에 대략 8800만 통의 편지를 다루었다고 한다. 당시 수준으로 그야말로 정보의 홍수라고 할 만한 숫자였다.

산업사회를 뒷받침하는 세 개의 기둥이 있는데, 소위 3S로, 표준화(standardization)와 전문화

시어도어 베일

(specialization), 단순화(simplification)가 그것이다. 산업사회의 시장 규모와 역할이 커지자 표준화한 것은 코카콜라의 병, 백열등, 자동차의 부속품뿐만이 아니었다.

표준화 원칙은 그 밖의 많은 곳에도 적용되었다. 이 중요성을 제일 먼저 이해한 사람 중 하나가 시어도어 베일(Theodore N. Vail, 1845~1920)이었다. 그는 20세기 초 AT&T를 경영하여 거대기업으로 성장시킨 인물이다.

1860년대 말, 철도회사에서 우편 사무 업무를 맡아 경영 경험을 쌓던 베일은 우편물의 수신인이 같은 경우라도 배달 경로는 반드시 같지 않다는 사실을 깨달았다.

우편 행낭은 목적지에 도착하기까지 이리저리로 왔다갔다하다가 목적지에 도착하는 데 몇 주일, 심지어 몇 개월 걸리는 수도 있었다. 그래서 베일은 배달 경로의 표준화를 생각해냈다. 수신인이

동일한 편지는 같은 경로로 배달되어야 한다고 생각한 베일은 우편사업의 혁신을 이룩했다.

그레이엄 벨, 전화기를 발명하다

농아교사였던 알렉산더 G. 벨(Alexander Graham Bell, 1847~1922)은 기계수리공이자 모형 제작자인 토머스 왓슨(Thomas A. Watson, 1854~1934)의 도움으로 전기로 소리를 전달하는 각종 기구를 고안했다. 1875년 4월 6일 벨은 음성주파 다중전신(音聲周波多重電信, voice-frequency multichannel telegraphy)에 대한 특허를 인정받았다.

1876년 2월14일 벨은 전화기에 대한 특허를 신청했는데, 벨보다 2시간 늦게 엘리샤 그레이(Elisha Gray, 1835~1901)라는 발명가가 비슷한 내용의 특허를 출원했다. 문자 그대로 간발의 차이였다. 벨은 3월 7일 특허를 승인 받았는데, 미국 특허사무국은 벨에게 특허번호 174465를 전달했다. "말소리나 그 밖의 소리들을 수반하는 공기의 진동과 유사한 형태의 전기진동을 일으켜 목소리나 그 밖의 소리를

그레이엄 벨

전신으로 전달하는 방법과 기구를 만드는 기술을 인정한다.”

그로부터 사흘 뒤 그레이엄 벨은 “미스터 왓슨, 이리로 와보게!”라는 인류 역사상 최초의 전화통화를 했다.

특허전쟁을 벌이다

AT&T의 전신은 1877년 3월 알렉산더 벨의 장인이자 법률가였던 가드너 허버드(Gardiner Greene Hubbard, 1822~1897)와 토머스 샌더스(Thomas Sanders)가 함께 설립한 내셔널벨 전화회사(National Bell Telephone Company)이다. 벨은 처음에는 당시 최대 전신망을 보유하고 있던 웨스턴유니언에 전화특허를 10만 달러에 판매하려고 제시했으나, 시대를 너무 앞서간 발명품은 거절당하고 만다. 이 에피소드는 기업 역사상 가장 잘못된 결정의 대표적인 사례로 전해 내려오고 있다. 어쨌든 벨은 특허를 상품화하기 위해 어쩔수없이 직접 벨 전화회사를 차렸던 것이다.

당시 대기업인 웨스턴유니언은 전화기기와 특허권을 이미 자체적으로 확보하고 있었는데, 벨보다 간발의 차이로 특허 신청에서 밀려난 엘리샤 그레이의 특허를 사용하여 전화사업 개발경쟁에 뛰어든 것이다.

1878년 허버드는 철도회사에서 경영 능력을 발휘했던 시어도어 베일을 경영자로 스카우트했고, 베일은 웨스턴유니언을 상대로 특허권 소송을 벌였다. 당시 웨스턴유니언은 밴더빌트와 제이

굴드와 사이에 경영권을 둘러싸고 내분에 휩싸여 있었기 때문에
마침내 1879년 11월 10일 전화사업의 모든 특허권과 청구권 및
시설물을 포기하기로 타협했다. 1881년 벨 전화회사는 웨스턴유
니언으로부터 웨스턴일렉트릭 주식의 과반수를 인수했다.

독특한 이력의 소유자, 베일

시어도어 베일은 기업의 역사에서 차지하는 비중은 매우 큰 데
비해 잘 알려져 있지 않은 인물로서, 75년 생애 동안 다양한 삶을
살았다. 베일은 AT&T의 사장을 두 번씩이나 맡은 독특한 이력을
가지고 있다. 그는 철도우편 업무에서 매우 성공적인 경력을 쌓
은 뒤, 1878년 벨 전화회사의 사장으로 스카우트되었다. 1887년
까지 벨 전화회사의 사장직을 수행하는 동안 지역전화 교환국들
을 통합하고 상호 연결시켜 장거리 전화서비스를 개발했다.

그러나 투자자들과의 갈등으로 1889년 벨 전화회사를 떠난
베일은 이후 아르헨티나에서 몇 년을 보내면서 코르도바에 수력
발전소를 개발하고 부에노스아이레스에 전차철로를 건설했다.
1907년 베일은 벨 전화회사의 후신인 AT&T의 CEO로 다시 영
입되었다.

1894년 벨 전화회사의 특허권이 만료된 이후 수백 개의 독립
적인 지방회사들이 전화 사업에 뛰어들었고 벨 전화회사와 경쟁
하기 시작했다. AT&T에 복귀한 베일은 새로운 경쟁자들과 협력

하기로 결정하고 AT&T의 장거리 전화선과 연결해주는 대가로 적절한 요금을 부과했다. 1915년 최초의 대륙횡단 전화선을 개통했고, 같은 해 대서양 사이에 무선전화통신을 개통했다. 제1차 세계대전 때 베일은 미국의 전화서비스를 감독했고, 1919년 은퇴할 때까지 AT&T의 회장으로 재직했다.

베일은 1907~1919년 동안 AT&T의 회장으로 재직하면서 벨 전화회사의 계열회사들을 65년간, 즉 1984년까지 존속했던 것과 같은 방식의 단일조직체로 만들었다. 베일은 계열회사들을 미국의 각주(州)와 지방단위의 조직들로 통합했으며 많은 독립기업들을 합병해나갔다. AT&T는 1918년 의회의 결정에 따라 잠시 국유화되어 미국 체신부의 감독을 받았으나 1919년 다시 민간 소유로 환원되었다.

1921년 윌리스-그레이엄 법(Willis Graham Act)에 의해 공식 승인된 서약서에는 AT&T가 '자연적 독점체'로서 모든 독립 전화회사들에게 장거리 통신서비스를 제공함과 아울러 '주간(州間) 통상위원회'의 승인을 전제로 독립 전화회사들을 인수하는 것에 동의하고 있다.

베일이 AT&T 사에서 이룬 혁신은?

베일은 수화기를 비롯한 모든 부품뿐 아니라, AT&T의 업무처리 절차와 관리체계까지 표준화했다.

베일이 AT&T를 경영할 때는 미국의 가정용 전화기를 모두 검은색으로 통일할 정도였다. 이것은 헨리 포드가 대량생산의 일환으로 모델T 자동차를 검은색으로 통일했던 것보다 한발 앞선 '블랙 패션'이었던 셈이다.

1908년 AT&T가 몇몇 전화회사를 흡수 합병했을 때 베일은 그 정당성을 주장하면서 다음과 같이 강조했다.

"표준화된 공장을 중앙에서 관리함으로써 비용뿐만 아니라, 전선이나 기타 시설비를 절약할 수 있다. 교환업무와 요금계산의 통합에 따른 경비절감은 말할 것도 없다. 산업화시대에 성공하려면 하드웨어뿐만 아니라, 업무의 절차라든지 관리업무 등 소프트웨어를 모두 규격화해야 한다."

국유화의 폐해를 미리 막다

시어도어 베일의 동종 업계 사람들은 시대착오적인 국유화의 위험에 대해 그와 같은 생각을 갖고 있었다. 그들은 입법부에서 이 법안 저 법안과 싸우고, 이 후보나 저 후보를 지지하거나 반대하는 등의 방법으로 맞서려 했다.

그러나 오직 한 사람, 베일만 이러한 방법이 상황 악화를 막는 데 별효과가 없다는 점을 이해했다. 전투에서 모두 이긴다 해도, 전쟁에서는 절대 이길 수 없기 때문이다. 그는 새로운 상황을 만들어내려면 대담한 행동이 필요하다는 것을 알았다. 국유화에 대한 효과적인 대안으로 사기업이 공공 규정을 만들어야만 한다는 점을 오로지 그만이 알고 있었다.

시어도어 베일은 다른 선진국의 전화 사업자와 마찬가지로 AT&T 역시 순식간에 정부의 지배하에 들어갈 수 있다는 사실을 알았다. 이런 사태를 방지하기 위해 베일은 AT&T의 사업이 무엇이며, 어떤 사업이 되어야 하는지를 고민했다. 그리고나서 내린 결론, 즉 그는 "우리의 사업은 서비스다"라는 유명한 정의를 생각해냈다.

베일의 이 말로써 오늘날 미국(그리고 캐나다)이 전화 시스템을 국가가 운영하지 않고(국유화하지 않고) 수많은 개인투자가들이 소유하고 있는 이유를 한마디로 설명해주고 있다.

그렇지만 그 정책은 그냥 사라질 뻔한 적이 있다. 만약 베일이 때맞춰 AT&T의 서비스 활동의 기준을 설정해두지 않고, 그것을 측정의 수단으로 도입하지 않고, 그리고 궁극적으로 경영자의 성과에 대한 보상기준으로 삼지 않았다면 말이다. 당시 벨 전화회사의 경영자들은 담당부서의 수익성(또는 원가)을 기준으로 평가받았는데, 새로운 평가기준은 곧 경영자들로 하여금 새로운 목표로 재빨리 받아들여졌다.

"우리가 하는 사업은 무엇인가?"라는 질문은 얼핏 보기에 대답하기 쉬운 것 같지만 실제로는 깊이 생각하고 또 연구한 후에야 대답할 수 있는 어려운 질문이다. 이 질문에 대한 가장 최초의 그리고 성공적인 대답들 중 하나가 시어도어 베일이 AT&T에 대해서 말한 "우리의 사업은 서비스다"이다.

지금 이 말을 들으면 당연한 것처럼 들린다. 그러나 전화는 당시 독점산업이었기 때문에 국유화하려는 움직임이 있었다. 사실 선진공업국에서 전화사업을 민간인이 운영한다는 것은 예외적인 일이었고 그 사업이 존속하려면 지역사회의 지지가 필요했다. 지역사회의 지지는 오직 '고객만족'으로써만 얻을 수 있었다.

이런 인식은 사업 정책을 근본적으로 혁신해야 한다는 것을 의미했다. 종업원들에게 철저한 서비스 교육을 시키고, 수요가 있는 곳이면 그곳이 어디든지 서비스한다는 것을 시민들에게 알려야 했다. 그리고 자본조달과 수익확보를 경영자의 과업으로 여겨야 했다. 실제로 그렇게 하는 데는 10년 이상이나 걸렸다. 1905년 AT&T는 자신의 사업을 면밀히 분석함으로써 전화회사를 국유화하려는 시도를 피해갈 수 있었다.

"우리의 사업은 서비스이다"

AT&T의 사업에 대해 정의내린 덕분에 베일은 "회사의 사업이 무엇인가" 또 "무엇이 되어야 하는가"에 대한 정의에 걸맞은 구체적인 목표와 활동 내역을 정할 수 있었다. 또한 성과와 결과를 측정할 수 있는 방법을 개발할 수 있었다. 그가 고안해낸 고객만족 기준과 서비스 만족 기준으로 인해 각 지역의 전화국 경영자들은 전국적인 경합을 벌이게 되었다.

이러한 기준은 경영자의 능력과 보상을 결정하는 측정 기준이 되었다. 그리고 그 결과 AT&T의 경영자들은 독점기업임에도 불구하고 성과와 결과를 창출하는 방향으로 움직일 수 있었다.

베일의 정의는 반세기가 넘도록 그 효력을 유지했다. 1960년대에 인플레이션의 압박이 강해지기 전까지 AT&T는 꾸준한 서비스 개선과 요금 인하를 동시에 달성했다. 마치 자동차 가격은 내리고 월급은 올렸던 포드 자동차처럼 말이다.

베일은 당시로서는 대단히 획기적인 일을 해냈다(오늘날에도 이것은 상당히 획기적인 차원에 속한다). 그는 AT&T의 이해관계자들이 누구인지를 먼저 규정했다.

당시 일반적인 생각을 가진 사업가들은 감독기관인 각 주의 '공공설비위원회'를 위험한 사회주의 체제이자 적으로 간주했다.

하지만 베일은 공공설비위원회가 AT&T의 진정한 합법적인 이해관계자이므로 감독기관이 제 역할을 다하게 만드는 것이 전화회사의 과업이라고 결론지었다.

베일은 감독기관의 목표가 무엇인가를 곰곰이 생각했다. 만일 미국의 국민들이 판단하기에 감독기관이 제 역할을 충실히 이행하지 못하고 있다고 생각했다면, AT&T는 오래 전에 국영화되었을 것이라는 점에는 의문의 여지가 없다.

또한 베일이 감독기관을 지역의 이해관계자로 분명하게 인식하지 않았다면, 미국의 공공설비위원회는 제 기능을 수행하고 업무를 명확히 이해할 능력을 갖추지 못했을 것이라는 점에도 의문의 여지가 없다.

토머스 왓슨
IBM 마케팅의 신화

판매 상인의 변천사

대량생산 방식의 확산으로 여러 산업에 근무하던 고용인들의 모습은 점차 획일화되어갔다. 공급업자, 대리점, 중개인, 그리고 무엇보다도 판매원들은 더욱 그랬다. 사람들 왕래가 많은 길목이나 시장통에서 만병통치약을 판매하는 중세의 약장수에서부터 역마차가 머무는 여관 같은 곳에서 샘플을 보여주고 물건을 파는 빅토리아시대의 봇짐장수에 이르기까지 상인들은 긴 역사를 갖고 있다.

19세기 중반 미국에서는 지배적인 사업가였던 도매상들이 '북치는 광고인'이나 '호객꾼들'을 고용하여 시장이나 호텔 또는 사람이 모이는 곳에서 고객을 끌어들였다.

그러나 대규모 회사들은 보다 더 잘 훈련된 판매원을 필요로

했다.

1880년대 '북치는 광고인'들은 철도역 주변에서 자주 눈에 띄었는데, 옷을 잘 차려입고는 호방한 성격에, 술을 잘 마셨고, 여자관계가 문란했다. 그들은 장래에 대한 불안감 때문에 외향적인 성격에도 불구하고 종종 알코올 중독자로 전락하곤 했다. 이러한 판매원들을 어떻게 훈련시키고 다루느냐 하는 것이 관건이었다. 판매업의 새로운 리더들은 자신들의 제품을 미국 대륙을 횡단하여 먼 곳까지 가서 팔기 위해서는 자유분방한 성격의 판매원들을 엄격히 통제할 필요가 있었다.

세일즈맨십은 어떻게 길러지는가?

19세기 말 오하이오 주 데이톤 출신의 존 헨리 패터슨(John Henry Patterson, 1844~1922)은 공격적이고, 경쟁심에 불타는 천재였다. 그는 '현대 세일즈맨의 아버지'라는 명칭을 얻게 해준 판매기법을 개발하기 시작했다. 패터슨은 NCR(National Cash Register)을 설립하여 점포 주인들에게는 필수품인 금전등록기를 거의 독점적으로 공급했다. 그리고 판매원들에게 고객 설득방법, 화술, 그리고 경쟁자를 깎아내리는 방법 등을 훈련시켰다.

패터슨은 세일즈맨들의 자유분방한 개성을 휘어잡는 방법을 알고 있었고, 그들을 완전히 순종적인 사람으로 만들었다. 그리고 엄격한 위계질서로써 다루었고, 독점사업이 제공할 수 있는 부

토머스 왓슨

(富)와 고용안정으로 그들을 회유했다. 이런 판매기법은 후에 군대의 훈련에 영향을 미쳤고, 전도사들에게도 큰 영향을 주었다.

패터슨의 제자들 중 야심만만하고도 청교도적인 젊은이 토머스 왓슨(Thomas Watson, Sr., 1874~1956)이 있었다. 그는 이민 온 아일랜드 농부의 아들로서 나중에 그 지역에서 가장 성공적인 세일즈맨이 되었다.

패터슨은 왓슨에게 비밀임무를 맡겼다. 즉 새로운 회사를 설립하여 겉으로는 아무런 관계도 없는 듯이 위장하면서 경쟁사들의 영업 비밀을 탐색하고 이를 미끼로 경쟁회사들을 싸게 매수하려는 공작을 꾸민 것이다. 이런 비윤리적인 파괴전략은 NCR에게 희생된 경쟁사들이 연방정부에 제소할 때까지 계속되었다.

1912년 패터슨과 왓슨을 포함하여 30명의 NCR 직원들이 경쟁 제한과 독점금지 위반으로 기소되었을 때 검찰은 그들의 방법을 멕시코의 산적에 비유했다. 왓슨과 패터슨은 징역 1년을 선고받았으나 곧 보석으로 풀려났으며, 항소심이 받아들여졌다. 그러나 선고는 무한정 연기되었다.

그후 왓슨은 NCR에서 물러났다.

토머스 왓슨, 자신을 세일즈하다

1884년 독일의 발명가 헤르만 홀레리스(Herman Hollerith, 1860~1929)는 천공카드(punch card)를 이용한 계산기를 발명하여 수년이 걸릴 통계작성과 회계관련 일을 단 몇 달 만에 해결했다. 홀레리스는 1896년 CTR(Computing Tabulating Recording Co.)을 설립하고 경영했으며, 1911년 시간기록계 제작회사(International Time Recording Co.)와 저울제작회사(Computing Scale Company of America)를 합병했다. 뉴욕에 기반을 둔 이 세 회사의 직원은 총 1300명이었지만 경영은 부진했다.

1914년 어느 날 금전등록기회사 NCR에서 영업업무를 담당했다는 토머스 왓슨이 CTR의 사장 찰스 플린트(Charles Flint, 1850~1934)를 찾아왔다. NCR에서 쫓겨나다시피 물러난 빈털터리 왓슨에게 남은 것이라고는 젊은 아내밖에 없었다. 그러나 사무기기기 불티나게 팔려나가는 시절이었고, 그에겐 풍부한 세일즈 경험이 남아 있었다.

왓슨은 자신이 NCR에서 배운 판매기법을 이용하여 판매원들을 동기부여하면 사무기기 시장을 석권할 수 있을 것이라고 설명하면서, 사무기기 시장이 성장할 것이라는 비전을 제시했다. 그리고 당돌하게도 자신을 CTR의 최고경영자로 임명해 주고 순이익에서 5퍼센트의 배당을 줄 것을 제안했다. 왓슨은 자기 자신을 판 것이었다.

왓슨이 경영에 가담한 후 1917년이 되자 CTR의 수입은 420

만 달러에서 830만 달러로 두 배가 되었다. 왓슨은 부하 관리자들로부터 충성을 이끌어내는 방법을 알았는데, 종업원들이 회사에 열심히 일하는 대가로 종신고용을 약속했던 것이다.

CTR은 처음에는 저울에서부터 절단기 같은 잡다한 공구들을 만들어 판매했지만, 사업은 점차 도표작성 기계에 집중되었다. 이 기계는 펀치 카드에 정보를 입력해 처리하는 것이었다.

1924년 토머스 왓슨은 회사명을 CTR에서 대담하게 IBM(International Business Machines)이라고 바꿨다. 그러자 회사 안팎에서 회사의 실체를 모르겠다는 비판이 쏟아졌고, 회사의 능력을 과대평가한 이름이라는 혹평을 받았다.

하지만 '비즈니스 머신'이라는 새로운 이름은 컴퓨터와 첨단기술 제품의 개념을 포함시킨 사업 비전으로 이어져, 세계 컴퓨터 시장을 장악하는 기업으로 발돋움하는 데 견인차 역할을 하게 된다.

새로운 이름으로 출범한 IBM은 이후 통신기기와 컴퓨터 시장을 혁신했다. IBM의 성공은 기술적으로 탁월해서라기보다는 판매원을 잘 조직하여 판매에 성공한 것이 더 큰 원인이었다.

그후 IBM은 현대기업의 이상형이 되었다. IBM 경영진은 기업인간의 살아 있는 화신이었다. 검정색 정장에다 흰 와이셔츠를 받쳐 입고 윗주머니에 린넨 손수건을 꽂은 IBM 판매원들의 유니폼은 산업사회 사무원의 표준복장이 되었다. IBM 직원들은 사가(社歌)을 힘차게 부르며 IBM을 위해 열심히 일했다. 그들은 충성스러웠고 그 충성심은 보상을 받았다.

컴퓨터의 탄생과 IBM의 성장

1935년 미국의 사회보장법이 실시된 이후 2600만 명에 달하는 미국인의 고용기록을 기록하고 보유할 수 있도록 하는 시스템이 필요했다. 하지만 기존의 기계로는 그런 작업을 할 수 없었고 왓슨은 해결책을 찾아보라고 지시했다. 그 결과 1944년 'Mark1'이 발매되었고, 뒤이어 1947년에는 '선택적 연속 전자 계산기(Selective Sequence Electronic Calculator)'를 내놓았다. IBM의 수입은 1억 1900만 달러로 치솟았고 이는 IBM으로 하여금 세계 최대의 컴퓨터 기업, 세계에서 가장 비싼 브랜드의 하나가 되는 데 결정적인 계기를 마련해주었다.

컴퓨터가 등장한 것도 그 무렵이었다.

1946년 1만 8천 개의 진공관을 사용한 최초의 컴퓨터 에니악(ENIAC)이 펜실베이니아대학에서 탄생했고, 1951년 최초의 상업용 컴퓨터 유니백(UNIVAC)이 탄생했다. 재미있는 사실은 지금은 컴퓨터의 대명사인 IBM이 당시에는 컴퓨터 분야 진출에 소극적이었다는 점이다. 당시 경영에 참여하고 있던 토

최초의 상업용 컴퓨터 유니백

머스 왓슨 2세(Thomas Watson, Jr., 1914~1993)는 에니악과 같은 기능을 가진 기계를 IBM에서도 생산해달라는 고객들의 요구와 사내 간부들의 설득으로 컴퓨터 분야 진출을 결심했다. 그러나 왓슨 1세는 "내 생각에, 전 세계적으로 대형 컴퓨터 시장은 아마 연간 5대면 충분할 것이다"라면서 이를 거부했다.

1950년 발발한 한국전쟁이 미국민들의 애국심을 유발했고, 유달리 애국심이 강했던 왓슨 1세는 회사 내에 군수부문을 설치하라고 지시했다. 왓슨 2세는 군수담당 부서에 컴퓨터 개발을 지시한 뒤, 아버지에게는 컴퓨터를 '국방계산기'라 이름 붙여 설득하고는 컴퓨터 개발프로젝트를 대대적으로 전개했다.

IBM은 1953년 상업용 컴퓨터 IBM701을 선보였다. 1956년 왓슨 2세가 42세의 나이로 최고경영자에 오르면서 이들은 부자(父子) 경영자로 명성을 떨쳤다. IBM은 1962년 매출액 10억 달러를 기록하면서 컴퓨터 시장의 점유율 50퍼센트를 넘어서면서 컴퓨터산업의 왕자로 군림하게 된다.

대를 이은 부자(父子) 경영

토머스 왓슨 1세가 IBM을 서비스 중심 브랜드로, 그리고 강력한 기업 문화가 존재하는 회사로 만들었다면, 1956년 최고경영자에 오른 그의 아들 토머스 왓슨 2세는 탁월한 경영 기법을 통해 IBM을 세계적인 기업으로 변모시켰다.

왓슨 2세는 아버지에게서 볼 수 없었던 회사의 미래에 대한 비전을 제시했다. 그는 IBM이 추구하는 기업이념을 명문화하였는데, 기업문화, 회사의 가치관, 브랜드의 중요성을 높이 부각시켰다. 이러한 기업문화들은 국제적으로 뻗어나가는 IBM의 사업을 하나로 통제해주는 역할을 하였다.

IBM을 설립한 세 가지 이념은 다음과 같았다.

첫째, 개개 직원들을 충분히 배려하라.
둘째, 고객의 행복을 위해 많은 시간을 소비하라.
셋째, 업무에 전력을 다하라.

모든 것은 변한다는 속성을 가지고 있지만 그 회사가 가진 기본적인 철학은 결코 변하지 않는다는 것이 왓슨 2세의 신념이었다. "어떤 조직에서 유일하게 절대불변의 것은 사업을 하는 기본 철학이어야만 한다."

거대 기업이 강한 기업 문화를 만들고 성장시켰다는 것은 중요한 의미를 갖는다. 기업이 종업원의 삶과 또 사회에 미치는 영향력이 단순히 법률적 인간[法人] 이상이라는 데 대한 인정이었다. 기업은 나름대로 강력한 세상을 창조해낼 수 있었다.

왓슨 2세는 1970년에 은퇴했다.

기업가정신을 발휘한 사람들
리바이스 · 맥도널드 · 코닥 · 마쓰시타 · 디즈니 · 스타벅스

개척자정신의 상징, 리바이스 스토리

리바이스(Levi's) 상표로 유명한 데님 청바지 메이커 리바이 스트라우스(Levi Strauss & Co.)는 미국으로 이주해 온 사람들의 개척정신의 상징이다.

리바이 스트라우스(Levi Strauss, 1829~1902)는 1848년 샌프란시스코 만에서 황금이 발견됨으로써 촉발된 골드러시 때인 1850년 샌프란시스코에 도착한 독일 출신 이민자였다. 처음에는 천막 텐트를 팔았지만 실패를 했다. 그는 광부들이 튼튼하고 질긴 바지를 원한다는 것을 파악하고 재단사를 고용하여 텐트천을 이용해서 옷을 만들기 시작했다.

청바지를 만드는 천은 후에 데님으로 대체되었고, 주머니 이음천에 구리 리벳을 박아 넣었다. 1853년 스트라우스와 함께 그의 형제들인 조나스와 루이스가 판매조합을 만들었다. 1902년 스트라우스가 죽은 후에 회사의 경영권은 4명의 조카들에게 잠시 위임되었다가 1918년 이후 사돈 월터 하스(Walter A. Haas, Sr. 1889~1979)에게 이전되었다.

리바이스가 비약적으로 성장한 것은 도매업을 포기하고 자체 상표를 부착하여 옷을 제작한 1946년 이후부터이다. 주로 서부의 카우보이들이 입던 진(Jean) 의류가 1960년대 들어 자유로운 히피문화의 영향으로 전 세계적으로 유행 패션이 되었다.

청바지를 유행시키는 데는 영화배우 제임스 딘과 말론 브란도가 리바이스를 즐겨 입은 이유도 있었다. 그후 하스 가문은 UC버클리의 경영대학원 창설에 크게 기여했고 UC버클리는 경영대학원의 명칭을 하스스쿨로 명명한다. 서부개척에서 번 돈을 서부의 대학 발전에 공헌한 것이다.

레이크록과 맥도널드: 고객이 원하는 '가치'를 찾아라

레이 크록(Ray Kroc, 1902~1984)은 제1차 세계대전 당시 15세의 나이로 구급차 운전사로 일했으며, 시카고에 돌아와서는 재즈 피아니스트, 부동산 판매원, 종이컵 판매원 등을 전전하다가 1940년대 초반에 5가지의 밀크쉐이크를 섞을 수 있는 멀티믹서의 독점 판매업자가 되었다.

1954년, 52세의 크록은 밀크셰이크 기계를 8대나 사용하는 캘

레이 크록

리포니아의 한 레스토랑을 방문했다. 맥도널드(McDonald)라는 성을 가진 형제가 운영하고 있던 그 레스토랑은 일괄작업 방식을 도입하여 햄버거, 감자튀김, 밀크세이크 등을 대량으로 만들어 판매하고 있었다.

크록은 맥도널드 형제의 방식에 착안하여 자동차를 탄 채로 햄버거를 살 수 있는 드라이브인(drive-in) 레스토랑 체인을 설립하기로 결심했다. 맥도널드 형제에게 총수입액의 5퍼센트를 지불하기로 하고 맥도널드라는 가게 이름을 사용하는데 합의했다.

1955년 4월 15일, 일리노이 주에 첫 번째 맥도널드 레스토랑이 문을 열었다. 같은 해 2개가 더 개점하여 총 매출액이 23만5천 달러에 달했다. 크록은 레스토랑의 소유주가 경영을 전담한다는 조건하에 맥도널드 제품의 독점판매권을 판매함으로써 맥도널드 체인점을 계속 확대해나갔다. 크록은 1961년 맥도널드 형제의 지분을 270만 달러에 모두 매입했다.

크록이 맨 처음 한 일은 최종 제품인 햄버거의 크기를 표준화하는 일이었다. 그 다음에는 고기 한 조각, 양파 한 조각, 모든 빵, 감자 한 조각마저 똑같게 하고, 주어진 시간에 완전히 자동공정으로 만들기 위해 조리기구를 다시 설계했다. 그는 가맹점 경영자들을 위한 교육과정을 마련했으며 맥도널드 레스토랑 운영의 표준화와 자동화를 중점적으로 추진했다.

마지막으로 그는 고객에게 있어서 '가치'란 무엇인가를 연구했다. 그것은 제품의 품질과 예측가능성, 대기 시간, 절대 청결, 그리고 친절이라고 규정했다. 그런 다음 이런 모든 것에 대해 표준을 설정하고는 또 체인점을 교육시켰다. 그 결과에 따라 체인점을 평가하고 보상을 지급했다. 이런 모든 것이 경영인데, 그것도 상당히 진보된 경영이었다.

크록은 80세가 훨씬 넘어 세상을 떠날 때까지 사장 자리에 있었다. 그러나 회사 경영은 최고경영자 팀에게 맡기고, 자신은 회사의 '마케팅 양심'이라는 직위에 취임했다. 죽기 얼마 전까지도, 그는 매주 맥도널드 체인점 2~3군데를 방문하고는 햄버거의 품질, 청결도, 친절성을 꼼꼼히 체크했다. 무엇보다도 그는 고객을 관찰하고, 고객들과 대화를 나누고, 고객의 소리에 귀를 기울였다. 그렇게 항상 변화를 추구함으로써 맥도널드가 패스트푸드 산업에서 주도권을 유지할 수 있도록 해주었다.

맥도널드 체인점은 기업가정신이 발휘된 결과이다. 분명 레이 크록은 무엇 하나 새로운 것을 발명하지 않았다. 맥도널드의 제품은 미국의 여느 레스토랑이면 오래 전부터 만들어왔던 것이다. 그러나 크록은 고객이 바라는 '가치'가 무엇인가를 질문하고는 자원의 생산성을 급격하게 향상시켰고 새로운 시장과 고객을 창출했다. 이것이 바로 기업가정신이다.

코닥과 조지 이스트먼: 기업의 비전을 제시한다

조지 이스트먼(George Eastman, 1854~1932)은 미국 로체스터의 부유한 가정에서 태어났다. 그러나 1868년 아버지가 이스트먼 상업대학(Eastman Commercial College)을 설립하던 중 갑작스럽게 세상을 떠나자 14세 때부터 학업을 포기하고 돈을 벌어야만 했다.

이스트먼은 보험회사의 서기로 일하기 시작했지만 주당 3달러의 임금으로는 가족의 생계조차 해결할 수 없었다. 그래서 매일 밤 독학으로 회계학을 공부한 결과 로체스터 은행에 취직하게 되었고 임금도 주당 15달러로 늘었다. 이것은 이스트먼에게 큰 의미를 가진 사건이었다. 처음으로 가족의 생계를 걱정하지 않아도 됐고 자신만의 여유시간을 갖게 됐기 때문이다.

스무 살 무렵 이스트먼은 처음으로 휴가 여행을 가게 된다. 사진으로 여행을 기록해두면 좋을 것이라는 한 직장 동료의 말을 듣고 바로 사진기를 한 대 구입했다. 그러나 너무나 무거운 사진기와 주변장치 때문에 그는 첫 휴가를 망치고 말았다. 대신에 그는 사진 찍기라는 새로운 취미를 갖게 된다. 하지만 사진에 대해 점점 더 알아갈수록 당시의 사진 기술에 대해 실망감만 커졌다.

이스트먼은 자신이 사진술의 문제점을 파헤치기로 마음먹었다. 낮에는 은행원으로, 밤에는 새로운 사진기 개발에 몰두했다. 1879년 그는 사진의 건판(dry plate)을 제작하는 공정을 완성하고, 영국에서 첫 특허를 따내고 다음해 미국에서도 특허를 받게 됐다. 이를 계기로 은행을 그만두고 1880년 로체스터에서 이스트먼 건판 필름회사를 설립했다.

1888년 처음으로 첫선을 보인 코닥 카메라는 간단히 손으로 쥐고 촬영하는 상자 모양의 카메라였다. 연속적으로 연결된 100장의 필름이 종이 두루마리처럼 감겨져 카메라 내부에 내장되어 있어, 필름을 모두 사용하면 카메라 자체를 제조회사에 보

조지 이스트먼

내 필름을 현상, 인화하고 새 필름을 끼워 넣으면 되었다. 1888년 'Kodak'이라는 상표를 고안, 등록했고 이듬해는 투명 필름을 선보였다. 1892년에는 회사 이름을 '이스트먼'에서 '이스트먼 코닥'(Eastman Kodak)으로 바꾸었다. 물론 더 나중에는 '코닥'으로 줄었다.

1900년 아동용 브라우니(Brownie) 카메라를 출시했는데, 이 카메라는 단돈 1달러에 팔렸다. 1달러짜리 사진기를 내놓아 가난한 사람들도 행복한 순간을 기록으로 간직할 수 있게 한 코닥은 이미 명실상부한 다국적기업이 되었다.

코닥은 더 작고 더 저렴하며 더 간편한 사진기와 필름을 내놓으며 줄곧 세계 사진 필름 업계의 혁신자 겸 선두주자로 달려갔다. 이스트먼은 기술적인 측면뿐만 아니라 마케팅 측면에서도 뛰어난 역량을 발휘했다.

브라우니 카메라를 선보일 때 "누르기만 하세요. 나머지는 우리가(You press the button, we do the rest)"라는 유명한 광고카피를 이스트먼 자신이 만들었다는 사실은 이미 잘 알려져 있다.

1927년 이스트먼 코닥은 미국의 사진업계를 사실상 독점했다. 코닥은 초기부터 규모를 갖춘 기업으로서 스스로의 존재 목적과 나아갈 바를 설정, 이를 달성하기 위한 기본원칙을 명확히 천명했다. 코닥이 세웠던 목표는 누구나 손쉽게 사진을 찍을 수 있도록 해 사진을 일상생활의 한 부분이 되도록 하는 것이었다. 이러한 목표를 달성하기 위해 대량생산, 광범위한 광고, 국제화된 유통망, 고객만족이라는 4가지 기본원칙을 세웠다.

당시에는 기업들 사이에 '기업의 전략', '비전', '미션'이라는 용어가 아직 정립되지도 않았던 시기였지만 코닥은 이미 기업의 비전과 전략이라는 개념을 도입하고 있었다. 전략경영이라는 용어가 처음 나타난 것이 제2차 세계대전 즈음이라는 것을 생각한다면 코닥은 시대를 몇십 년 앞서간 기업이었다.

1924년 이스트먼은 그의 재산의 반인 7500만 달러를 이스트먼 음악대학이 소속된 로체스터대학교와 MIT 등에 기부했다. 이스트먼은 또한 종업원들의 노동의욕 향상을 위해 처음으로 노사 간 이익분배 방식을 도입한 경영주이기도 했다.

코닥은 100년 넘게 승승장구했다. 덕분에 로체스터도 계속 발전해 왔다. 누구도 코닥과 로체스터의 쇠퇴를 의심하지 않았다. 적어도 디지털기술이 세상을 지배하기 전까지는 말이다.

그런데 1976년 즉석 사진기 제조사인 폴라로이드 사가 특허침

해를 이유로 코닥사를 제소했다. 15년 동안의 특허 소송에서 코닥은 패소했고, 8억 7,300만 달러의 손해배상 판결을 받았다. 특허분쟁 사상 최대의 액수였다.

이 특허 소송의 패소로 코닥사는 큰 타격을 입었다. 15억 달러를 투자한 공장을 폐쇄하고 700명을 해고하는 데 그치지 않고 이미 판매한 1600만개의 즉석카메라 회수에만 5억 달러를 지출해야 했다.

설상가상으로 디지털카메라의 등장으로 코닥은 치명타를 입는다. 그런데 아이러니컬하게도 디지털카메라를 최초로 개발한 것이 다름아닌 코닥이었다. 1975년 코닥은 디지털카메라로 특허까지 냈지만, 잘 나가는 필름카메라 시장에 장애가 될 것으로 판단해 개발투자와 연구를 소홀히 한 것이다.

그러나 2000년대 들어 새로운 디지털카메라가 기존 필름 카메라의 영역을 완전히 잠식했다. 코닥은 뒤늦게 디지털 분야로 사업의 주력을 옮겼지만, 2006년 2/4분기를 포함해 연속 7분기 적자를 지속하면서 한때 14만 5천 명에 달했던 직원수도 설반으로 줄었다. 여기서 그치지 않고 추가로 구조조정을 하여, 단 몇 년 만에 직원이 2만 명으로 줄었다.

2007년 코닥은 필름 생산을 완전히 중단하고 역사의 뒤안길로 사라졌다. 기업의 생존은 끊임없는 혁신뿐이라는 것을 다시 한번 상기시키는 사례가 되고 있다.

마쓰시타: 획기적인 판매전략

파나소닉(Panasonic)과 내쇼널(National)이라는 상표로 잘 알려진 일본의 최대 가전 메이커 마쓰시타(Matsushita)가 그처럼 성공한 것은 발상의 전환으로 기업가정신을 발휘했기 때문이었다.

마쓰시타는 1950년대 초까지만 해도 이름도 알려지지 않은 작은 회사였다. 도시바(Toshiba)나 히타치(Hitachi)와 같이 오래되고 확고히 자리잡은 일본의 거대기업과 비교하면 어느 모로나 뒤지고 있었다.

당시 일본의 모든 기업들은 "텔레비전은 일본에서 빠르게 성장하지 않을 것"이라고 생각했다. 1955년 경 도시바의 회장은 "일본인은 너무도 가난해서 텔레비전 같은 사치품을 살 여유가 없습니다"라고 말할 정도였다.

그러나 마쓰시타의 창업자 마쓰시타 고노스케(松下幸之助, 1894~1989)는 일본의 농부들은 자신들이 가난해서 텔레비전을 살 수 없다는 사실조차도 모르고 있다는 점을 간파했다. 농부들이 오직 알고 있었던 것은 텔레비전은 처음으로 넓은 바깥세상과 접할 수 있도록 해준다는 사실이었다. 마쓰시타는, 농부들이 텔레비전을 사들일 만한 경제적

마쓰시타 고노스케

여유가 없었지만, 어쨌든 그것을 구입할 것으로 판단했다. 마쓰시타는 농가를 찾아다니며 가가호호 자사의 텔레비전 세트를 팔았는데, 이것은 일본에서 면 내의나 앞치마보다 비싼 그 어떤 물건에 대해 그 누구도 시도한 적이 없는 획기적인 판매전략이었다.

반면 도시바와 히타치는 당시 더 성능 좋은 텔레비전 세트를 만들고 있었지만, 두 회사는 도쿄의 긴자 거리와 대도시 백화점에만 진열했는데, 농부들은 그런 우아한 곳에는 그다지 어울리지 않는다는 사실만 확실히 인식시켜주었을 뿐이다.

마쓰시타는 농부들에게 텔레비전을 팔아서 돈을 번 것인가, 아니면 농부들의 삶을 바꾼 것인가?

월트 디즈니: 꿈과 행복을 제공합니다

인류는 생존에 필요한 노동시간을 최소화하고 여가시간을 늘리려고 노력해왔다. 그 여가시간을 어떻게 사용할 것인가 하는 것이 하나의 큰 과제이다.

월트 디즈니(Walte Elias Disney, 1901~1966)는 여가시간을 즐기려는 수요가 있음을 알고 그것을 혁신의 기회로 삼았다.

1918년 미국이 제1차 세계대전에 참전하자 겨우 17세의 나이였던 월트 디즈니는 형과 함께 자원입대했다. 결코 애국심 때문이 아니었다. 자신에게 일만 시키는 아버지로부터 탈출하는 것이 목적이었다. 부모로부터의 탈출, 이런 모습은 20세기 초 미국 젊

젊은 시절의 월트 디즈니

은이들에게 보편적으로 나타나는 현상이었다.

제대한 뒤 고향인 캔자스로 돌아온 월트는 광고대행사의 미술가로 취직하지만 한 달 만에 "그림에 재능이 없다"는 이유로 해고된다. 할수없이 그는 친구와 함께 작업실을 차린 뒤 간접촬영 영사기 1대를 구입하여 극장에서 영화 상영 직전에 틀어주는 1~2분짜리 광고영화를 만들었다. 그러나 뉴욕의 한 영화배급업자에게 사기를 당해 빈털터리가 되었고 차츰 세상에 대해 배워갔다.

월트는 동생이 있는 로스앤젤레스로 갔다. 1927년 유성영화가 등장하기 직전 그는 명랑하고 활달한 장난꾸러기 쥐 미키마우스를 고안해냈다. 음성과 음악을 넣은 미키마우스 단편 만화영화 3편은 1928년 상영되자마자 일대 화제가 되었다.

1920년대 말, 대공황을 알리는 경제 붕괴의 조짐들이 보이자 미국사회는 신경질적인 반응을 보이기 시작했다. 책임을 떠넘길 속죄양을 찾던 여론의 화살은 할리우드로 쏠렸다. 도덕의 타락이 경제의 파탄을 몰고 왔으며, 미국을 오염시킨 주범은 영화라는 것이었다. 할리우드는 이런 비난으로부터 자신들을 지켜줄 새로운 영웅을 갈망했고, 때마침 월트 디즈니의 만화영화 주인공 미키마우스가 등장한 것이다. 1933년 대공황의 와중에 디즈니

274

는 단편영화 〈3마리 아기 돼지〉를 발표해 선풍적인 인기를 끌었
다. 으르렁거리며 위협하는 늑대에 맞서, 열심히 일하면서 벽돌집
을 짓는 아기 돼지 이야기는 경제적 위기를 맞아 인내를 요구하
는 사회상황과 잘 들어맞았다. 1930년대 초 경제적으로 침체되
어 있던 시기였지만 디즈니의 사업은 번창했다.

　그러나 차츰 〈미키 마우스〉 시리즈의 콘텐츠도 바닥을 드러내
고 인기도 시들해가면서 디즈니 사의 은행잔고도 바닥을 보이기
시작했다. 디즈니는 새로운 히트작을 만들지 않으면 안 되었다.
월트는 쉬거나 안주하는 법이 없었다. 그의 생각은 흑백 만화영
화에서 컬러 만화영화로 옮겨갔고, 주위의 만류를 무릅쓰고 막대
한 제작비를 들여 장편만화 제작에 착수했다. 그것이 1937년 발
표한 첫 컬러 장편만화 〈백설공주〉였다. 첫 개봉에서 〈백설공주〉
는 2천 만 명의 관객을 불러 들였다. 할리우드 영화사상 최고의
수익을 올린 것이다. 이때부터 20년 동안이 월트 디즈니 스튜디
오의 전성기였다.

　상업주의 만화영화 장르
는 월트 디즈니라는 한 천재
의 동화적 상상력과 상업적
감각에 기초해 발전했다. 만
화영화에 배경음악과 대화
를 삽입하고, 흑백을 천연색
으로 대체하고, 1시간이 넘
는 장편영화로 만든 사람도

월트와 미키

디즈니였다. 새 작품이 공개될 때마다 미국 언론은 디즈니의 천재성을 찬사하는 화려한 수식어들로 뒤덮였다.

1950년대 초 월트가 생애 마지막이 될지도 모를 큰 사업인 디즈니랜드의 조성에 1,500만 달러를 투입하겠다고 발표하자, 주변 사람들은 그가 완전히 미쳤다고 생각했다. 1955년 로스앤젤레스 부근 애너하임에 '오락물의 슈퍼마켓' 디즈니랜드가 개장되었다. 당시 그의 나이는 54세로서 새로운 일을 벌이기에는 너무 늦은 나이였다. 그러나 디즈니랜드는 성공적이었고, 그는 1966년 사망하기 직전 플로리다 올랜도에 제2의 놀이공원 디즈니월드 건설 작업에 착공했다.

1966년 월트 디즈니는 자신이 만든 첫 극영화 〈메리포핀스〉로 아카데미상 5개 부문을 휩쓸고 엄청난 흥행수익을 올렸고, 그로부터 2개월 후 세상을 떠났다. 가족오락의 보통명사가 된 디즈니는 65세의 일생을 그렇게 살다가 갔다.

일부 사회과학자와 교육자는 디즈니의 영화에 종종 등장하는 폭력성과 잔인함, 가학심리와 아울러 미학적인 통속성을 비난하기도 한다. 월트는 비평가들의 말에 반응을 보인 적이 없었다. 언젠가 그는 "나는 예술을 한다고 한 적이 없다. 나는 흥행가이고, 내가 하는 것은 흥행사업이다"라고 말했을 뿐이다. 디즈니는 이런 말도 했다. "당신은 세계에서 가장 아름다운 곳을 꿈꾸고, 창조하고, 설계하고, 건설할 수 있지만, 그 꿈을 현실화하는 데는 그런 능력을 가진 사람이 필요하다."

사람들은 맥도널드가 햄버거를 파는 회사라는 것은 다 안다.

그렇다면 디즈니는 무엇을 파는가? 사람들은 고개를 갸우뚱거릴지도 모른다. 디즈니 사람들은 이렇게 대답한다. "사람들에게 행복을 제공합니다."

스타벅스: 커피가 아니라 문화를 팝니다

하워드 슐츠(Howard Schultz, 1953~)는 뉴욕 빈민가 출신으로 가난한 아버지는 슐츠를 대학에 진학시킬 형편이 못되었다. 다행히 슐츠는 축구에 소질이 있어서 조스미시건대학의 축구 장학생으로 입학했다. 그러나 대학시절 후보 선수로 마냥 벤치에서 대기하다가 공부 쪽으로 방향을 바꾸어 마케팅과 커뮤니케이션을 공부했다. 전화위복이랄까.

슐츠는 졸업 후 제록스 등 여러 회사의 영업사원으로 전전하다가 가정용품 제조판매 회사인 해머플라스트(Hammarplast)에서 능력을 인정받아 판매 매니저의 자리에 오른다. 슐츠는 판매활동을 하던 중 시애틀에 4개의 점포를 가진 작은 커피 체인점 스타벅스(Starbucks)를 눈여겨보았다. 당시 스타벅스는 시애틀에서 가장 맛있는 커피를 만드는 곳이라는 평판이 나 있었다. 1982년 슐츠는 스타벅스의 성장 가능성을 직감하고, 그곳에 매니저로 들어갔다.

해외출장 길에 슐츠는 이탈리아 사람들이 노천카페에서 에스프레소를 마시며 즐기는 광경을 보고 스타벅스를 획기적으로 키

하워드 슐츠

울 아이디어를 생각해냈다. 레스토랑 개념을 도입한 이탈리아식 커피 전문점이었다.

귀국 후 그는 사장에게 전국 규모의 커피 레스토랑 체인사업 계획을 말했으나, 당시 스타벅스 사장은 훌륭한 품질의 커피에만 관심이 있을 뿐 사업 확장에는 별관심이 없었다.

슐츠는 스타벅스를 그만두고 1985년 일 지오날레(Il Giornale)라는 커피 체인점을 직접 설립했다. 그러던 중 행운의 여신이 슐츠에게 손길을 내밀었다. 스타벅스의 소유주가 다른 커피 체인점을 운영하기 위해 슐츠에게 스타벅스 인수를 제의해왔던 것이다. 1987년 슐츠는 380만 달러에 스타벅스를 인수하고 일 지오날레와 합병함으로써 스타벅스의 상표와 기존의 직원을 그대로 승계했다.

자신이 구상했던 경영을 마음껏 펼칠 수 있게 된 슐츠는 이탈리아식 카페라테 등 신제품을 개발하여 고객의 감성에 호소하는 경영기법을 도입한다. 과거 자신의 아버지가 열악한 환경에서 자주 해고된 것을 기억하고 있던 슐츠는 일자리 보장과 높은 임금, 건강보험, 그리고 스톡옵션까지 제공하면서 스타벅스의 기업 이미지를 크게 향상시켰다. 그렇게 해서 '존경받는 회사' '영혼이 있는 회사' '감동적인 기업'을 만들어갔다. 그 결과 스타벅스는 많은 국민의 사랑을 받는 기업으로 성장했다.

그러나 대외적으로 좋은 이미지와는 달리 스타벅스를 그만둔 사람들은 이것이 위선이라고 말하는 사람도 있었다. 스타벅스 내에선 승진이 거의 불가능하며 근로시간이 터무니없이 긴 데다, 초과근무 수당을 지불한 적이 없다고 말한다.

사실 스타벅스의 진짜 경쟁력은 경쟁사 죽이기에 있었다. 스타벅스는 단골손님이 많은 경쟁 커피 업체들을 하나 하나 인수했다. 그리고 목이 좋은 빌딩 지역을 차지하기 위해 임대료를 정상가 이상으로, 거의 2배까지 지불해 같은 빌딩 내의 경쟁 커피업체들이 스스로 문을 닫게 만들었다. 심지어 스타벅스 매장이 철수한 뒤에도 그 자리에 경쟁 업체가 들어오지 못하게 하려고 계속 그 자리에 임대료를 지불하기도 했다. 시내 번화가의 코너와 대형 사무실빌딩 1층에는 무조건 점포를 열었으며, 매장의 인지도를 높이기 위해 아예 매장을 두 개 이상 나란히 혹은 마주 보도록 개점하기도 했다. 스타벅스 스타일을 모방한 경쟁사 점포를 고발해 아예 경쟁의 싹을 잘랐다.

스타벅스의 부동산 독점 전략은 엄청난 성공을 거두었다. 스타벅스 인수 4년만에 매장 수가 100개 이상으로 늘었고, 1995년에는 627개의 미국 내 전국 매장을 바탕으로 유럽과 아시아 등지로 사업을 확장했다. 2007년에는 전세계에 1만 3천개의 매장을 확보하면서 2만개 매장을 오픈한다는 목표에 한층 다가갔다.

스타벅스의 단기간의 성공은 맥도날드의 전략과 비슷하다. 스타벅스에 오는 사람들은 커피를 마시는 것이 아니라 분위기를 즐긴다. 오프라인 서점 반즈앤노블과 제휴하여 책방에 오는 사람이 커피 손님이 되게 하고, 반대로 커피 손님은 책방을 나갈 때 책을 사서 나가도록 했다. 그리고 스타벅스의 매장에는 무선인터넷 서비스를 제공하여, 간단한 업무를 볼 수 있도록 배려했다.

과거 도시의 문화 수준을 평가할 때 오페라하우스가 어떤지, 박물관 규모는 어느 정도인지, 미술관이 몇 개인지 그리고 도로 포장율은 어느 정도인지 등을 따졌다. 지금은 그 도시에 스타벅스가 있는지, 그리고 몇 개나 있는지 묻는다고 한다. 그래서 한국, 일본 등의 소도시들까지 스타벅스 유치전을 벌일 정도였다. 슐츠는 커피를 갈아서 황금으로 만든 것이다.

1992년 나스닥에 상장해 갑부가 된 슐츠는 2000년 스타벅스 이사회 회장으로 물러나 억만장자로서 인생을 즐겼다. 여행을 하거나 외국에서 강연도 했다. 농구를 좋아했던 슐츠는 시애틀의 NBA팀 슈퍼소닉스를 인수했다.

그러나 슐츠가 없는 스타벅스에 미세한 균열이 생기기 시작했다. 효율적으로 에스프레소를 뽑아내는 머신과 매장에서 구워대는 샌드위치 냄새 때문에 강력한 커피향기를 잃어갔다. 세계 각국으로 지점을 내기 위한 심플한 매장 디자인 때문에 스타벅스만의 고유한 분위기가 사라져버리자 고객들은 발길을 돌리기 시작했다. 단순한 커피를 파는 것이 아니라 분위기를 팔고, 사람과 사람을 이어주는 스타벅스의 철학이 사라진 탓이었다. 2006년 스타벅스의 주가는 42%나 하락했다.

2008년 슐츠가 다시 구원투수로 등장해 스타벅스의 최고경영

자로 복귀했다. 그는 중국 등 아시아 시장에 집중하며 스타벅스
의 문화를 전도하고 있다. 스타벅스의 기업가정신은 여전히 진행
중이다.

육체노동의 종말
산업사회에서 지식사회로

노동조합의 탄생

산업혁명 이후 산업에 대규모 자본이 투입되고 대량생산을 하게 되자 당연히 노동도 대량으로 필요하게 되었다. 그것이 노동조합이 생기게 된 원인이다. 한 곳에 많은 수의 노동자들이 모이지 않고는 노동자들이 단결할 수 없는 것이다.

노동자의 궁핍은 결국 생산성 저하와 구매력 저하를 초래하기 때문에 국가경제 전체로 볼 때 결코 방치할 수 없는 문제였다. 그래서 영국에서는 1802년과 1833년 공장법이 제정되어 노동시간의 단축과 아동의 심야노동 금지 등을 규정했다. 이것이 위로부터의 개혁이라면 노동자들은 노동조합을 만들어 자신들의 요구를 관철시키려 했다.

현대의 노동조합이 최초로 역사의 무대에 등장한 곳은 역시 가장 먼저 근대 자본주의 경제가 발전한 영국이었다. 그러나 영국에서도 노동조합이 자유로운 활동을 공인받기 시작한 것은 1824년 경부터였다. 가장 오래된 노동조합이라 해도 그 역사는 180년 정도인 것이다.

새로운 기계설비의 도입에 강력히 반대한 노동운동, 즉 러다이트 운동은 노동조합이 등장하기 이전에도 존재했었다. 시간이 흐름에 따라 노동자계급은 정치적 혁명운동이나 기계에 대한 폭력적 파괴활동만으로는 자신들의 생활을 개선할 수 없다는 것을 깨닫게 되었다. 또 사용자 측은 노동조합 활동을 무조건 억압하기보다 이를 수용하고 고용조건 교섭에 관한 규정을 만드는 것이보다 합리적이고 유리하다는 것을 인식하게 되었다.

이처럼 여건의 변화 속에서 비로소 노동조합은 대중조직으로 자리잡기 시작했다.

노동자 운동의 아버지, 로버트 오언

1824년 영국에서 단결금지법이 폐지되자 노동운동은 점점 활발해졌지만, 1825년 임금 및 노동시간에 관한 운동만을 합법화한 법률이 다시 제정되어 노동자의 지위를 개선하는 데는 별로 도움이 되지 못했다. 그러나 몇몇 노동운동가들의 노력으로 1830년에는 전국적인 조직이 형성되었는데, 그 가운데 1834년에 로버트 오언의 지도하에 결성된 조합원 50만 명의 전국 노동조합 대연합

(Grand National Consolidated Trades Union)도 있었다.

특히 오언은 '사회주의적 고용주'로서 영국 노동조합운동의 초창기에 대단히 중요한 역할을 했다. 오언은 스코틀랜드의 뉴라나크(New Lanark) 마을에서 섬유공장을 경영했는데 그의 모범적 경영이 알려지자 각국에서 참관객이 몰려들었다. 박애주의자이자 사회주의자로서 오언은 돈벌이보다는 공장시설의 개량과 사회사업에 더 열심이었던 것이다. 개인 재산을 털어 넣으면서까지 노동자의 권익보호에 앞장서고 사회주의적 실험을 계속했으나 결국 오언은 실패했다.

그러나 그의 사상은 뒤에 사회주의 사상에 큰 영향을 미쳤으며, 노동조합 및 협동조합의 설립이 영국의 보호입법에 계승되어 그는 영국 노동자 운동의 아버지로 불리고 있다.

뉴딜정책은 성공한 정책인가?

제1차 세계대전 이후 유럽 사회가 아노미(무목적 상태, 사회적 일탈상태)에 빠지고 너무나 많은 자유를 쟁취한 젊은이들은 그 자유를 주체할 수 없어, 자신들의 자유를 떠맡아서 좋은 결정을 내려줄 사람을 요구했다. 그래서 등장한 것이 히틀러, 무솔리니, 스탈린 같은 독재자들이었다. 이는 20세기 전반에 파시즘과 나치즘, 즉 전체주의 국가의 등장에 매우 중요한 역할을 했다.

일반적으로 사람들은 프랭클린 루스벨트(Franklin Roosevelt,

1882~1945)는 뉴딜정책으로 대공황에 빠진 미국 경제를 구하고 제2차 세계대전을 승리로 이끈 훌륭한 대통령으로 인식하고 있다. 다시 말해 1929년 미국 주식시장 붕괴는 자본가들의 탐욕이 불러온 참극이며, 루스벨트가 뉴딜을 통해 실업을 구제하고 사회와 경제개혁

프랭클린 루스벨트

을 단행해서 대공황을 극복했다는 것이다. 하지만 무엇이 대공황을 촉발시켰으며, 또한 진정 뉴딜이 대공황을 종식시켰나를 두고는 경제학자들 사이에 많은 논란이 되고 있다.

1933년 대통령에 취임한 루스벨트가 취한 첫 조치는 은행을 조각조각 낸 것이었다. 큰 은행은 사악한 거대자본이고 작은 은행은 좋은 은행이라는 논리에 따른 것이다. 하지만 작은 은행은 곧 부실해졌고 은행의 파산은 오히려 증가했다. 뉴딜을 시행하기 위해 돈이 필요했던 루스벨트 행정부는 세금을 대폭 올렸다. 세금이 올라가자 실질소득이 줄어든 사람들은 소비를 줄였고 경기침체는 더욱 심해졌다.

뉴딜정책의 상징인 산업부흥법(NIRA)은 과다한 경쟁이 경제침체를 가져온다는 이유로 가격인하를 금지시켜 모든 것을 비싸게 만들었다. 농업조정법(AAA)은 농산물 과잉생산을 막기 위해 농지 휴경제(休耕制)를 도입했다. 그러자 중소농과 소작농이 몰락했

고 식료품이 비싸져서 가난한 사람들을 더욱 힘들게 했다. 실업자를 구제하고 지역을 개발하기 위한 테네시 계곡 사업은 공기업인 TVA(Tennessee Valley Authority)가 수행했다. 하지만 TVA는 발전량은 적고 수몰 지구는 턱없이 넓은 쓸모없는 댐을 여러 개세워 세금만 낭비했다. 경기침체 속에서도 노동법이 강해져서 임금상승이 노동생산성을 훨씬 넘어섰다. 기업들은 신규채용을 꺼렸고, 실업이 증가함에 따라 소비가 줄어드는 악순환이 계속됐다.

1938년 루스벨트가 새로 임명한 법무부 독점금지국장 서먼 아널드(Thurman Arnold, 1891~1969)는 변호사 300명을 새로 고용해서 150개 대기업을 상대로 독점금지 소송을 제기했다. 하지만 이들 소송은 근거가 박약했다. 기업은 자연히 투자의욕을 상실했고 공황은 깊어만 갔다. 제2차 세계대전이 일어나자 루스벨트는 아널드를 연방판사로 임명, 전보시킴으로써 독점소송은 막을 내렸다. 뉴딜이라는 정책을 끝낸 것은 결과적으로 제2차 세계대전인 셈이었다.

국유화와 민영화, 어느 것이 정답인가?

개인이 자신의 삶을 지탱할 수 없었던 고대, 중세, 산업사회에서는 국가나 사회가 개인을 구제해야 한다는 사상은 당연한 것으로 받아들여졌다. 고대 로마시대에 포퓰라레스는 프롤레타리아에게 빵과 서커스를 공짜로 제공했고, 중세시대에는 교회와 수도원이 그런 역할을 했다.

산업사회 초기시대에는 마르크스가 아예 부자의 것을 빼앗으라고 선동했다. 그러나 테일러는 노동자가 좀더 열심히, 그리고 과학적으로 업무를 수행함으로써 생산성을 올려서 보다 적은 노동시간으로 보다 많은 소득을 올리도록 했다. 그 결과 공산혁명을 무력하게 만들었던 것이다.

하지만 1929년 전 세계로 확산된 대공황은 또 다시 빈곤의 문제를 기업에게 덮어씌웠다. 희생양을 찾는 것이다. 다시 국가와 사회가 나서야 한다고 주장한 대표적인 경제학자가 바바라 우튼(Barbara Wooton, 1897~1988)이었다. 그녀는 대공황 시절 출간한 자신의 책을 통해 "오직 우리가 해야 할 일은 사악한 집단들로부터, 그리고 이기적인 집단들로부터 (다시 말해 기업과 부자로부터) 모든 것을 빼앗아서 그것들을 정부에게 되돌려 주는 것이다"라고 주장했다. 그러나 마가렛 대처 수상은 과감히 민영화를 추진하여 영국 경제를 부흥시켰다.

가장 빠른 속도로 민간 기업이 늘어난 곳은 과거 공산주의를 맹신했던 국가들이다. 1992년 러시아의 옐친 정부는 거대한 민영화 계획에 착수했다. 첫 번째 조치로 국영기업의 모습을 바꾸었다. 정부가 지분을 소유한 상태에서 주식회사로 전환한 것이다. 그런 다음 어린애를 포함한 모든 러시아 사람들에게 주식을 살 수 있는 전표를 나누어 주었다. 1996년에 대기업의 4분의 3을 포함해 약 1만 8천 개의 기업이 민영화의 절차를 밟았다. 서부 유럽보다 훨씬 많은 수의 기업이 민영화되었으나 성공적이었다고 보기에는 문제가 많았다. 하지만 4천 만 명의 러시아 사람들이 주주가 되었고, 회사도 나름대로 구색을 갖추어갔다.

역사에 만일이라는 가정법은 없다고 하지만, 1860년대 영국 기업들이 줄줄이 부도 사태를 맞은 후 주식회사의 확산을 막아야 한다는 사람들의 이야기를 경청했더라면 세상이 보다 살기 좋은 곳이 되었을까? 뉴딜정책의 수행자들이 미국의 대기업을 국유화시켰더라면 미국이 보다 부유한 국가가 되었을까? 제2차 세계대전 이후 영국의 국유화 조치를 그대로 두었으면 지금 영국은 국가 경쟁력이 더 높아져 있을까?

포드주의를 비판하다

올더스 헉슬리(Aldous Huxley, 1894~1963)가 1932년 출판한 풍자소설《멋진 신세계(Brave New World)》에는 '포드 기원 632년'의 사건을 담고 있다. 거기에 등장하는 아이들은 레니나(Lenina), 베니토(Benito), 모르가나(Morgana), 몬드(Mond), 또는 마르크스(Marx) 등으로, 레닌, 무솔리니, J.P. 모건 등을 연상시키는 이름들이다.

그들은 자본주의와 공산주의가 완전 통합된 세상에 살고 있다. 신세계의 지도자들은 포드자동차의 모델T를 풍자하여 T자 글씨를 만들어 보이고는 "오 포드여!"라고 맹세했고, 학생들에게 "역사는 부질없다"고 복습시킨다. 빅 헨리라고 불리는 시계탑은 황

288

금 트럼펫들의 합성음악으로 시간을 알리고, 거기에 맞춰 군중들은 "포드! 포드! 포드!"를 외친다.

영화 〈모던 타임즈〉

포드주의에 대한 가장 격렬한 비판은 역설적으로 코미디를 통해 나타났다. 찰리 채플린(Charlie Chaplin, 1889~1977)의 무성영화 〈모던 타임즈〉(1936)는 '산업사회 이야기, 또는 개인의 독립성과 행복의 추구를 위한 인간성의 훼손'이라는 부제가 붙어 있다. 영화는 몇몇 장면이 지나고, 곧 일렉트론스틸 사(Electron Steel Co.)의 근로자로서 조립라인에서 일하는 채플린이 등장한다. 리듬에 맞춰 일해야 하고, 화상실에서 담배피우는 것마저도 감시당한다. 관리자는 황급히 돌아가는 자동무입기계를 조작하면서 채플린의 얼굴에다 빵 한 조각을 던진다. 채플린은 기계의 부속품들 속에 파묻혀, 기름통과 함께 춤추고, 공산주의식 행진곡에 맞춰 행진하고, 여주인공 폴렛 고다드와 함께 레스토랑의 가수로서 성공과 행복을 맛보기도 전에 감옥으로 끌려가고 만다. 이 코미디 영화는 대량생산 방식의 위험성을 어떤 경영전문가의 경고보다도 더 강력하게 경고해 주고 있다.

포드자동차의 성공은 개인의 자율성과 주체성을 완전히 희생한 대가로 이뤄졌고, 19세기 동안 거의 모든 산업에 종사했던 숙련된 장인들의 자긍심을 철저하게 파괴해 버렸다. 사실 그런 전통의 파괴는 포드자동차 이전에도 이미 많은 산업에서 시작되고 있었다. 1892년 피츠버그에서 카네기의 홈스테드 철강공장에서 스트라이크가 일어났을 때 사장 헨리 프릭은 무자비하게 진압해 10명의 사망자를 냈다. 그것은 철강업자들이 싼 임금으로 노동자를 고용해 강철을 만드는데 항의한 늙은 장인들의 최후의 반항이었다.

엘튼 메이요의 인간관계론

엘튼 메이요(Elton Mayo, 1880~1949)는 오스트레일리아에서 태어나 심리학 교육을 받았으며, 하버드대학 교수로서 사회요소 및 산업관계 분야에서 활동했다. 그의 활동은 이론적이라기보다는 실험 위주였다. 1927~1947년 동안 메이요는 하버드대학 산업조사과에서 여러 실험을 실시했다. 메이요와 동료들은 록펠러 재단의 자금지원을 받아 여러 작업조건 하에서 작업집단의 태도와 반응을 조사하기 위해 1924~1932년까지 AT&T의 자회사 웨스턴일렉트릭 소속 호손공장(Hawthorne Works)에서 다섯 차례 실험을 했다.

1924년에 있은 호손연구(Hawthorne studies)의 첫 번째 실험은 작업장의 조명을 조작하는 것이었다. 조명을 조작한 실험집단의 생산성과, 조명을 변화시키지 않은 통제집단의 생산성을 비교한 것이다. 실험집단의 조명을 높이자 생산성이 증가되었다. 그러

나 놀랍게도 통제집단의 경우, 조명을
높이지 않았는데도 생산성이 마찬가지
로 증가했다. 실험집단의 조명을 낮추
었을 때도 생산성은 계속 증가되었으
며 달빛 정도 수준으로 조명을 낮추었
을 때 비로소 생산성이 감소하기 시작
했다. 이처럼 다른 사람이 주목하고 있
는 것을 의식하여 일어나는 현상을 '호
손효과(Hawthrone effect)'라고 한다.

엘튼 메이요

　메이요의 결론은 객관적인 생산조
건뿐만 아니라 작업장에서 종업원의 주관적, 사회적 충족요건
을 만족시켜서 작업계획을 세워야 한다는 것이다. 이것은 인간
관계에 대한 중요성을 강조함과 동시에 공장은 경제적인 면뿐
만 아니라 사회적인 차원까지도 고려해야 한다는 것이다. 메이요
의 이론은 1933년에 출판된《산업문명의 인간 문제(The Human
Problems of an Industrial Civilization)》에 구체적으로 서술뇌있
다.

　메이요와 같은 인간관계론자들의 활동 결과로 오늘날 산업현
장에는 행동과학자, 카운슬러, 산업체 담당 성직자, 집단 역학자,
소시오그램(집단 내에서 인간관계를 나타낸 도표) 분석가, 각종 프
로그램의 교육자, 그리고 산업 심리학자 등이 참여하여, 장기적인
생산성 극대화에 이바지하도록 작업 상황을 조성하려는 경영진
을 지원하고 있다.

국가와 경제의 분리, 그리고 탈냉전

1919년 미국의 철강왕 앤드류 카네기가 세상을 떠났다. 그의 죽음은 아일랜드에서 이민 온 맨주먹의 한 젊은이가 큰 재산을 이루었다는 것 이상의 의미를 갖는다. 그 당시나 지금이나 사람들은 돈은 좋아하되 부자는 싫어하기는 매한가지였다. 더욱이 19세기 말과 20세기 초, 미국에는 소위 '도둑 귀족'들이 불법적으로 재산을 모을 때였다.

말년에 접어든 카네기는 자신이 갖고 있던 주식을 모두 팔고 여생을 학교와 도서관을 짓는 등 장학사업으로 보냈다. 그는 임종시 다음과 같은 말을 했다.

"사업가는 돈을 버는 시기와 돈을 쓰는 시기가 있다. 부자인 채 죽는 것은 부끄러운 일이다."

카네기의 죽음과 함께 자본주의 사회에서 부(富)의 사회환원이 시작되고, '부의 세습'에 대해 부정적인 여론이 확산되기 시작했다.

카네기가 사망한 지 한 세대 후인 1937년 존 D. 록펠러가 죽었다. 석유왕 록펠러는 19세기 말 미국 전역의 군소 정유업자들을 합병, 소위 스탠더드오일 트러스트를 만들어 역사상 최고 갑부가 되었다. 록펠러 역시 1889년 50세에 은퇴한 후 여생을 부의 사회환원 활동으로 보냈다. 그러나 그의 죽음은 다르게 기억된다. 록펠러의 죽음과 함께 '독점의 시대'가 종말을 맞은 것이다.

그로부터 24년 후인 1961년, 미국의 기업계와 정부에서 뛰어난 업적을 남긴 찰스 윌슨(Charles Erwin Wilson, 1890~1961)이 세상을 떠났다. 윌슨은 GM의 사장을 지냈는데, 아이젠하워 대통령 시절 국방장관에 임명되었다. 그는 인사 청문회에서 "GM에 좋은 것은 미국에도 좋다. 그 반대도 마찬가지다"라는 유명한 말을 했다. 그후 지속된 냉전시대 동안 미국의 군산복합체(軍産複合體)는 세계의 산업계를 지배했다.

그러나 탈냉전과 글로벌 경제는 국가와 경제의 분리를 가져왔다. 그것 역시 미국이 가장 먼저 추진했다. 따라서 윌슨의 죽음은 다른 한시대와의 종말을 고하는 것이었다. '국가가 기업을 보호하던 시대'에 종지부를 찍은 것이다.

육체노동 생산성의 종말

1776~1883년 사이, 즉 산업사회의 첫 100여 년 동안 기계를 비롯한 자본에 대한 투자는 큰 성과를 올렸다. 그러나 그 100여 년 동안 노동자의 생산성은 조금도 달라지지 않았다. 따라서 노동자의 소득은 전혀 늘어나지 않았고 작업시간도 감소되지 않았다. 그 뒤 1881~1991년까지 100여 년 동안 폭발적인 생산성 향상이 나타났는데, 지식을 작업방식에 적용한 결과였다. 그것이 바로 '과학적 관리법'이 가져온 진정한 혁명이다.

피터 드러커는 과학적 관리법에 의한 노동생산성의 획기적 증가를 산업혁명과 구분하여 '생산성혁명(productivity revolution)'

이라고 규정했다.

　테일러가 작업연구를 시작했을 무렵 제조현장, 농장, 광산, 운송업 등에서 일하는 작업자의 열명 중 아홉은 물건을 생산하고 운반하는 육체적인 일을 하고 있었다. 따라서 작업방식의 혁신을 통해 육체근로자의 생산성을 향상시킬 수 있었다. 1950년대에도 모든 선진국에서 육체근로자들이 여전히 대다수를 차지했지만 1990년에는 전체 노동력의 5분의 1로 줄어들었다. 2010년대에는 10분의 1이 채 안될 것으로 예상된다.

　따라서 이제 육체노동 생산성 혁명은 끝났다고 해도 과언이 아니다. 제조업, 농업, 광업, 운송업 등에 종사하는 육체노동자들의 생산성 증가로는 더 이상 부를 창조할 수 없다.

　20세기가 끝남과 동시에 '부의 세습', '독점', '산업에서 국가의 영향력', '노동조합 독점'도 막을 내리게 했다. 그리고 산업사회를 끝내고 지식사회에 자리를 내주기 시작했다.

지식사회와 지식경영
'열심히 일하기'에서 '현명하게 일하기'로

자본주의 사회에서 지식사회로

자본이 주요 생산요소인 사회를 자본주의 사회(capitalist society)라고 하듯이, 지식이 주요 생산요소인 사회를 드러커는 지식사회(knowledge society)라고 명명했다. 지식사회의 정치, 경제, 사회가 어떤 모습일지 정확히 예측할 수는 없지만, 미래를 예상할 수 있는 몇가지 현상들과 추세는 파악할 수 있다. 드러커는 그것을 '이미 일어난 미래(the future that already had happened)'로 표현했다.

기업이 '고객 창출'이라는 목적을 수행하기 위해서는 '부(富)를 창출하는 자원'을 관리해야만 한다. 따라서 기업은 그런 자원들을 생산성 높게 활용하는 기능을 갖고 있다. 그것이 기업의 경영관리 기능이다. 기업의 경제적 측면에서 보면 그것이 바로 '생산성'이다.

생산성이란, 가장 적은 노력으로 가장 많은 산출고를 생산할 수 있도록 생산에 투입된 모든 요소들 사이에 균형을 이루는 것을 의미한다. 이 정의는 근로자 1인당, 혹은 작업시간당 생산성과는 상당히 다르다. 그런 전통적 기준은 여전히 18세기적 생각, 즉 육체노동이 유일한 생산적인 자원이고, 육체작업만이 오직 진정한 '노력'이라는 입장을 고수하고 있기 때문이다. 전통적인 기준은 "인간이 성취한 모든 것은 궁극적으로 육체적 노력 단위로 측정될 수 있다"라는 기계론적 오류를 범하고 있다. 이런 주장을 한 가장 대표적이자 최후의 인물이 바로 마르크스이다. 이것이 바로 마르크스 경제학을 영원히 무능력하게 만들어버렸다.

하지만 우리가 아는 것처럼 현대 경제에 있어서 생산성 증가는 결코 육체노동자에 의해 달성될 수가 없다. 증가된 생산성은 언제나 육체노동자를 대신해 다른 것을 사용한 결과이다. 그런 대체품들 가운데 하나가 자본장비(capital equipment), 즉 기계 에너지다. 그것이 자본생산성 시대를 열었다. 자본장비만큼이나 중요한 것이, 육체노동자를 (교육받고, 분석적이고, 이론적으로) 일하는 사람으로 대체함으로써 달성한 생산성 증가이다. 다시 말해 '육체노동자'를 경영자와 기술자와 전문가로 대체하고, 단순히 '일하기(working)' 대신에 '계획하기(planning)'로 바꾼 덕분에 생산성이 증가했다. '좀더 열심히 일하기(working harder)'에서 '좀더 현명하게 일하기(working smarter)'로 바뀐 것이다.

무엇으로 지식생산성을 높일 수 있을까?

지식생산성에 영향을 미치는 요소들은 다음과 같다.

첫째, 시간이다. 시간은 인간이 보유하고 있는 자산 가운데 가장 소멸하기 쉬운 자원이다. 오늘날 우리가 주 5일만 근무하는 것은 결국 생산성이 높아진 결과이다.

둘째, 제품 믹스(product mix)이다. 이것은 동일한 자원들을 이용해 만든 여러 가지 다양한 제품들의 구성을 의미한다.

셋째, 프로세스 믹스(process mix)이다. 부품을 구입하는 경우와 생산하는 경우, 직접 조립하는 경우와 하청을 주는 경우, 자사의 상표를 부착하여 자사 유통조직으로 판매하는 경우와 OEM으로 파는 경우 등 어느 쪽이 더 생산적일까?

넷째, 생산성은 조직구조에 따라 그리고 회사가 수행하는 다양한 활동 사이에 조화가 이루어지는가 여부에 따라 결정적인 영향을 받는다. 만약 조직구조가 적절하지 못해 경영자들이 근무시간 중에, 일을 하는 것이 아니라, 무엇을 할지를 찾으려고 시간을 낭비한다면 회사가 가진 가장 희소한 자원을 낭비하고 있는 것이다.

지식사회는 어떤 특성을 갖는가?

피터 드러커는 "나는 결코 예언을 하지 않는다. 창밖을 내다보고 현실을 관찰하고는, 단지 다른 사람들이 아직 보지 못하고 지나치는 것을 파악할 뿐이다”라고 말했다. 그리고 “미래를 예측하는 가장 좋은 방법은 그 미래를 창조하는 것이다”라고도 했다. 그 미래를 파악하고 대비하기 위해서 우리는 ‘이미 일어난 미래’를 검토할 필요가 있다.

지식사회의 새로운 정치와 경제와 사회와 문화가 어떤 모습일지 정확히 예측할 수는 없지만, 미래를 예상할 수 있는 몇 가지 현상들과 추세는 파악할 수가 있다.

첫째, 지식사회는 ‘산업구조’가 지금 사회와는 다를 것이다. 우리는 20세기 내내 지난 천년 동안 사회를 지탱했던 부문인 농업이 급격히 쇠퇴하는 것을 보았다. 이제는 제조업이 농업과 같은 경로를 따라가고 있다. 제2차 세계대전 이후 제조업 생산품의 가격은 꾸준히 하락했으며, 그 반면 의료와 교육 등 주요 지식제품은 인플레를 감안하더라도 3배나 증가했다. 제조업 근로자의 수가 적으면 적을수록, 정치적으로 한층 더 단결하여 영향력을 발휘하고 있다. 블루칼라 노동자들은 임금만 줄어든 것이 아니라, 그들에게 한층 더 중요한, 사회적 지위를 상실하고 있다. 세계화에 반대하는 사람들은 선진국이 육체노동자의 일자리를 빼앗아가는 것 때문에 반대를 한다. 1930년대 드러커는 산업혁명에 의해 초래된 커다란 불평등이 엄청난 절망감을 가져와 전체주의 같은 것이 대두될 수도 있음을 우려했다. 불행히도 그의 우려는 적중했다. 오늘날, 경영자들이 종업원들을 대량해고하면서도 정작 자신들은 막대한 소득을 올리는 것은 사회적으로도 도덕적으로도 용서받지 못할 일이라고 드러커는 역설했다.

둘째, 지식사회는 '인구구조'가 지금과는 매우 다를 것이다. 노인 인구는 급속도로 증가하고, 반대로 젊은 인구는 급감한다. 따라서 어느 선진국이든 예외 없이 가장 빨리 성장하는 산업은 이미 교육을 많이 받은 성인들을 대상으로 하는 평생교육산업이 될 것이다. 인구변화의 결과, 이민은 분명 한층 더 뜨거운 이슈가 되었다. 그러므로 앞으로 세계는 노인들과 함께 사는 법, 그리고 필요는 하지만 받아들이고 싶지 않은, 이민문제를 해결하는 법을 배워야 할 것이다. 이 두 가지는 이미 일어난 미래이다.

셋째, 지식사회는 '지식이 핵심자원'일 것이고, 그리고 지식근로자가 노동력 가운데 지배적 집단이 될 것이다. 지식사회의 노동력이 당면할 주요 특성들은 다음과 같을 것이다. "정보와 돈과 노동력은 국경에 구애 받지 않고 이동한다." "상승 이동, 즉 성공이 쉬워진다. 누구나 손쉽게 정규 교육을 받을 수 있기 때문이다." "실패할 가능성도 높다. 지식근로자는 '생산 수단', 즉 어떤 직무의 수행에 필요한, 지식을 획득할 수 있기 때문에 성공할 수 있지만, 그렇다고 해서 모두가 승리할 수는 없기 때문이다." 이런 세 가지 특성들이 상승 작용하여 지식사회를 고도의 경쟁 사회로 만들 것이다. 그 점은 조직에게도, 개인들에게도 마찬가지일 것이다. 지식사회의 상승 이동은 큰 대가를 치러야 한다. 치열한 경쟁에서 느끼는 심리적 압박과 정신적 상처 등이다. 세상에는 패배자가 있어야 승리자가 있는 법이다. 따라서 지식근로자는 자신의 은퇴 이후 생활과 제2의 인생도 미리 계획해야 할 것이다. 지식근로자들은, 아직 젊을 때 자신들만을 위한 비경쟁적인 삶과 공동체를, 그리고 어느 정도 외부에 대한 관심사를 개발할 필요가 있다. 외부에 대한 관심사는 사회에 봉사하고 또한 성취할 기회를 제공해 줄 것이다.

넷째, "지식근로자들은 새로운 자본가들이다." 그들은 연기금 또는 투자신탁기금에 투자하고 있고, 연기금과 투자신탁기금 등은 대기업들의 지배 주주가 되었다.

다섯째, 지식근로자들은 자신들의 서비스를 구입하고 있는 고용주들과 동등한 사람으로, 다시 말해 스스로를 종업원들이 아니라 '전문가들'로 인식하고 있다. 지식사회는 상사와 부하로 구성된 '상하관계의 사회'가 아니라 고참자와 신참자로 구성된 '수평적 사회'이다.

지식사회에서 경영자의 역할은?

시대가 변하면서 "경영이란 무엇인가?"라는 질문에 대한 해답도 달라지고 있다. 제2차 세계대전 직후에는 "경영자란 '부하들의 과업에 책임을 지는 사람'이다"라고 정의되었다. 경영자란 보스(boss)였으며, 경영을 한다는 것은 지위와 권력을 행사하는 것이었다. 이것은 지금도 대부분의 사람들이 경영자나 경영에 대해 말할 때 마음속으로 생각하는 정의일 것이다.

그러나 1950년대 초, 경영자의 정의는 "경영자란 '다른 사람들의 성과에 책임을 지는 사람'이다"라고 바뀌었다. 이 정의 또한 지금은 너무나 협소한 것이 되었다.

지식사회에서 경영자에 대한 올바른 정의는 '지식의 적용과 성과에 책임을 지는 사람'이라는 것이다. 다시 말해 경영이란 '지식을 행동으로 구체화하는 과정'이다.

이런 변화가 의미하는 것은 이제 우리에게 '지식'이 필수적인 자원이라는 것이다. 토지, 노동, 자본은 이제 제약요소에 지나지 않는다. 그것들 없이는 지식은 아무 것도 생산하지 못하고, 경영 또한 아무 성과도 낼 수 없다. 하지만 지식을 지식에 적용하는, 즉 '지식경영'이 있으면 우리는 언제나 다른 자원들을 얻을 수 있다. 글로벌 시대에는 정보가 국경을 넘어 신속히 전달되고, 조금이라도 이익률이 높은 곳이 있으면 돈은 국경을 넘어 투자되기 때문이다.

목표에 의한 경영

경영자는 어떤 의사결정을 하든 어떤 행동을 하든 경제적 성과를 첫 번째로 염두에 두어야 한다. 경영자의 정당성과 권위는 오직 그가 생산하는 경제적 결과에 의해서만 인정받을 수 있다. 경영자가 수행하는 활동 가운데는 '비경제적 결과들(noneconomic results)'도 많이 있다. 종업원들의 행복을 증진하고, 지역사회의 복지를 향상하고, 문화를 창달하는 것 등이 그 예이다.

하지만 경영자가 경제적 성과를 달성하는데 실패한다면 그는 경영자로서 실패한 것이다. 만약 경영자가 고객이 원하는 재화와 용역을 고객이 지불할 의사가 있는 가격으로 공급하지 못하면 그는 실패한 것이다. 만약 경영자가 자신에게 맡겨진 경제적 자원으로 더욱 더 많은 부(富)를 생산하거나, 혹은 적어도 그것을 유지하지 못하면 그는 실패한 경영자다.

이런 점에서 보면, 경영자의 직무는 독특하다. 자신의 결정이 사회에 미칠 영향을 항상 고려하는 한편, 기업 내적으로도 그리고 외적으로도 언제나 경제적 결과를 우선적으로 고려해야 한다. 경영자는 경영원칙의 체계적인 연구를 통해, 지식을 체계적으로 습득함으로써, 그리고 자신이 수행한 성과를 체계적으로 분석함으로써 자신의 성과를 향상시킬 수 있다.

경영을 한다는 것은 그저 수동적으로 일만 하는, 즉 적응만 하는 것이 아니다. 경영은 바람직한 결과가 실제로 나타나도록 행동을 취하는 것을 의미한다. 경제적 환경을 의도적이고도 예정한 방향으로 변화시키는 것이 진실로 경영을 하는 것이다. 그러므로 기업을 경영한다는 것은 "목표에 의한 경영을 한다(to manage by objectives)"는 것을 의미한다.

복지국가의 종말

인구의 고령화와 출산율 저하라는 인구통계적 도전에도 불구하고 복지국가가 살아남을 수 있을까? 아마도 복지국가는 오직 기업가적 경제(entrepreneurial economy)가 생산성 향상에 크게 성공하는 경우에만 살아남을 수 있을 것이다. 복지국가는 미래의 모델이라기보다는 과거의 모델이다. "어느 세대나 그 세대를 위한 새로운 혁명을 필요로 한다." 이 말은 토머스 제퍼슨이 자신의 긴 생애를 마감할 무렵 내린 결론이었다. 괴테도, 비록 극단적인 보수주의자였지만, 그가 만년에 읊은 시에서는 비슷한 심정을 토로했다. "한때는 그다지도 합리적이었던 것이 이제는 무의미해지고, 은혜는 재앙의 씨앗이 될지니."

제퍼슨과 괴테 둘 다 계몽주의와 프랑스혁명의 유산에 대한 환멸을 이런 식으로 표현했던 것이다. 그러나 그들은 당시의 그 위대한 빛나는 약속, 즉 가난한 사람들과 장애인들을 위해 독일제국에서 맨 처음 시도된 복지국가가 150년이 지난 후 오늘날 21세기 세대에 부담이 된 사실을 꼭 그대로 예측했는지도 모른다. 복지국가는 지금 그 원래의 처지를 상실하고 '도움이 필요한 사람'에게 도움을 주는 것이 아니라 '모든 사람을 위한 기득권'이 되었다. 따라서 생산활동을 담당하는 사람들에게 점점 더 큰 부담이 되고 있다.

지식사회에서 필요한 것은 기업가사회

조직, 제도, 법률과 정책은 제품, 프로세스, 서비스와 마찬가지로, 궁극적으로 자신들의 역할을 다하고도 언제나 더 오래 살아

남아 버티는 법이다. 그것들은 자신들의 목적을 성취한 때에도 그렇고 또한 목적달성에 실패한 때에도 그렇다. 그런 메커니즘들을 설계할 때 밑바탕이 되었던 전제들은 이미 그 타당성을 잃어버렸음에도 버젓이 살아 있다. 그렇다고 해서 '혁명'이 해결책은 아니다. 혁명은 예측할 수도 없고, 방향을 잡을 수도 없으며, 통제할 수도 없다. 혁명은 히틀러와 스탈린 같은 그릇된 인간들에게 권력을 안겨준다. 그 무엇보다도 나쁜 것은, 혁명의 결과는 혁명을 한 사람들이 내세운 공약과는 정반대라는 점이다.

프랑스의 정치학자이자 《미국의 민주주의(Democracy in America, 1835)》의 저자 알렉시스 드 토크빌(Alexis de Tocqueville, 1805~1859)은, 혁명은 구체제의 감옥을 철폐하지 않으며, 오히려 그 수를 증가시킨다는 것을 지적했다. 토크빌이 증명한 바와 같이, 프랑스혁명이 남긴 가장 끈질긴 유산은 프랑스혁명 이전 시대의 (그 타도해야 할) 족쇄를 한층 더 강화한 것이었다. 다시 말해, 온 나라를 통제 불능의 관료제도 하에 종속시켰고, 모든 정치적, 지적, 예술적, 경제적 생활을 파리로 집중시켰다.

러시아혁명이 가져다준 주요 결과는 토지경작자를 위한 새로운 농노제, 전지전능한 비밀경찰, 그리고 부패하고 경직된 관료제도뿐이었다. 그것은 러시아의 자유주의자들과 혁명가들이 가장 큰 목소리로 공격했던 제정러시아 정부의 특징들 그 자체였던 것이다. 그것은 마오쩌둥의 '문화대혁명'에 대해서도 마찬가지이다. 지금 우리는 '혁명'은 환상이라는 것, 즉 19세기에 널리 퍼진 환상이었음을 오늘날에 와서는 인식하고 있다. 혁명은 오래된 사회의 부패에서, 아이디어의 부족에서, 조직의 파탄에서, 그리고 자기혁신에 실패한 결과로서 나온다. 그리고 결국 '재앙의 씨앗'이 된다.

따라서 혁신(끊임없는 개선)과 기업가정신(기존과는 다른 의미의, 새로운 것을 추구하는 정신)이 경제에서 필요한 것만큼 사회에서도 필요하다.

토크빌은 "개혁 없이는 연속도 없다"고 간파했다. 혁신과 기업가정신은 무조건 따라야 하는 원리적인 것이라기보다는 실용적인 것이고, 거창한 것이라기보다는 단순한 것이다. 따라서 혁신과 기업가정신은 사회, 경제, 산업, 공공 서비스, 혹은 기업 등을 유연하게 만들고 또 자기혁신을 하도록 해준다. 혁신과 기업가정신은 우리의 조직, 경제, 그리고 사회가 살아남도록 하는 필수적인 생명유지 활동이다. 이런 과제를 수행하는 것이 '경영의 미래'이다.

21세기 지식사회가 진정 필요로 하는 것은 혁신과 기업가정신이 정상적으로, 그리고 확고하게 지속적으로 유지되는 기업가사회(entrepreneurial society, 起業家社會)인 것이다.

지금은 기업의 사회적 책임이 필요할 때

오늘날 '기업윤리'나 '기업의 사회적 책임'을 둘러싼 논의는 기업이 '세상과 사회의 눈'을 의식하여 비난받을 행동을 자제하고, '사회가 요구하는 바'에 대해 기업이 적응하는 행동이 필요하다는 것을 말한다. 말하자면 기업은 과거 메디치 가문이 선행을 한 것처럼 기업자선을 해야 하고, 선량한 기업시민으로서 사회공헌 활동을 해야 한다. 그래야만 비로소 이윤추구가 정당성을 인정받게 된다. 기업 경쟁의 글로벌화는 기업윤리의 글로벌화를 요구한다.

드러커는 이렇게 말한다. 앞으로 사회적 요구(Social needs)는 두 가지 분야에서 증가하게 될 것이다. 첫째는 전체적으로 자선(慈善)이라고 여겨졌던 활동, 즉 장애인들, 빈곤층 등 사회적 약자를 돕는 활동이 증가할 것이다. 둘째는 '지역사회를 변화시키는 일' 그리고 '인간을 변화시키려는 목적'을 가진 봉사활동이 증가할 것이다. 사회가 혼란스런 전환기에는 도움을 필요로 하는 사람들의 숫자가 항상 증가한다. 이 세상 어디에나 빈곤층, 엄청난 남민들, 전쟁의 희생자들, 인종적·종족적·정치적 그리고 종교적 박해의 희생자들, 무능한 정부와 폭력적 정부의 희생자들이 존재한다. 심지어 가장 질서가 잡혀 있고 또 안정된 사회라 할지라도 지식사회로의 이동에서 뒤처지는 사람들이 생긴다.

사회봉사의 두 번째 부분, 즉 단순히 자선을 베푸는 것이 아니라, 지역사회와 인간을 변화시키려고 시도하는 봉사활동이 훨씬 더 빨리 증가할 것이다. 성취욕구, 새마을 운동, 봉사활동은 모두 인간의 마음가짐 하나 바꾸는 것만으로도 사회가 바뀔 수 있다는 것을 의미한다. 그리고 그것은 기업가정신과도 연결된다.

역사를 살펴보면 수많은 기업이 탄생했고, 성장했고 또 몰락했다. 기업의 흥망성쇠가 우리에게 주는 교훈은 다음과 같다.

첫째, 기업을 둘러싼 환경은 현재보다는 과거가 훨씬 더 복잡하고 위험했다.

둘째, 기업의 초기에는 약탈과 제국주의의 앞잡이, 노예무역과 아편판매, 투기와 바가지 상술이 관찰된다. 시간이 흐르면서 기업은 스스로 그리고 정부의 규제와 소비자의 선택 때문에 '기업의 사회적 책임'에 대해 인식했다. 그중 하나가 부의 사회환원이다.

셋째, 기업과 최고경영자들의 과거의 행동은 현재와 미래의 기업활동에 많은 교훈을 제공하고 있다. 가장 큰 교훈은 기업은 국민의 소비 수준을 향상시키는 주체라는 점이나.

넷째, 기업은 환경 변화에 적응하여 끊임없이 진화한다. 그래서 기업을 환경 적응업이라고도 한다.

　지금은 전 세계적으로 정치, 경제, 사회적으로 혼란을 겪고 있는 시기이다. 피터 드러커가 "기업의 본질은 책임"이라고 말한 것처럼, 이러한 시기일수록 "국가와 사회에 이익이 되겠다"는 기업과 기업가의 역할이 새삼 요구되는 때이다.

2008년 10월 말로 기억된다.

상대방은 자신을 '미국의 소리(voice of America)' 미국 본사에 근무하는 김정우 기자라고 소개하면서, 그 동안 내가 쓴 책과 월간 조선 등에 게재된 글을 읽었다고 한다.

그런 내용을 바탕으로 매월 2~3회 질문서를 먼저 보내고 또 날짜를 정해 대담 녹음을 하는데 그것을 모아두었다가 적절히 분류하여 매주말, 우리말로 방송을 내보낸다고 했다.

……

그후 바쁠 때는 한 달에 두 번 정도 전화 녹음을 했으며, 보통 때는 한 주에 한 번 정도 녹음했다. 그러나 녹음시간이 긴 경우 한 회분 녹음을 두 회에 걸쳐 방송했기 때문에, 방송 녹음과 실제 방송 사이에는 차이가 있었다.

(나중에 추가…)

2011년 7월, 이재규

이것은 제 남편인 故 이재규 교수가 이 책의 머리말을 쓰기 위해 초안을 잡아놓고 끝내 마무리하지 못한 글입니다.

지난해 8월 8일 남편은 11개월의 투병생활 끝에 하늘나라로 먼 여행을 떠났습니다. 주변에 투병 사실을 일체 알리지 말라시며, 이십여 차례의 입원과 퇴원을 반복하는 중에도 강의를 하고 책을 썼습니다. 옆에서 지켜보는 제가 안타까워할라치면 "책을 쓰고, 강의하는 것이 행복하고 기쁘다"고 말해 말릴 수도 없었습니다. 조용히 지켜볼 수밖에 없었습니다.

남편이 해마다 만나면서 가르침을 받았던 피터 드러커 교수는 95세로 돌아가시기 전까지 손에서 펜을 놓지 않았다고 합니다. 어쩌면 남편도 은연중에 드러커 교수님을 닮아가고 있었는지도 모릅니다.

황망하게 남편을 보내고 그분이 쓰시던 컴퓨터의 파일을 하나하나 열어보기 시작했습니다. 그 안에는 90여 권의 저서, 번역서 원고들이 고스란히 저장되어 있었고, 앞으로 쓰고자 한 자료들이 모아져 있었습니다.

그중 〈VOA 모음〉이라는 파일이 눈에 띄었습니다. 2009년부터 미국의 소리방송(Voice of America)에 '역사에서 배우는 경영'이란 주제로 한 달에 두세 차례씩 국제전화로 녹음을 하고, 그것을 방송으로 내보낸 내용을 정리해놓은 것이었습니다. 2011년 7월까지 녹음한 내용이 들어 있었고 파일 맨 앞에는 머리말이 미완성인 채로 남아 있었습니다. (나중에 추가…) 라고 쓴 머리말은 영영 추가되지 못했습니다.

저는 그 머리말을 보면서 남편이 책을 출간하려고 준비했었다는 것을 알았고, 그때부터 원고를 정리하기 시작했습니다.

돌아가시기 한달 전 더 이상의 녹음이 불가능하여 김정우 기자에게 못하겠다고 통보한 뒤, 남편은 녹음한 내용을 직접 정리해서 차곡차곡 파일 속에 담아 놓았습니다.

95권의 책을 내는 동안 곁에서 자료 찾아주며, 타이핑 도와주고 교정해주면서 경험했던 것을 살려, 생전의 그분을 떠올리며 하나하나 원고를 정리하여 이 책을 마무리했습니다.

이 책을 준비하는 동안 사과나무 출판사 권정자 사장님으로부터 많은 격려와 도움을 받았습니다. 사장님이 아니었다면 이 책은 그냥 자료의 하나로 남아 있었겠지요. 지면으로나마 고마움을 전합니다.

2012년 7월

故 이재규 교수의 안사람, 이선희 씀